全国旅游专业系列教材

景点导游

JINGDIAN DAOYOU

彭淑清　主　编
陈　宇　副主编

旅游教育出版社

出版说明

导游服务，历来被视为旅游业的灵魂。其服务质量的好坏，直接影响到一个国家和地区的旅游形象。而景点导游，则是整个导游服务过程中最重要的环节，是导游工作的重中之重。但从国内目前现状而言，又是导游服务中最薄弱的一个环节，无论是导游人数还是导游服务质量都跟不上旅游业发展的步伐。因此，尽快培养一支高素质景点导游大军，提高景点导游服务质量，是当务之急，是旅游业兴旺发达的需要，也是我们编写此书的初衷。

为配合职业教育体制改革的需要，本书是以旅游中、高职学校景区专业和导游专业学生为主要读者群，以培养旅游行业应用型高级技术人才及初级管理人才为目的的国家级骨干教材。

景点导游，是导游专业和景区专业学生的必修课程。为了满足旅游中、高职学校培养应用型人才的需要，本教材的特点是理论与实践知识相结合，以实用性为重点。理论知识，以够用为度；理论深度，以能被学生掌握为准。强化应用是本书重点。通过大量案例的引用、案例分析等，培养学生实际导游工作能力。教材在编写中，力求简明扼要、通俗易懂、重点突出，具有新颖性、实用性和可读性。

本书的主要内容，包括六个部分。首先，阐述了景点导游的产生、发展、类型、范围、特点和原则等一般知识，并从现代旅游业的发展角度规范了景点导游员的职责范围、应具备的基本素质及知识素养；其次，阐述了景点导游语言的特点以及应具备的语言技能；第三，论述了景点导游讲解艺术的属性、要求以及应遵循的原则，重点介绍了景点导游讲解的方法和技巧，以培养学生的讲解能力；第四，详细论述了各类旅游景观的导游技巧，对学生在实地导游中如何做好不同景点的导游工作具有较强的实践指导作用；第五，针对景点导游工作的性质，提出了既符合国家规范又具有个性特点的服务程序和标准；最后，针对导游工作复杂多变的特点，提出了在景点导游服务中解决特殊问题的程序和原则。

教材的出版是一个不断完善的过程，作为国内唯一一家旅游教育专业出版社，我们希望得到广大师生一如既往的关心和支持。对教材使用中的问题，更希望得到广大师生的积极反馈，我们定会不断以专业的精神提高我社教材的专业品质，回报广大师生与读者对我们的厚爱。

旅游教育出版社

目　录

第1章

景点导游概述

本章导读

景点导游服务，属于导游服务的范围，但加上"景点"二字，就使它有了自己的特点。本章作为全书的起始章节，首先概述了景点导游服务的特点、原则、类型、范围，景点导游人员的职责、基本素质与知识素养，使读者对景点导游有一个大致的了解。本章要求学生不仅仅是对知识的掌握，更重要的是按书中要求对自己导游服务工作能力的自觉提高。

第一节　景点导游服务的类型和范围

一、景点导游服务的概念、产生和发展

(一)景点导游服务的概念

1. 导游的概念

"导游"一词源于英语 Tour Guide，其中 Guide，作为名词，按《牛津词典》的解释，意为"指路的人"；作为动词，即为"引导"。Tour Guide，按美国威斯康星大学哲学博士查理斯·梅特尔卡编著的《住宿、旅行和旅游辞典》的解释是："领有执照并受雇带领游客在当地观光旅行的人。"

2. 服务的概念

服务，国际标准化组织和我国国家技术监督局制定的国家标准 GB/T16766—1997《旅游服务基础术语》所下的定义是："为满足顾客的需要，供方与顾客接触的活动和供方内部活动所产生的结果。"在旅游活动中，服务即是作为旅游产品供方的旅游企业在同游客接触中，使游客需要得到满足的活动。

服务的主要构成要素有：

(1)人力和物力要素。服务离不开人，也离不开物，它是提供服务的人借助一定物质条件所进行的活动。

(2)效率要素。服务应讲求效率，不能拖拖拉拉，它要求在单位时间内完成更多的工作量或同样的工作量花费更少的时间。

(3)能力要素。服务除需消耗一定的体能外，还要注重语言能力、技术能力、应变能力、协调能力、沟通能力和管理能力。

(4)文明要素。服务要讲究文明礼貌以及服务环境的美化。

(5)安全因素。服务是人们之间相互接触的活动，在相互接触中，要确保顾客的人身安全，并注意卫生和保密。

(6)效用要素。服务的提供要具有有用性，要针对顾客的需要，有始有终，令顾客感到可信，能满足其需要。

3. 导游服务

导游服务，是导游人员代表委派他的旅行社，以提高游历质量为宗旨，以指导参观游览、沟通思想情感为方式，按照组团合同或约定的内容和标准向游客提供的旅游接待服务。这个概念强调四个要点：

(1)导游服务的主体是导游人员，没有导游人员参与的服务不能称为"导游服务"。旅游图文声像制品，包括导游图、交通图、旅游指南、景点介绍画册等等，只能作为旅游地信息的传播载体，不能作为导游服务的主体。

(2)导游服务，是旅行社委派导游人员提供的一项旅游接待业务，未获旅行社委派的陪同参观、游览的服务(如所谓"陪游"、"伴游"等)，不属于导游服务。

(3)导游服务的宗旨，是提高游客的"游历质量"，即提高游客对其旅游经历的满意度，其中包含了主、客观两方面的因素。因此，导游服务包括功能服务与心理服务。向游客介绍名胜古迹、告知餐厅位置、办理入住手续等程序式服务，属于功能服务；而应对游客所显示的态度与表露的情感，则属于心理服务。在导游服务的过程中，功能服务与心理服务是同时进行、同等重要的。

(4)导游服务，必须按照组团合同或事前约定的内容和国家颁布的质量标准实施。导游人员，不得擅自增加自费项目或减少甚至取消约定的旅游项目，而应该努力维护游客的合法权益。

4. 景点导游服务的概念

景点导游服务，是导游服务的一个组成部分。所谓景点导游服务是指，景点导游人员受旅游景点管理部门的委派，在景点(或景区)内向游客提供的导游服务。它包括旅游区、自然保护区、博物馆、名人故居等地的导游服务。

(二)景点导游服务的产生和发展

导游服务工作，是一项具有综合性特点的工作。景点导游服务工作，既与一般意义上的导游服务工作有近似的地方，但就其工作的具体程序要求而言，又存在区别，由于其工作范围主要立足于一个特定的景点，主要受景点的委派，也受景点的管理，仅局限于某一景点，因此，人们通常也称其为"定点导游"。

在不同国家，人们对不同的导游工作又有不同的认识和看法。在我国，由于旅游业起步较晚以及受我国旅游业战略发展的影响，过去人们更多的是重视领队、全陪和地陪的工作，而对那些在景点从事导游工作的“定点导游”员却不够重视。

在国外，级别最高、要求最高的导游人员，是景点的导游人员。国外的景点导游人员，不仅地位高，水平也较高，而且他们大部分都是专家、学者、大学教授。例如，美国宇航馆的导游人员，法国卢浮宫、巴黎圣母院的导游人员，埃及开罗博物馆、卢克索神庙的导游人员，意大利威尼斯广场的导游人员，英国大英博物馆、白金汉宫的导游人员……所有这些导游人员都是学者和著书立说的教授，而一般的导游人员不能也不被允许导游这些项目。

目前，景点导游员在我国的地位尚不够高。造成这一现象的原因是多种多样的，除了人们的认识习惯及行业的重视程度外，还与游客的需求及从业者的学历及文化素质有一定的关系。

俗话说：“看景不如听景。”壮丽的河山、美丽的风光、艺术的宝库以及历史悠久的文化古迹等景点，只有加上导游人员的解说、指点，再穿插动人的故事，才能活起来，才能引起人们更大的兴趣，使人增长知识、获得收益。随着社会经济的发展，世界上游客的旅游动机进一步向领略社会情趣、获取异地知识方面转化。由于这一倾向的转移，导游人员的重要性就更加突出了。景点是“死”的物质财富，这些财富“经过了导游人员的口”，就会变成精神财富，就有了生命，从而增加了旅游的情趣。

天安门

我国的景点导游是导游分支中的“新”行业，发展前景极为广阔，可目前的人数和水平都跟不上旅游业发展的需要。比如，有些景点没有专门的景点导游人员，而是由地陪自己担当等。随着我国旅游业的发展，开辟的景区越来越多，特色日益明显，特别是一些重点景区，既具有独特的自然景观特色，更具有积淀丰厚的文化内涵，如北京故宫博物院、十三陵，西安的秦始皇陵兵马俑、碑林，昆明的民族村、西山龙门，丽江古城，成都的武侯祠、三星堆博物馆，长沙的马王堆，苏州的园林以及著名的泰山、黄山、庐山等等，要求景点导游人员必须具有较深的专业知识方可承担景点的讲解工作。特别是游客旅游动机的改变，知识水平的提高，使其早已不满足于到景点看一看、照张相，而是要求对景点有更多的了解，要求景点导游人员的讲解更专业、更富有特色。

四川成都武侯祠诸葛亮像

可以肯定，随着我国旅游业的进一步发展和成熟，景点导游工作和“定点导游”将会得到更大的发展，无论是人数和质量都将有较大的提高。培养和组建一支优秀的、学者型的景点导游员大军，是我国旅游业兴旺发达的需要。这也是被各国旅游业发展史所证明的。

二、景点导游服务的类型和范围

（一）景点导游服务的类型

景点导游服务的类型，是指景点导游人员向游客讲解景点的方式。大致有两类：图文声像导游和实地口语导游。

1. 图文声像导游（物化导游方式）

它主要包括：

(1)景点介绍卡片、画册、导游图等。

(2)有关景点专项旅游活动的宣传品、广告、招贴等。

(3)有关景点介绍的录音带、录像带、电影片、幻灯片等。

在旅游业发达的国家，对图文声像的导游方式极为重视。各旅游景点都设有“旅游服务中心”或“旅游问讯处”，那里摆满了各种印制精美的旅游宣传资料，人们可以随意翻阅，其中大部分可供问讯者自由取走。很多旅游公司会定期向公众放映有关旅游目的地的电影或录像、举办展览会等来影响潜在的游客。组团旅行社一般在旅游团集合后、出发前都要为游客放映有关旅游目的地的电影、录像或幻灯片，分发《旅游指南》，帮助游客对即将前往的目的地有一个基本的了解。

2. 实地口语导游（讲解导游方式）

实地口语导游，指景点导游人员在所属景点内作的介绍、讲解以及问题解答。

随着时代的发展、科技的进步，导游服务方式越来越多样化、高科技化。图文声像导游方式形象生动、便于携带和保存的优势将进一步发挥，作用将进一步加强。但是，同实地口语导游方式相比，图文声像导游只能处于从属地位，起着减轻导游人员负担、补充实地口语导游的作用。而实地口语导游方式将一直处于主要地位，永远不会被取代。这是因为：

(1)人的因素永远处于第一位。影响游客印象和旅游活动质量的诸因素中，人是第一位的因素。就导游服务而言，成功或失败、质量高或低，往往直接取决于导游人员的工作。

(2)导游讲解贵在灵活，妙在变化，只有高水平的导游人员才能做到，才能得心应手地应付各种场面，才能满足不同层次的游客的各种要求。

(3)导游人员和游客之间建立起正常的人与人之间的情感关系，是保证旅游服务质量的重要因素。增进各国、各地区人民之间的相互了解和友谊、维护和促进世界和平是发展旅游业的重要目的之一，而这些绝不是无生命的高科技导游手段所能完全实现的。

(二)景点导游服务的范围

景点导游服务的范围，就是景点导游人员向游客提供服务的领域，也就是景点导游人员服务的主要内容。

1. 讲解服务

景点导游讲解，是景点导游人员工作的核心内容。景点导游人员要以深入浅出、生动形象、妙趣横生的讲解，激发游客的兴致，使之获得丰厚的知识和美的享受，并在潜移默化中陶冶游客的情操。

2. 旅行生活服务

景点导游人员对游客中的老、弱、病、残、幼人员要多加注意和照顾，要做好安全提示工作，注意游客的安全，保护游客的财产不受损失。

三、景点导游服务的特点和原则

(一)景点导游服务的特点

1. 接触的人员多，对象复杂，工作量大

景点的导游人员，既要接待由全陪、地陪带队的团队游客，还要接待更多的人数不一的散客，游客变化率较大，比旅行社委派的导游人员与游客接触的时间有限，没有太多的时间具体地了解游客。游客到景区的目的就是游览，因此他们到景点的一切安排、要求、问讯、解答，如果都只由一名导游人员来负责，工作量大，特别是一些范围较大的景区，导游人员的体力消耗是很大的。例如，北京世界公园的导游人员，每天要工作六七个小时，步行10千米左右；昆明世博园的常规游路有10千米，如果一个导游人员每天导游两次，至少要8小时，行程20千米，而且，他们还要根据游客的要求有针对性地讲解介绍，提供相应的游览服务。

2. 独立工作性强

独立工作是导游服务工作共同的特点，同样也是景点导游工作的特点。带领游客在景点游览时，会遇到各种问题和突发事故，导游人员都要独立处理。游客在景点游览过程中，会针对景点提出各种各样的问题，有的问题可能很细，有的问题可能很复杂，还有的可能是刁钻古怪的，更有的甚至是非善意的提问。而针对这些问题，景点导游人员都必须独立回答和解决。景点导游人员与其他导游人员一样，往往都是在没有领导和其他人的帮助下，个人单独进行工作的。

3. 快、急、难、杂

到景点游览的游客，来自各行各业及社会的各个阶层。由于他们在景点游览的时间有限，他们要求景点导游人员在有限的时间内能尽可能多地讲解景点，以获得较多的信息。同时，又不能为讲解而讲解。在游览过程中，他们还要求景点导游人员能在短时间内对他们提出的问题做出正确的回答；而他们所提的问题涉及面又极广，景点导游人员在工作过程中不可能丢下游客不管而去查资料，也不可能像其他导游人员那样要求游客第二天来听答案。因此，产生了快、急、难、杂的特点。

(二)景点导游服务的原则

景点导游人员向游客提供服务，要遵守相应的服务准则(即原则)。这些准则是从大量的实践活动中总结出来的，有一定的普遍性，并符合国际惯例，具有一定的指导性及强制性。优秀的景点导游人员之所以能向游客提供优质的服务，最根本的是因为他们奉行了既适合自己的特点又能让游客满意的行为准则。

1. "游客至上"原则

"游客至上"，是服务行业的座右铭。它不仅是招徕游客的宣传口号，更是服务行业的服务宗旨、行动指南，也是服务工作中处理问题的出发点。

"游客至上"，意味着"顾客第一"，即在顾客和服务行业的关系中，顾客总是第一位的。

"游客至上"，表现在服务人员与顾客的关系上就是要尊重顾客，真心实意地为顾客服务。景点导游人员为游客提供的不是有形商品，而是服务。如果景点导游人员在陪同游客时不进行景点导游服务或服务不到位，就是对游客的不尊重，是严重的失职行为。

"游客至上"，表现在景点导游人员在处理问题时应以游客的利益为重，不应过多地强调自身的困难，更不能以个人的情绪随心所欲地对待或左右游客，而应尽可能地满足游客的正当需求。因为导游服务的宗旨是提高游客的"游历质量"，所以必须把满足游客的需求作为景点导游服务的出发点。当游客提出过高的要求时，景点导游人员必须仔细认真地倾听，冷静分析游客的意见是否合理、有无实现的可能，绝不能置之不理。对其合理的成分要给予肯定，并想方设法去办；对不合理或无法实现的要求要给予耐心细致、合情合理的解释，使游客心悦诚服。景点导游人员若能做到这一点，其工作必然会得到游客的高度评价。

我们来看这样一个例子：

W小姐做德语导游将近5年了。她感到自豪的是，迄今为止没有受到任何客人任何形式的投诉。她说："宾客至上，这四个字凝结着导游员职业道德的真谛，它不难理解，却不易做到。做导游员要有三心：耐心、细心、真心。比如说，有时候团很大，有几十个客人，你认真地充满感情地讲解了一遍，由于种种原因，一部分人没有听清楚，他们通常会要求再讲一遍。这是令我们为难和尴尬的事情，有时候，讲两遍三遍还不行，还要讲更多遍。怎么办？这时候，一定要有超出常人的耐心，要始终保持一种平和的心态，为游客讲解下去。我们要对游客负责，不仅要有耐心，还要有细心和真心。我是接待德语游客的，德国人和我们的生活习惯和思维方式有很大区别，也有相近之处。比如，不少德国游客对中国的阴阳、中庸、太极、和合等思想很感兴趣，德语中就有类似的词汇。有时候客人提出的问题会远远超出普通讲解的范围，甚至对我们的讲解工作提出了挑战。你必须博览群书，甚至是自己不感兴趣的书，把这些东西认真积累起来，融会贯通，以满足游客的要求。宾客至上，常常驱使我们做很多分外的工作，你肯不肯为游客做这些事，就成了检验自己是否具有耐心、细心、真心，是否能够做到宾客至上的试金石。"（资料来源：《导游员职业道德实证分析》）

W小姐的心得，也正道出了宾客至上这一原则的真谛。

2."维护游客合法权益"原则

世界旅游组织通过的《旅游权利法案》，对游客的权利和在旅游目的地应受到的保护，作了如下规定：

(1)在法律允许的范围内不受约束地自由旅行是每个人的权利。

(2)对青年、老年人和残疾人旅游应予特别关注。

(3)通过预防和保护措施，保证游客人身和财产安全。

(4)尽其可能提供最优良的卫生和医疗条件，以及对传染病和意外事故的预防措施。

(5)防止利用游客进行淫秽活动的可能性。

(6)为保护游客和接待国居民，加强防止吸毒的措施。

(7)不允许对游客采取任何种族歧视措施。

(8)为迅速解决游客的请求，应允许他们尽快与行政、法律和领事机构进行接触，并保证他们使用现有的国际公共通讯系统。

(9)为游客了解过境和逗留地居民的习俗，接待国应为游客提供有关部门情况。

(10)应该制止利用旅游对他人进行任何形式的盘剥。

中国国家旅游局发布的《旅行社管理条例实施细则》中，对游客的权益保护也作了明确规定：

(1)旅行社为游客提供保障游客人身、财产安全需要的服务。

(2)旅行社所提供的服务项目应该明码标价，质价相符，不得有价格欺诈行为。

(3)旅行社在组织游客旅游之前应与其签订合同，合同应就下列内容做出明确规定：旅游行程(包括乘坐的交通工具、游览景点、住宿标准、餐饮标准、购物次数等)安排、旅游价格、违约责任。

(4)游客的合法权益受到损失时，游客有权向旅游行政管理部门或其委托的旅游质量监督机构投诉；证实是因旅行社的过错使游客的合法权益受到损害时，旅行社应视情节依法给予赔偿。

景点导游人员处于旅游接待的第一线，必须不折不扣地按照有关部门的标准或约定向游客提供景点导游服务，将维护游客的合法权益作为自己的服务准则，并根据这一准则对其他旅游服务的供给进行监督，处理旅游过程中的有关问题。

3."经济效益与社会效益相结合"原则

旅游服务是一种商业性服务，提供服务的目的是为了获取经济效益。景点导游服务的经济效益表现在两方面：一是景点导游人员的劳动支出为旅行社和国家直接创造经济效益；二是景点导游人员的劳动支出为相关部门、地方和国家间接创造经济效益。

景点导游服务，同时又是一种文化传播活动。景点导游人员通过导游讲解、同游客接触交谈及对其生活的照料，都会产生明显的社会效益。优质的景点导游服务，体现了一个国家或地区人民进取向上的精神风貌和社会的文明程度，有助于提高和改善旅游目的地在世界的声誉和形象；景点导游人员生动的介绍和精彩的讲解，可以增进游客对目的地国家和地区的了解，促进不同国家和地区人民之间的交流，从而增进友谊，有利于世界的和平。

由此可见，景点导游服务具有双重功能：一是景点导游人员帮助游客消费旅游产品和提供服务，使产品和服务的价值得以最终实现，从而创造经济效益；二是景点导游人员作为知识和文化的传播者，满足了游客的精神需要，又促进了游客对目的地的了解，从而产生社会效益。所以，景点导游人员在提供导游服务时，应追求经济效益和社会效益相结合。二者对于景点导游人员来说都同等重要。如果只重视经济效益而忽视社会效益，景点导游服务就会偏离方向，满足游客的需要就会成为一句空话；反之，只注重社会效益而忽视经济效益，景点导游服务就会脱离市场经济的轨道，导游人员就如同改革开放之前的政府外事接待员，便失去了作为旅游企业一员的价值。在景点导游服务中，二者的任何一方都不能偏废。

4."优质服务"原则

景点导游人员在提供服务时，"优质服务"原则应贯穿旅游的全过程和任何环节，同时它也是景点导游服务追求的最终结果。"优质服务"即令游客满意的服务，它是规范化服务和个性化服务的完美结合。规范化服务，是由国家或行业主管部门所制定并发布的某项服务（工作）应达到的统一标准。关于导游服务，目前我国有三个标准，即《导游服务质量》（国家标准）和《旅行社国内旅游服务质量》、《旅行社出境旅游服务质量》（行业标准）。这三个标准规定了导游服务的质量要求，提出了导游服务过程中若干问题的处理原则，是当前指导导游工作的权威性文件，也是导游人员向游客提供服务的工作指南。

但是，景点导游人员只按照这三个基本标准提供景点导游服务，并不等于优质服务。

个性化服务，是景点导游人员除了按照上述三个标准的质量要求执行旅行社与游客之间的约定之外，向游客提供的额外服务，以满足他们的正当要求。这种服务，一般是针对游客的个别要求提供的。

我国的景点导游人员应该在圆满实施上述三个标准要求的基础上，将规范化服务和个性化服务结合起来，向游客提供优质服务，让游客高兴而来、满意而归。

5.“AIDA”原则

“A”即 Attention，指通过有趣的、尽可能具体的形象引起谈话对方的注意；“I”即 Interest，指通过进一步展开已经引起对方注意的谈话激起谈话对方的兴趣；“D”即 Desire，指激起谈话对象希望进一步了解情况、得到启示从而加深双方关系的愿望，尤其是激起对方的占用欲望；“A”即 Action，指努力使对方采取占用的行动。

景点导游人员，运用这一原则可作为激发游客的游兴、推销附加游览项目、改变游览日程、处理问题时的一个行为模式。若能正确运用“AIDA”原则，将有助于客、导双方创造友好气氛和建立良好的人际关系。

以上五项原则，并不是孤立的，而是相互联系、互为补充的。它们既是景点导游人员处理各种问题时的基本原则，也是衡量景点导游人员服务态度、服务质量及其工作能力的重要标准。景点导游人员，必须牢记这些原则并将其融会贯通、灵活运用，努力为游客提供优质导游服务，尽量满足游客合理而可能的要求并力争妥善处理他们的意见和投诉，以及旅游活动中出现的难题和事故。

第二节 景点导游人员的概念及其职责

一、景点导游人员的概念

（一）导游人员的概念及其含义

导游人员是指依照《导游人员管理条例》的规定取得导游证，接受旅行社委派，为游客提供向导、讲解及相关旅游服务的人员。

这个法定概念表明了以下三层含义：

1. 导游人员是指按规定取得导游证的人员

在人们的日常生活中,有着各种各样的导游人员。例如,某单位组织员工外出旅游,由员工中熟悉旅游目的地情况的某人充当导游人员。在这里,该人虽然也为其单位员工导游,但他并不是《导游人员管理条例》所称的导游人员,因他并没有依法取得导游证,所以依法取得导游证的导游人员不同于日常生活中泛称的导游人员。

2. 导游人员是接受旅行社委派的人员

在日常生活中,也有为他人提供向导、讲解服务的人,但是只要他不是由旅行社委派的,尽管他为他人提供向导、讲解服务,那么他也不是《导游人员管理条例》所称的导游人员。

3. 导游人员是为游客提供向导、讲解及相关旅游服务的人员

所谓"向导",一般是指为他人引路、带路;而"讲解"则是指向游客解说、指点风光名胜;至于"相关旅游服务"一般是指为游客代办各种旅行证件,代购交通票据,安排旅游住宿、旅程、就餐等与游览有关的各种服务。

(二)导游人员的分类及景点导游人员的概念

在旅游业高度发达的欧洲和北美国家,导游人员的管理体制早已制度化或法律化。他们按工作性质把导游人员分为国际入境导游人员与国际出境导游人员两大类。前者按职业性质又可分为四种:专业导游人员、业余导游人员、旅游景点讲解员与义务导游人员。其中,旅游景点讲解员是被博物馆或景点管理部门雇用专职从事本景点导游讲解工作的人员。他们在所有导游人员中是水平、级别最高的。对重要的博物馆或景点(如英国的大英博物馆、西敏寺等)导游人员的考试极为严格,只有水平很高的导游人员,才能获取在这些景点从事导游讲解的资格。这是为了保证导游质量,不致因为导游讲解质量差而有损珍贵文物的价值。

我国的导游人员按照工作区域、使用语种、职业性质、技术等级及导游资格的不同,有五种不同的分类:

1. 按工作区域划分

导游人员可分为海外领队、全程陪同导游人员、地方陪同导游人员和景点导游人员。

其中,景点导游人员又叫定点导游或讲解员,是指依照《导游人员管理条例》的规定取得导游证,受景点(区)管理部门的委派,专职在风景区、自然保护区、博物馆、纪念馆、名人故居、著名宗教建筑等旅游景点(区)为游客进行导游讲解的工作人员。

2. 按使用语种分

导游人员可分为中文导游人员与外语导游人员。

3. 按职业性质分

导游人员可分为专职导游人员与兼职导游人员。

4. 按技术等级分

导游人员可分初级导游人员、中级导游人员、高级导游人员与特级导游人员。

5. 按职业资格分

导游人员可分为正式导游人员与临时导游人员。

二、景点导游人员的职责

(一)景点导游人员的基本职责

早在20世纪60年代,中国国际旅行社就在其召开的第三次翻译导游会议上,根据周恩来总理对外事翻译人员的要求,结合导游工作的实际,提出了翻译导游人员应成为“五大员”(即宣传员、调研员、服务员、安全员与翻译员),这也是对当时翻译导游人员职责的明确概括。

40多年来,我国旅游业发生了巨大变化,由从前作为外事和侨务工作一部分的政治接待部门转变为国民经济中的一个产业部门;旅行社由从前的事业单位转变为市场经济中具有法人资格的经济实体;导游服务的对象也不单纯是外国友好人士和海外侨胞,而是海外各阶层的人士和数量更为巨大的中国公民。“五大员”就其实质而言,在今天仍有其现实意义,不过,其内涵和外延已发生了新的变化。

1987年11月30日国家旅游局经国务院批准,发布了《导游人员管理暂行规定》,其中第五条规定了导游人员的基本职责,这也是景点导游人员的基本职责:

(1)接受旅行社分配的导游任务,按照接待计划,安排和组织游客参观、游览;

(2)负责向游客导游、讲解,介绍中国文化和旅游资源,巧妙而不失时机地做好宣传工作;

(3)配合和督促有关单位安排好游客的交通、食宿等事宜,保护好游客的人身和财产安全;

(4)耐心解答游客的问讯,处理或协助处理旅途中遇到的问题;

(5)反映游客的意见、要求和建议,协助安排游客会见、座谈等活动。

(二)景点导游人员的具体职责

(1)导游讲解。负责所在景点(景区)的导游讲解,解答游客的问询。景点导游的讲解要声情并茂,知识上要有一定的深度,要尽力挖掘景点(景区)的文化内涵,多给游客一些智慧和人生启迪。另外,由于景点(景区)主题突出,内容丰富,往往会引起游客的兴趣,也就常常会提出各种问题,景点(景区)导游人员要善于积累一些与该景点(景区)相关的专业知识,正确回答游客的各种问题。

(2)安全提示。景点(景区)旅游设施繁多,特别是一些科技含量较高的景点(景区)对游客参观浏览都有各种特殊要求,以保证游客的人身安全和场馆的设备安全。对这些安全要求,景点(景区)导游员要及时进行安全提示,并协助管理人员处理好出现的各种问题。要随时提醒游客在参观游览过程中注意安全,并给以必要的帮助。

(3)结合景物向游客宣讲环境、生态和文物保护知识。

(三)景点导游人员与全陪、地陪的差异

景点导游人员与全陪、地陪的分工各有不同,但也有交叉、重复的地方。在三者角色不重合的情况下,不同之处主要表现在以下几个方面:

1. 工作地域不同

景点(景区)导游人员的工作地域相对集中,比较单纯,它可能是一个单位景点,也可能是一个景区内的几个景点;全陪导游人员工作地域最广,地陪导游人员工作的地域是一个城市或城市的不同景观。

2. 工作职能不同

景点(景区)导游人员一般只局限于在景点(景区)作讲解工作,他们处理的问题也仅局限于景点(景区)内所发生的事;全陪、地陪导游人员不仅要向游客介绍当地的概况和景点,还要向游客提供完整的食、住、行、游、购、娱等六大要素的服务并协调和处理相关事宜。

3. 对所掌握知识的要求不同

景点导游人员要掌握与景点有关的一切知识,要求专而深、细而精,对于其所工作的景点(景区),他们应该是专家;对全陪、地陪要求的知识以广、杂为主,要求他们是"杂家",是"万事通"。

4. 能力的要求不同

对景点(景区)导游人员的要求更多地集中在语言表达能力和知识掌握方面;而对全陪、地陪的要求主要表现在处理问题的灵活性和机动性上。

5. 所负责的具体对象不同

景点(景区)导游人员应对其所服务的景点(景区)负责,当然他们的工作也间接地影响旅行社;全陪和地陪主要是对其所委派的旅行社负责。

第三节　景点导游人员的基本素质

一个国家、一个民族的兴与衰、倒退与发展在一定程度上取决于她的国民素质,一个企业的成功与失败取决于它的核心决策层的素质与企业员工的素质,一个人的命运沉浮取决于他的自身素质。

"祖国的脸面"、"民间大使"、"旅客之友"、"游人之师"等称呼是对导游人员的美誉、称颂,更是一个国家、一个地区、一个企业以及社会公众或游客对导游人员的形象与行为的要求与期望。景点(景区)导游人员还是"景点(景区)的代表",这既是一种角色要求又是旅游消费者的要求。正是这种要求对"景点(景区)导游人员"这一角色作了行为与形象的定位,要达到这种个人形象定位,主要在于个人的素质。合格的或优秀的景点(景区)导游人员的基本素质主要表现为良好的思想品德、较强的独立工作能力和创新精神、较高的导游技能、较强的竞争意识和进取精神、健康的身心以及良好的仪容、仪表、仪态等。

一、良好的思想品德

"思想品德"是一个人的灵魂。景点(景区)导游人员的思想品德主要应表现在以下几个方面:

(一)热爱祖国、热爱社会主义

热爱祖国、热爱社会主义是合格的中国导游人员的首要条件。外国游客来中国主要是想了解中国的社会制度、人民的生活方式、异地他乡的风光习俗等。他们大都只是对中国感兴趣,还尚未成为中国的朋友和支持者。导游人员的工作,就是要使这些游客对中国有进一步的了解。为此,只有本身是个热情的爱国者,才会对自己的祖国有深刻的了解,才会以自己的热情的导游工作感染各国的客人,使他们成为我们的朋友。

导游人员的首要条件是热爱祖国,这点不仅我国强调,世界各国都强调,国外一般不允许外籍人员担任职业导游人员。他们还强调热爱自己的家乡。他们认为,只有当地人,才能导游好当地的风景名胜。伦敦旅游局(London Tourist Board)在招收新导游人员时,申请者填表的第一条是"在伦敦地区住了多久?"不是伦敦地区的人,他们往往不吸收,因为英国人最讲究"East, West, home best"("金窝窝","银窝窝",不如家里的"草窝窝")。他们认为只有当地人才对当地有感情,才能真正感染游客。

热爱祖国,倡导爱国主义,尊重、珍惜"国格"。这一点要求景点(景区)导游人员要熟知祖国的自然、人文景观,要掌握自己祖国五千年的历史与文化,树立民族自尊心和自豪感,更要深入了解、加倍热爱自己工作的景点(景区),用自己的热情去感染各国客人,使他们在领略我国山川风物的同时体味中华文化的博大精深,感受中华民族忍辱负重、不屈不挠、奋发图强的民族精神。

在中国旅行社从事导游工作的Q先生,是地地道道的北京人。他热爱自己的家乡,也热心于北京的胡同旅游。在他看来,北京的胡同旅游很有意义,因为它使众多的外国游客,尤其是欧美游客亲眼看到、切身体验到一个活生生的中国、一个活生生的北京。过去这些游客中的大多数只是从西方一些有偏见的宣传中了解中国,在他们的印象里:中国人还是蓄长辫、缠小脚的样子,现在让他们到胡同里走一走、看一看,他们的印象就焕然一新了。尽管北京的胡同生活还有需要改进的一面,然而那里居民富有地方色彩的生活方式和文化传统,令西方游客很感兴趣。正如Q先生说:"虽然胡同里的住房还比较拥挤,但是绝大多数的家庭拥有了电视、冰箱、空调、电脑等家用电器;尤其是从北京的胡同里、从四合院里、从寻常百姓家里流露出来的那种体现中华民族美德的家庭和睦、邻里团结、尊老爱幼等优良传统，令不少西方游客为之羡慕；住在胡同里的老百姓开放的眼界、爱国意识、民主法制意识和社区意识，也使西方游客相信，这里早已是另一片天地，他们要用新的眼光来看待这里的一切。”（资料来源：《导游员职业道德实证分析》）

可见，Q先生对北京胡同的热爱，对北京的热爱，对中国的热爱。所有的景点导游人员都应该像Q先生一样爱自己所在的景点，爱自己的家乡，爱我们的祖国。

（二）优秀的道德品质

社会主义道德的本质特征是集体主义和全心全意为人民服务的精神。旅游接待是一个系统，由旅行社和各个接待单位所组成，景点导游人员只是其中的一员。因此，景点导游人员在工作中，应从这一系统的整体利益出发，从发展旅游业的大局出发，依靠集体的力量和支持，关心集体的生存和发展，努力做好本职工作，将全心全意为人民服务的精神与“宾客至上”的旅游服务宗旨紧密结合起来，主动、热情地为国内外游客服务。

（三）高尚的情操

情操是以某一或某类事物为中心的一种复杂的、有组织的情感倾向，如爱国心、求知欲等。在我国的日常用语中，有人也把它解释为情感与坚定的行为方式的结合。

高尚的情操是导游人员必备的修养之一。景点导游人员要不断学习，提高自身的思想觉悟，努力使个人的功利追求与国家利益结合起来，在工作中要提高判断是非、识别善恶、分清荣辱的能力，培养自我控制能力，自觉抵制形形色色的精神污染，始终保持高尚的情操。

（四）良好的职业道德

旅游职业道德是旅游从业人员在旅游职业活动中所遵循的、与旅游职业活动相适应的道德规范及其所形成的道德观念、道德情操和道德品质等。

我国旅游业经过几十年的发展，已形成旅游业员工的职业道德规范，即：爱国爱企，自尊自强；遵纪守法，敬业爱岗；公私分明，诚实善良；克勤克俭，宾客至上；热情大度，清洁端庄；一视同仁，不卑不亢；耐心细致，文明礼貌；团结服从，不忘大局；优质服务，好学向上。其中最重要的是以下几点：

(1)立足本职工作，热爱本职工作，刻苦钻研业务，全身心地投入工作，热忱地为游客提供服务。一个良好的景点导游人员应该具有崇高的职业理想、良好的职业品质，不怕困难，吃苦耐劳，适应各种复杂的、繁重的、艰苦的、严格的服务工作。景点导游工作是一项既“劳心”又“劳力”的脑力劳动与体力劳动高度结合的工作，工作强度大，没有吃苦耐劳的精神和恪尽职守的工作态度是无法胜任景点导游任务的。

(2)遵循景点导游服务的原则，宾客至上，顾客第一，努力维护游客的合法权益，为游客提供规范化服务和个性化服务。

(3)处理好景点(景区)与旅行社、地陪、全陪以及其他接待人员之间的关系，纠正互相推诿、互相扯皮、以邻为壑等不良倾向，树立全局观念，在旅游业内部建立起团结、平等、互助的新型关系。

(4)遵纪守法，廉洁奉公。自觉遵守国家的法律法规、外事纪律、行业规范，严格执行导游服务质量标准，严守国家机密和商业秘密。以国家利益、集体利益为重，与一切损公肥私、徇私枉法行为作斗争，尤其要抵制收受回扣、索要小费等不正之风，树立中国旅游业的良好形象。

二、较强的独立工作能力和创新精神

培养独立分析、解决问题的能力及创新精神既是导游服务工作的需要，也关系到个人的发展前途。景点导游人员的工作对象形形色色，所遇到的问题各不相同，工作中不允许其墨守成规，景点导游人员只有具备较强的独立工作能力和创新精神，充分发挥主观能动性和创造性，才能在激烈的人才竞争中脱颖而出，立于不败之地。景点导游人员的独立工作能力及创新精神主要表现在以下几方面：

(一)独立执行政策和进行宣传讲解的能力

景点导游人员必须具备高度的政策观念和法制观念，要随时以国家的政策法规来指导自己的工作，约束自己的言行，在导游讲解中要积极主动地宣传我国、讲解我国现行的方针政策，介绍中华民族的伟大创造和社会主义建设的伟大成就以及各地区的建设和发展情况，回答游客的种种问题，帮助他们尽可能全面地认识中国。

(二)较强的组织协调能力、灵活的工作方法和不断创新的精神

景点导游人员接受任务后要根据要求严格执行旅游接待计划，带领全团人员游览好，这就要求他们要具有较强的组织协调能力，在安排旅游活动时，有较强的针对性，并留有余地，在组织活动时讲究方式方法并随时掌握变化着的客观情况，灵活采取相应的有效措施。

(三)善于与各种人打交道的能力

景点导游工作的性质决定了景点导游人员的工作对象极为广泛，人际关系比较复杂，必须善于与不同层次、品质各异、性格相左的各种人士打交道，这就要求景点导游人员应是一个活泼型、外向型的人，是一个精力充沛、情绪饱满的人，同时也是一个具有爱心、待人诚恳、富于幽默感、有能力解决问题并让人信赖的人。另外，他还必须掌握一定的公共关系学知识并能熟练运用于旅游接待之中，这样才能适应不断变化的工作环境，随机应变地处理各种问题、搞好各方面关系，在待人接物时更自然、得体，从而提高其导游质量。

(四)独立分析问题、解决问题、处理事故的能力

沉着分析、果断决定、正确处理意外事故是景点导游人员最重要的能力之一，

因为意外事故在所难免，能否妥善地处理这些事故是对景点导游人员的一种严峻考验。临危不惧、头脑清醒、遇事不乱、处理果断、办事利索、积极主动、随机应变是他们处理意外事故时应具备的能力。

三、较高的导游技能

导游界有一句行话，叫做“全凭导游一张嘴，调动游客两条腿”。导游，不仅是一门学问，还是一种艺术。在导游服务过程中，善于运用各种方法和技巧，是导游人员成功的因素和必备的基本素质之一。景点导游人员应该在熟悉、精通业务的基础上，从语言、方法、气质和思想等方面不断地培养和提高导游技能。

（一）智力技能

1. 带团的技能

要求景点导游人员做到以下几个方面：第一，掌握景点导游服务程序；第二，树立良好的形象，重视“第一印象”，不说大话，多与游客沟通；第三，搞好与地陪、全陪的关系，互相尊重，相互支持工作，尽量避免正面冲突；第四，多提供个性化与心理服务，尊重游客，保持微笑，使用柔性语言，建立良好的人际关系；第五，调节审美行为，传递美的信息，激发思维，保持良好状态；第六，处理好强与弱、多与少、劳与逸等诸多矛盾关系。

2. 安排参观游览活动的技能

景点导游人员应根据旅游接待计划和实情，巧妙、合理地安排参观游览。

3. 导游技能

要能选择最佳的游览点、线，组织活动，使游览过程有张有弛、快慢适宜。

4. 导游讲解技能

景点导游人员要灵活地、创造性地将多种导游讲解方法运用于导游讲解之中，触景生情、随机应变，进行生动的导游讲解，突出讲解的知识性、科学性及趣味性。

5. 宣讲技能

景点导游人员要灵活回答游客的询问，帮助他们了解所在的景点(景区)时，要积极主动、因势利导；实事求是、保守秘密；不卑不亢、求同存异；内容健康、摒弃糟粕；突出特色、宣传知识。

6. 应急技能

在景点导游过程中，发生意外事故，不管是谁的责任，景点导游人员都必须全力以赴、认真对待、及时果断，合情、合理、合法地进行处理。

7. 处理游客要求及投诉的技能

当游客提出个别要求及投诉时，景点导游人员处理的原则是“一个标准，两种方式”。一个标准即合理而可能。两种方式即：一是认真倾听，耐心解释；二是尊重游客，不卑不亢。

(二)操作技能

景点导游人员在旅游活动中为游客提供的各项服务必须达到《导游服务质量》、《旅行社国内服务质量》、《旅行社出境旅游服务质量》所规定的标准以及与游客约定的标准。

在以上两种服务技能中,景点导游需要的主要是智力技能。服务技能与语言、知识一起构成了导游服务的三要素,缺一不可。景点导游人员的服务技能与他的工作能力和掌握的知识有很大关系,需要在实践中培养和发展。

四、竞争意识和进取精神

21世纪是知识经济时代,其主要特征是,以智力资源为主要依托,把知识作为第一生产要素。所以,21世纪是知识竞争的时代。

景点导游服务是一种高智能的服务,以景点导游人员的智力资源为主要依托。因此,景点导游人员只有不断充实、更新知识,不断进取,才能面对充满竞争的新世纪的挑战。

在中国加入世界贸易组织之后,中国旅游业将更加对外开放,不仅外国旅游企业将进入中国旅游市场,外国导游人员也可能踏上中国的国土。另外,随着改革的深入,面对国际、国内旅游市场的激烈竞争,目前的导游管理体制也将发生变化。随着一年一度的导游考试的进行,导游人员的队伍也在不断壮大。因此,景点导游人员应有居安思危、优胜劣汰的思想准备。只有树立强烈的竞争意识,将压力变为动力,不断开拓进取,才能在新世纪的景点导游事业中立于不败之地。

因此,每个景点导游人员都必须牢记:"物竞天择,适者生存。"

五、身心健康

景点导游工作是一项脑力劳动和体力劳动相结合的工作,流动性强,体力消耗大,而且工作对象复杂,诱惑性大。因此,景点导游人员必须是一个身心健康的人;否则,很难胜任工作。身心健康包括身体健康、心理平衡、头脑冷静和思想健康四个方面。

(一)身体健康

景点导游人员的工作量大,尤其是一些较大的景区的导游人员,工作要求他们能走路、会爬山,还要提供周到细致的生活服务和生动形象的语言服务,而且要连续不断地工作,这必然要有健康的身体才能胜任。所以,景点导游人员在平时的生活和工作中,一定要加强身体锻炼,才能圆满完成工作任务。

(二)心理平衡

景点导游人员必须时刻牢记自己的角色——服务员,自己的任务——提供服务,游客就是享受服务的,景点导游人员与游客的关系是一种提供服务与接受服务的关系。如果景点导游人员做到了这一点,工作中遇到的很多问题在观念上、心理上就迎刃而解了。

作为一名景点导游人员,要想让游客高高兴兴,首先自己要高高兴兴。情绪是具有感染力的。一般来说,人们喜欢和精神饱满、心情愉快的人打交道,而不喜欢和没精打采、愁眉苦脸的人在一起。景点导游人员要有热情、诚恳、开朗、独立的性格,要很快进入"角色",在游客面前应显示出良好的精神状态,并且能始终不受外来因素的影响,这样才能建立起良好的人际关系,在工作中保持最佳的工作状态,使游客感到亲切,乐于接受服务。另外,景点导游人员还应具有较强的应变能力和开拓精神,因为在导游活动中,会面对很多可变因素,要与具有各种社会文化背景、各具个性倾向的人打交道,要满足他们的要求并让他们满意,景点导游人员就不能是一个敏感脆弱的人,而应该有较强的适应性、忍耐性,在遇到各种刺激和压力时要有一定的心理适应能力。面对游客,景点导游人员一定要学会把握、调节自己的情绪,使自己处于符合角色规范的情绪状态之中,绝不能把丝毫不悦的情绪带到导游工作中去。

(三)头脑冷静

在旅游过程中,景点导游人员应始终保持清醒头脑,处事沉着、冷静、有条不紊;处理各方面关系时要机智、灵活、友好协作;处理突发事件以及游客的挑剔、投诉时要干脆利索,要合情、合理、合法。尤其是在与游客的交往中产生了分歧、矛盾时,要有豁达的心态,要有自制力,能够约束自己的感情和行为,善于控制自己的情绪,无论发生什么事情,都能镇定自若,理得清思路,容得下矛盾,善于把握分寸。在与游客的冲突中,景点导游人员作为服务人员,始终处在不利的或者说不占优势的地位。和游客发生冲突,是景点导游人员对自己的工作性质认识不清的一个结果,因为游客是服务的对象,而不是说理教育的对象,更不是比高低、争输赢的对象。所以,作为景点导游人员,要从心态上调整自己:我永远不可能也没必要战胜游客,当我自己以为打败了游客的时候,实际上是打败了我自己,所以,我既不能把游客打败,也不能被游客打败,而要巧妙地争取双赢。在双赢的结果之下,游客得到了他想得到的——尊重、面子、服务,导游人员也得到了他想要得到的——圆满地完成了工作任务。

(四)思想健康

景点导游人员应具有很强的是非观念和自控能力,能够抵制形形色色的物质诱惑和精神诱惑。游客特别是外国游客的道德观、人生观、生活方式和我们有很大的不同,面对这些不同,景点导游人员除了学习其中好的方面外,还要自觉抵制一些不好的、消极的方面,如过度的自由平等、金钱万能等观念。另外,景点导游人员还要按工作纪律约束自己,不能索要小费、礼物,要以坚强的意志抵制各种各样的诱惑。

六、注重仪容、仪表和仪态

景点导游人员的“第一印象”是其导游讲解能否成功的关键所在,因为给人的第一印象的好坏,常常构成人们的心理定势,在短期相遇的过程中,往往成为评价一个人的依据。景点导游人员要保持与其行业特点、企业形象相一致的仪容、仪表、仪态。

(一)保持良好的仪容

在游客的面前,景点导游人员的仪容要求为容貌修饰上要得体,要与所在工作岗位、身份、年龄、性别相称,不能引起游客的反感。

容貌反映了一个人的精神面貌,对于景点导游人员来说,容貌端庄是其从业的基本要求。因此,应该适度注重自己的容貌修饰,以给游客留下较好的印象。具体来说,景点导游人员的头发要经常梳理,保持清洁和整齐,发型要朴素大方,同自己的职业、脸型、身材、气质相协调。男性不留长发、小胡子、大鬓角,鼻毛要修剪,要常常刮脸,面容要保持光泽;女性以短发为宜,面部可施淡妆,不要浓妆艳抹,指甲要常修剪,保持指甲清洁,不留长指甲,也不要涂过艳的指甲油。牙齿要保持洁净,要坚持早晚刷牙,饭后漱口,工作前,最好不要吃葱、姜、蒜、韭菜等有异味的食物,必要时可以嚼茶叶或口香糖来清除口腔异味。在工作前不要喝酒,以免满脸通红、酒气熏人。

(二)塑造仪表美

这是对景点导游人员的服饰要求。在我国,对其要求一是规范,二是整洁大方。

服饰,一方面是一个国家、地区和民族的文化、风俗和生活习惯的反映;另一方面也展示了一个人的气质、爱好、文化修养和精神面貌。在旅游活动中,景点导游人员也是游客的审美对象,其服饰也是游客审美的一部分。为此,景点导游人员的衣着要整洁、大方、得体,要同其从事的职业相宜,和自己的年龄和身份相匹配。

景点导游人员的服饰要讲究颜色的搭配。一般不应穿过于鲜艳的服装,避免给游客造成不庄重的感觉,也不宜穿过于暗淡的衣服,以免给游客过于严肃、难以接近的感觉。一般情况下,色彩的搭配是上浅下深或上深下浅。在许多颜色的搭配中,最容易与其他颜色搭配并产生效果的是黑、白、灰三种颜色,它们被称为安全色。颜色还有冷、暖之分,正确运用冷、暖色的服饰搭配会获得令人满意的效果。

景点导游人员的着装还要讲究“TOP”原则,即注意“Time”、“Occasion”、“Place”。景点导游人员应该根据时间、场合、地点选择合适的服装。景点导游人员在工作时,最好穿工作制服或比较正式的服装并佩戴导游标志。切忌过分讲究穿着,这样既不利于工作又容易脱离“群众”。

有一位北京H女士接待一个新加坡旅游团,穿了一身名牌西装,在她看来,这是为了表示对客人的尊重。可是,客人看见她穿着一身高档毛料西装,无形中有了一种压抑感,自然就疏远了她。一位客人悄悄地对H导游说,像你穿着这样的服装，在我们国家都是有钱人才能穿的；我们以为你是官员，所以不敢和你讲话。第二天，她换了一身休闲装，自然大方，很快拉近了和客人之间的距离。（资料来源：《导游员职业道德实证分析》）

另外，着装还要注意整洁，常洗常换，尤其是衬衣的领口和袖口要保持干净；袜子要常换，不得有异味。

衣着与帽子、围巾、鞋子、饰物也要注意协调与搭配，主要是注意色彩、质地、风格的一致。如西服得配皮鞋，不要与布鞋、雨鞋等搭配。至于饰物，除佩戴必要的如手表、领带夹、项链、戒指外，最好不要佩戴其他饰物。

（三）培养优雅的仪态

仪态是指人的姿态，即人们日常行为中的姿势和风度。景点导游人员具有良好的仪态，容易赢得游客的信任与尊重。仪态主要包括以下几方面：

1．站态

站态是指一个人站立的姿势。景点导游人员的站态要给游客一种谦恭、彬彬有礼的感觉，其目的也是为了表示对游客的尊重。景点导游人员在站立时要注重站姿的优美和典雅，表情要自然，站立时身体重心要放在两脚之间，不要偏左或偏右；胸要微挺，略微收腹，腰直、肩平；两眼平视，面带笑容；双肩舒展，两臂自然下垂。但要注意双手不可叉腰，不可抱在胸前，不可插入口袋，以免给游客造成一种傲慢或漫不经心的感觉。

2．坐态

坐态是指一个人坐在物体上的姿势。它分正坐和侧坐。景点导游人员的坐态要给游客一种温文尔雅的感觉，其目的是为了表示对游客的尊重。景点导游人员的正坐要求端正、娴雅，上体要自然挺直，两腿自然弯曲，双脚平落地上，臀部坐在椅子的中央，两手放在膝上，或搭在扶手上，或相交与腹部前，胸微挺，腰伸直，目平视，面带笑容。男性坐下时，两膝可适度张开，以显示其自信、豁达；女性坐下时，双膝并拢，以显示其庄重、矜持。不论男性或女性，坐下时都不能跷二郎腿。

3．步态

步态是指一个人行走时的姿态。

景点导游人员的步态应是轻盈、稳健、自然、大方。行走时，要保持上体正直，不低头，面对前方，双臂自然前后摆动，肩部放松，挺胸、收腹，身体重心随着步伐前移。行走时，步伐要适中均匀，步位平直，双脚内侧基本落在同一条直线上。目光要平稳，用眼睛的余光（必要时可转身扭头）观察游客是否跟上。行走时切忌驼背、斜肩，左右摇摆，不可手插裤兜、脚蹭地面。

4．表情

表情是指一个人的面部姿态，是人的思想感情的外部体现。景点导游人员在进行导游服务时，要学会成功地运用表情，通过表情给游客热情、诚恳、耐心周到的感觉。景点导游人员要经常面带微笑,这是导游服务的一个重要组成部分,也是衡量导游服务的一个重要指标。景点导游人员如果面部表情冷淡、麻木,即使讲解内容丰富,服务技能娴熟,也很难得到游客的高度评价。亲切的微笑会使人感到和蔼可亲、平易近人。微笑服务不仅是对客服务的需要,也是一种广交朋友的手段。有分寸的微笑,配上优雅的举止,对于表达自己的主张、争取与他人合作,会起到不可估量的积极作用。因此,景点导游人员应学会微笑,始终以微笑来面对游客,为游客提供微笑服务。

这里需要指出的是,第一印象对导游工作的顺利开展固然重要,但也不能过分地夸大其作用。因为,这毕竟只是印象,只是人的感觉,而不是知觉。就游客而言,他们并不满足于良好的第一印象,在以后的服务中,他们会通过自己的观察、体验来印证所获得的第一印象,并且还会继续对景点导游人员寄予更高的期望,对景点导游服务工作提出更全面、更具体、更个性化的要求。因此,景点导游人员不能仅凭第一印象与游客打交道,而要维护已经确立的良好形象并将其一直保持到最后。景点导游服务的优劣取决于游客的最后评价,而最后评价是凭景点导游人员的全过程的表现作出的,并非第一印象。这就要求景点导游人员在导游服务的全过程中,始终坚持主动热情地对待每一位游客;善于与游客沟通友谊和情感,与他们建立友情;多向游客提供微笑的和细致的服务,使游客产生亲切感;要多干实事,少说空话,做到言必行、行必果;要做到处事不惊、果断利索,给游客以安全感;要善于弥补服务缺陷,一丝不苟地做好送行工作。

第四节 景点导游人员的知识素养

21世纪旅游业的发展既带来了机遇,也带来了挑战。景点导游服务本身就是知识密集型的服务,随着景点导游服务向高科技化、高知识化、方法多样化方向发展,现代旅游活动更加趋向于对文化、知识的追求,人们出游除了消遣,还想通过旅游来增长知识、扩大阅历、获取教益,这就对景点导游人员提出了更高的要求。

一、景点导游人员知识结构的"广"与"专"

现代化人才观要求人才要具有合理的知识结构。景点导游服务工作的实践表明,景点导游人员合理的知识结构既不是"通才"式的,更不是"专才"式的,而是"T型人才"式的,即这类人才不仅要有宽广的知识面,而且还应在某一知识领域有较深的研究。

景点导游人员的服务对象来自各行各业,虽然他们对景点导游人员的期望有所不同,然而几乎所有的游客都希望景点导游人员知识渊博、能够回答自己在游览之中提出的问题。因此,景点导游人员应具有渊博的知识、宽广的知识面,只有以丰富的知识做后盾,景点导游讲解才能言之有物、言之有理、言之有据,富有感染力和说服力,而受到游客的欢迎。另一方面,游客中不乏“专才”,他们对景点导游人员的期望较高,希望景点导游人员的讲解不仅要有广度,而且要有深度。这种情况又要求景点导游人员还应对与自己工作密切相关的某一专业领域有较深的研究和独到的见解。所以,景点导游人员合理的知识结构应是博而专的。

由于景点导游人员的工作相对固定在一个或几个景点,所以要求他们对所属景点的情况要全面、深刻掌握,而且要不断地更新知识、储备知识,同时也要不断扩展知识面。凡是与景点相关的知识都需要不断积累,以便更好地为游客提供有效的服务。对所属景点而言,他们应该是专家。英国伦敦的导游培训教学大纲中指出:“知识是导游的基础,这种知识必须是有根据的,经过选择的,而且能很好地表达出来的。”

二、语言知识

语言是导游人员最重要的基本功,是导游服务的工具。《论语·卫灵公》曰:“工欲善其事,必先利其器。”景点导游人员若没有过硬的语言能力,就根本谈不上优质服务。这就是说,景点导游人员若没有扎实的语言功底,就不可能顺利地进行文化交流,也就不可能完成景点导游工作的任务。而过硬的语言能力和扎实的语言功底则以丰富的语言知识为基础。这里所说的语言知识包括外语知识和汉语知识(或少数民族语言知识)。

涉外景点导游人员至少应掌握并熟练运用一门外语,最好掌握两三门外语。每掌握一门外语,就了解了一种外国文化,这有助于接受新思想、新观念,开阔眼界,在传播中外文化中作出贡献。

导游讲解是一项综合性的口语艺术,要求导游人员应具有很强的口语表达能力。不过,导游人员的口语艺术应置于丰富的知识宝库之中,知识宝库是土壤,口语艺术是种子,二者结合就能获得收成——良好的导游效果。

三、心理学知识

景点导游人员的工作对象主要是形形色色的游客,还要与各旅游服务部门的工作人员打交道。景点导游人员是做人的工作,而且往往是与他人短暂相处,因而掌握必要的心理学知识具有特殊的重要性。景点导游人员要随时了解游客的心理活动,有的放矢地做好导游讲解和旅途生活服务工作,有针对性地提供心理服务,从而使游客在心理上得到满足,在精神上获得享受。事实证明,向游客多提供心理服务远比功能服务重要。

景点导游人员是景点的代表,是完成景点旅游接待工作的核心人物。景点导游服务是景点旅游接待的主体。

(一)景点导游服务心理对策

1. 心理预测和接待准备

古人云:“凡事预则立,不预则废。”这说的就是任何事情要做好就必须事先有周密的考虑。景点导游人员在接受导游任务后,也应该认真进行必要的准备,以避免工作中的盲目性或出现不该出现的差错。接待前的心理预测是景点导游人员准备工作的重要组成部分,因为接待的对象是具有心理活动的游客。

在游客尚未抵达之前,对他们进行心理预测应该说是必要的。景点导游人员可以根据所了解到的游客的一般情况,如年龄、性别、婚姻状况、国籍、民族、职业和旅游目的等,运用旅游心理学关于游客心理特征和个别差异的理论,分析即将接待的游客的心理特征。比如,学者组成的学术考察团,其需要、个性等必定会跟一群从事暑假旅游的大学生的走马观花、欣赏自然风光有所不同。接待前的心理预测为有效地制定接待计划提供了依据。

接待前的心理预测应尽可能做得细致而全面。例如,当游客来到后最迫切的需要是什么?旅游线路安排如何照顾到一般和特殊?此类问题应尽可能地多加考虑。心理预测和接待准备是景点导游工作十分重要的一个环节。如果漫不经心,仓促上阵,常常会顾此失彼,导致失误。

2. 迎客服务心理

致欢迎词是景点导游人员服务工作的开端。景点导游人员给游客的首次印象对游客的心理影响极为重要。社会心理学的研究证明,第一印象良好会产生一种优先效应,也就是所谓的“先入为主”。游客对景点导游人员有了好感,在以后的游览相处过程中就倾向于对景点导游人员的各种行为作出好的评价或解释,甚至把他的一些工作差错也解释为是出于无意。这就有利于景点导游人员与游客之间的合作。

在致欢迎词的服务中,景点导游人员除注意自己的服饰、仪容举止外,还要主动、热情地问候游客,并向游客进行自我介绍,而且这种热情有礼的态度应该始终如一。若是开始热情主动,以后又冷漠无情,就会由于近因效应给游客造成突出的坏印象,不仅原来的好影响被抵消,甚至会产生长久的不良影响。

景点导游人员还要掌握熟练的旅游业务技能,以便高效率、高质量地妥善完成接待的各项工作。例如,由于旅途劳顿,若各项接待工作拖延时间会使游客焦虑、不安,甚至产生不满,这样就会冲淡热情态度给游客心理造成的良好影响。

景点导游人员必须得到游客的支持,尤其是地陪、全陪、领队和游客中的负责人的支持和协作,这是非常重要的环节。景点导游人员在组织安排游览行程及线路时,应先和他们商量,尊重他们的意见,要主动通过他们了解各个游客的兴趣、爱好、性格、愿望等心理特征,以便在跟他们交往接触时缩短情感上的距离。

3. 游览服务心理

游览活动是景点导游服务工作的主要方面。在游览过程中景点导游人员应该充分发挥自己的主导作用，采取多种多样、灵活变化的导游心理策略，随机应变，做好景点导游服务工作，使游客圆满地达到旅游的目的。

(1)要根据游客的需要和兴趣组织游览活动

旅游需要和动机是决定游客游览心理倾向的关键因素，也是确定导游心理策略的首要依据。由于游客来游览的动机和目的不一样，以及个性的差异，他们对游览的要求是有所区别、不尽一致的。景点导游人员在安排游览行程和线路时，应尽可能从各个方面满足游客的合理需要。

此外，还要采取措施巩固游客的兴趣。一般地说，游客都是带着强烈的兴趣来游览的。他们乘兴而来，导游员就应该让他们尽兴而归，甚至余兴未尽而归，绝不能让游客败兴而去。

激发游客兴趣的激励因素大致有两个方面：一是直观形象的作用；二是第二信号系统的作用，即文字和语言。借助于直观形象的新鲜、奇特可以引起人们的直接兴趣，它是内感知觉直接反映形成的。在导游活动中，自然景物、历史古迹、工艺品等都能作为直观的激励因素，激发游客的兴趣。而通过第二信号系统参与的自觉兴趣可以引起人们丰富的联想。伴随着思维的活动，人们对事物的理解和认识不断深化，由此而形成的自觉兴趣则可以产生巩固而持久的效果。语言活动是景点导游人员进行工作的主要手段，景点导游人员在语言应用方面要重视语言的针对性、科学性、主动性，这对激发游客的兴趣、吸引游客的注意力起着关键的作用。

(2)要善于观察和调整游客的情绪

游客在活动中对客观外界事物随时都会有一定的情绪反应。情绪状态的产生是由于外部世界所发生的各种变化而引起，它与人的需要的满足程度密切相关。人的需要具有复杂、变化的特点，情绪状态也会因之而具有不确定性。游客对某个景物在开始的时候可能感到新奇，情绪处于积极状态，兴致很高，当达到顶点之后，接着便会逐步消退。又如，人们站着观赏时间长了，就会产生坐的需要，这些新的需要是否能满足，都会有一定的情绪反映。景点导游人员要想尽可能满足每个人的需要，使每个人的情绪能保持积极的状态，就必须留意观察游客的情绪反应。

景点导游人员应该善于从言谈、举止、表情的变化去了解游客的情绪变化。在一般情况下，景点导游人员应面向游客讲解，这样一方面使人感到亲切，另一方面容易及时发现他们的情绪变化：是心不在焉或因听不懂而皱眉，还是兴奋、愉快。游客的积极情绪是景点导游服务工作的有利条件，也是景点导游工作成功的标志之一。而游客的消极情绪则会影响他们的游览兴趣，也不利于景点导游人员的讲解。因此，在发现游客有焦急、不安、烦躁、不满等否定情绪后，要及时找出原因、采取措施来消除或调整其情绪。

(3)要深化游客的思维和理解

游客在游览过程中，带有各种认识性需要，有不同程度的求知欲。他们除了边听、边看用各种感官去感知眼前的景物和解说外,还在大脑中进行思维,以求理解游览内容。景点导游人员的重要职责之一就在于以出色的导游技巧满足游客思维的要求。在解说时,景点导游人员应该及时、准确地把有关知识告诉游客,启发他们对所见到的现象进行分析,比较其内在因素。例如,在参观园林时,要在讲清楚特点的基础上引导游客自己进行分析和综合,了解该地园林的今昔变化、审美特征以及与别处园林的差异,以便他们通过比较,概括出我国园林的一般特点。这样,旅游就不再是浮光掠影、走马观花了,而能够较深刻地理解游览的意义和内容,满足认识游览对象的需要。

游客的思维是否深刻,理解是否正确,在很大程度上取决于景点导游人员给他们看的内容和向他们提供的口头和书面说明材料是否丰富、准确、生动。无疑,材料越丰富、越准确、越生动,越有助于游客理解。

(二)景点导游人员的自我心理调适

在景点导游服务中,景点导游人员不仅承担着景点介绍的任务,同时还须尽到宣传员的职责,并自觉地在工作中调适自己的心态,使自己的言行符合景点导游人员的规范。

在景点导游人员的讲解活动中,有时会因意外情况的发生而影响景点导游人员的情绪。为此,景点导游人员在工作中应对自我心理进行及时调适。

1. 景点导游人员情绪的调节

情绪是人的主观体验,但情绪是由客观事物引起的。景点导游人员的不良情绪是由客观事物而导致的不安、忧虑等心理感受。这种不良情绪如不加以有效控制,势必会造成行为上的失控。讲解中引起景点导游人员的不良情绪的客观事物有多种,如旅行中的不顺利、游客的不理解等。出现不良情绪的主观体验是:烦躁、心慌意乱、难以控制自己、记忆混乱等。出现不良情绪的外部表现最突出的是表情,如面部涨红、显得高度紧张或拘谨、声音异常、目光呆滞等等。出现不良情绪后景点导游人员应注意进行自我调节。情绪是一种主观体验,有意识地进行克制,不良情绪是完全可以控制的。

(1)转移注意。转移注意是指景点导游人员应排除意外干扰,作意志上的努力,迫使自己的注意转移到现实中来,这种做法往往十分奏效,它可以在很短的时间内减轻外界刺激对自己在心理上造成的压力。

(2)自我安慰。真正的情绪只有自己心里清楚。因此,适时进行自我安慰十分必要。例如,给重要人物或重要旅行团讲解时,可以不断鼓励自己,暗暗告诉自己:“我的讲解是正确的,对他们来说,是可以增长知识的。”这样做可以达到使自己镇静、克服紧张情绪的目的。

(3)有效地使用目光。有效地使用目光的目的在于抑制自己的不良情绪,同时在游客中造成假象,以掩盖自己的不良情绪。例如,在讲解中,景点导游人员需要不断用目光环视游客,目的是为了观察游客的情绪反映。当不良情绪出现后,景点导游人员可以放弃这种做法,而采取虚视法,即貌似在观察,实际并没有看,这样不仅可以抑制自己不良情绪的发展,而且可以回避游客对自己内心的探索。

(4)排除刺激。排除客观刺激物对情绪的影响。例如,个别游客对讲解不感兴趣或走开或小声讲话或露出不屑的表情时,应考虑这只是个体兴趣的差异,可不必在意;同时,还应排除周围群众及其他噪音对情绪的影响。排除无关刺激的影响,可以最大限度地使自己的心理与客观外界达到和谐与平衡。

2. 景点导游人员好心境的培养

心境是指人的比较持久的情绪状态。由于心境具有弥散性特点,因此景点人员适时调节和培养自己良好的心境,对于景点导游讲解有着持续的作用。

首先,在讲解前,应努力使自己的心境处于平衡状态。包括:排除各种无关事情的干扰,抽出哪怕很短的时间,迫使自己静下心来并专注于同讲解有关的问题;同时,做必要的心理上的准备,对自己能驾驭讲解和能控制整个旅游团的能力充满信心。

其次,在讲解中,应努力控制自己的情绪。处于顺境时,应保持应有的冷静,不喜形于色;处于逆境时,应保持应有的克制,不怒形于色。能否始终保持良好的情绪是对景点导游人员心理素质的检验。

第三,讲解后,应认真进行反思。一般地说,讲解结束后,景点导游人员的思路最清晰,对游客的反映以及对自己的讲解和情绪的控制过程有很真实的感受体验。此时进行自我反思和总结,会对自己作出正确和客观的评价。

四、美学知识

旅游是一项综合性的审美实践活动。“它集自然美、艺术美、社会美或生活美之大成,熔文物、古迹、建筑、绘画、雕塑、书法、篆刻、音乐、舞蹈、园林、庙宇、服饰、烹饪、民情、风尚……为一炉,涉及阴柔、阳刚、秀美、崇高、绮丽、疏朗、沉郁、飘逸、明快、悲壮、轻松等一切审美形态,有益于满足人们从生理到精神等不同层次的各种审美欲求”(王柯平:《旅游审美活动论》,旅游教育出版社,1990 年,第 5 页)。诚如国内不少美学家所言:“看来人们的旅游目的不是有力无处使、有钱无处花,而是为了丰富自己的精神生活”(王朝闻:《不“跑”风景》,见《旅行家》1985 年 6 月)。“旅游,从本质上说,就是一种审美活动。离开了审美,还谈什么旅游……旅游活动就是审美活动”(叶朗:《旅游离不开美学》,见《中国旅游报》1988 年 1 月 20 日)。

人们外出旅游的目的是寻求娱乐和休闲,陶冶情操、愉悦身心、增长见识,增添生活的乐趣,得到美的享受。自然美是迷人的,文化美是醇厚的,向游客充分展示这些美、阐述这些美,可有助于游客认识中国、了解中国,提高其审美修养和文化教养。

艺术大师罗丹说过:"美到处存在,对于我们的眼睛不是缺乏美,而是缺乏发现。"因此,景点导游人员根据"美的普遍存在的原则"精神,首先要具备发现的眼力。要增强这种发现眼力的亮度,必须增强综合审美功能。人的审美意识功能并不是天生具有的,而是社会实践活动的产物。景点导游人员必须在长期的导游实践中不断丰富、发展和完善他的审美意识。做好美的发现者的基础上,再做好美的传播者。在旅游活动中,景点导游人员也是美的向导,要对游客进行引导和帮助,让游客自觉、全面地感受自然美、社会美、艺术美,从而获得最大的美的享受。一名合格的景点导游人员,既是审美信息的传递者和审美行为的调节者,同时自身也是游客的审美对象,必须懂得什么是美,知道美在何处,并善于用生动形象的语言向不同审美情趣的游客介绍美,而且还要用美学知识指导自己的仪容、仪表、仪态,以便给客人留下美的印象。

五、史地文化知识

史地文化知识包括历史、地理、宗教、民族、风俗民情、风物特产、文学艺术、古建园林等诸方面的知识。这些知识是景点导游讲解的素材,是景点导游服务的"原料",是景点导游人员的看家本领。景点导游人员要努力学习,力争使自己上知天文、下晓地理,对本地及邻近省、市、地区的旅游景点、风土人情、历史掌故、民间传说等了如指掌,并对国内外的主要名胜亦应有所了解,还要善于将本地的风景名胜与历史典故、文学名著、名人轶事等有机地联系在一起。总之,综合理解史地文化知识并将其融会贯通、灵活运用,对景点导游人员来说具有特别重要的意义,它是一名合格景点导游人员的必备条件。

景点导游人员还要不断地提高艺术鉴赏能力。艺术素养不仅能使景点导游人员的人格更加完善,还可使导游讲解的层次大大提高,从而在中外文化交流中起更为重要的作用。艺术素养也是一名优秀景点导游人员的必备条件之一。

目前,我国景点导游人员在这方面存在的主要问题是,知识面较窄,只求一知半解,对其包含的科学内容不进行深入的探究。有的景点导游人员只满足于背诵导游词,在讲解时,单调生硬,激发不起游客的游兴,更有甚者,竟杜撰史实,张冠李戴,胡言乱语,欺骗游客,这不仅有违景点导游人员的职业道德,而且也有损于我国导游服务的声誉,不利于我国旅游业的发展。景点导游人员作为国家的文化大使,应该是一位有文化、有教养、有学识的人,必须要对史地文化知识进行综合理解并将其融会贯通、灵活运用于景点导游工作之中。

六、政策法规知识

政策法规知识是景点导游人员应该必备的知识,这是因为政策法规是景点导游人员工作的指针,景点导游人员在导游讲解、回答游客对有关问题的问讯或同游客讨论有关问题时,必须以国家的方针政策和法规作指导来正确处理旅游过程中出现的相关问题,要善于用法律武器保护游客及自己的合法权益。与此同时,景点导游人员自身的言行更要符合国家政策法规的要求。

景点导游人员是国家方针政策的宣传者,这就要求其必须牢记国家现行的方针政策,掌握相关的法律法规知识,在游览过程中树立高度的法制观念,严格遵守各种规章制度,在游客面前捍卫国家的利益,维护民族尊严,了解外国游客在中国的法律地位及其权利和义务,正确处理各种问题,做到有礼、有利、有节。只有这样,景点导游人员自己才可少犯或不犯错误。

景点导游人员在导游服务过程中遇到的许多问题,往往需要依据国家的法律、法规,特别是旅游业的法规和规章来解决和处理。所以,为了使自己的言行符合国家法律、行业法规和规章的要求,景点导游人员必须努力学习和掌握有关政策法规知识。景点导游人员必须掌握的行业法规、规章有《旅行社管理条例》、《导游人员管理条例》、《导游人员管理条例实施细则》、《旅游安全管理暂行办法》、《旅游投诉暂行规定》等。此外,导游人员还要了解和熟悉与旅游服务密切相关的国家法律、法规,如《中华人民共和国合同法》、《中华人民共和国消费者权益保护法》、《中华人民共和国公民出境入境管理法》、《中华人民共和国外国人入境出境管理法》、《娱乐场所管理条例》等。

七、政治、经济及其他知识

由于游客来自不同的国家和地区、不同的社会阶层,他们对旅游目的地的某些政治、经济和社会问题比较关注,还常把本国、本地区的社会问题同出访目的地的社会问题进行比较。另外,在旅游过程中,游客会针对随时可能见到或听到的目的地的某些社会现象,要求景点导游人员给予相应的解释。为此,景点导游人员要了解国家的政治、经济体制,关心国家和国际形势,熟悉社会知识,其中包括风土民情、婚丧嫁娶习俗、禁忌习俗、宗教信仰情况、社会生活以及当前的热门话题等。掌握这些素材可以使景点导游讲解提高层次,有助于在讲解过程中把知识和宣传结合起来,既带领游客观赏我国的名胜古迹,也向他们宣传祖国壮丽的山河与博大精深的文化,从而达到广招游客的目的。宣传的内容可分为历史、地理、行政、工业、人民、婚姻、法律、宗教、文教卫生、计划生育及风土人情等多方面。

景点导游人员带领游客在旅游目的地旅游,在提供导游讲解服务的同时,还要随时随地帮助游客解决旅行中的种种问题,这就要求景点导游人员要掌握必要的旅行知识,这对旅游活动是否能够顺利进行有着十分重要的影响。旅行知识包括交通知识、通讯知识、货币保险知识、卫生防疫知识等。

景点导游人员还要了解国际形势和各个时期国际上的热点问题以及中国的外交政策和国家政府对有关国际问题的态度;要熟悉客源国或地区的情况,尤其是其历史、地理、文化、风土民情、宗教信仰、礼俗禁忌、思维方式等。了解和熟悉这些情况不仅有利于景点导游人员有的放矢地提供导游服务，避免尴尬之举，而且还能加强与游客的沟通，使他们充分意识到在异国或他乡旅游不可能事事都与自己的家乡相同，对难免出现的一些不愉快的地方应加以理解、谅解。

众所周知，旅游活动是一项综合性的社会文化活动。由于游客来自五湖四海，每个游客的个体需求由于其自身的差别，在游览过程中的表现有所不同，特别是对知识的需求不尽相同。为了应付游客的综合性、广泛性的知识需求，景点导游人员的知识应尽可能地广、博，做到上知“天文地理”，下知“鸡毛蒜皮”，同时对所在景点又要专，成为既具有广博知识又具有主攻专长的专家型、大众型相结合的景点导游人员。

本章小结

本章阐述了景点导游服务的类型、范围、特点、原则，重点论述了景点导游人员的职责，景点导游人员与地陪、全陪的不同，景点导游人员应具备的基本素质及知识素养。

思考与练习

1. 景点导游服务有哪些类型？又有哪些范围？
2. 景点导游服务的特点和原则分别是什么？
3. 什么是景点导游人员？他的职责是什么？他与地陪、全陪有什么不同？
4. 景点导游人员应该具备哪些基本素质？
5. 试述景点导游人员的知识素养。

第2章

景点导游语言技能

本章导读

现代语言学家认为,语言是传递信息的符号,是传播知识、交流思想、沟通感情的工具。景点导游的语言,是景点导游员做好导游服务工作的重要手段和工具,导游服务效果的好坏在相当大的程度上取决于景点导游员掌握和运用语言的能力。景点导游员掌握的语言知识越丰富,驾驭语言的能力越强,运用得越好,游客就越容易领悟,信息传递的障碍就越小,情感的沟通就越顺利,所起的作用就越大。所以,景点导游员掌握和运用语言的能力对做好导游服务工作、提高导游服务质量至关重要。每一位景点导游员,都应该加强语言技能的训练,并不断提高水平。

第一节　景点导游语言概述

一、景点导游语言的定义及类别

(一)景点导游语言的定义

语言,是人类沟通信息、表达和交流思想感情、达到相互了解的重要手段,是人类最重要的交际工具。

掌握和运用语言,是景点导游员最重要的基本功之一。通过导游讲解,可使大好河山的"静态"变为"动态",使沉睡了千百年的文物古迹"死而复活",使优雅的传统工艺品栩栩如生,从而使游客感到旅游生活妙趣横生,留下经久难忘的深刻印象。导游工作,要求每个景点导游员要具有比较扎实的语言功底;而正确、优美、得体的语言表达能力,对提高导游服务质量至关重要。

景点导游工作是一种社会职业,与其他社会行业一样,在长期的社会实践中逐渐形成了具有职业特点的行业语言——景点导游语言。

什么是景点导游语言?从狭义上讲,景点导游语言是景点导游员与游客交流思想感情、指导游览、进行讲解、传播文化时使用的一种具有丰富感染力、生动形象的口头语言。从广义上看,景点导游语言应该是景点导游人员在导游过程中必须熟练掌握和运用的所有具有一定意义并能引起互动的一种符号。"所有",在这里指除了书面语言之外，还包括面对面的口头语言(如方言、少数民族语言和外国语言)、态势语言等。“具有一定意义”，是指能传递某种信息，包括导游活动中的交际意图、情感以及导游解说中的具体内容，如解说人文景观与自然景观如何美、美在何处等。“引起互动”，就是指接受者(游客)在一定的感受基础上所产生的一种互动行为。例如，景点导游人员的话引起游客的反应，如微笑、点头或表示理解、赞同或否定等语言或非语言的信息反馈等。“一种符号”，是指导游过程中的一种有意义的媒介物，即语言与非语言。语言学家们，常把“语言”分为“语言”和“言语”两个概念。语言，是以语音为物质外壳，以词汇为建筑材料，以语法为结构构成的体系，其中词、短句、句子都是这个体系中的单位；言语，是个人对语言的运用，指人说的和写的过程和说出来的话。特伦斯·霍克斯将语言和言语的关系做了一个生动的比喻：“言语是露出水面的一小部分冰峰。语言则是支撑它的冰山，并由它暗示出来。”

在今天，现代语言信息科学中所应用的“语言”，其内涵更丰富，外延更广泛。如，“视觉语言”、“电影语言”、“舞蹈语言”等。景点导游语言也一样，它不仅是分音节的狭义角度的语言，而且是一种传递信息的符号系统，它包括景点导游人员在导游活动中对游客使用的所有语言。而导游语言的内容，也就是信息的内容。在这里，信息是指人类信息，而不是自然信息，它是依物质运动规律利用一定的物质手段来表达的特定意义，多指有新内容、新知识的消息，包括态度、情感等成分。请看实例：

黄山蓬莱三岛

例 1

黄山“四绝”，排在第一位的当然是奇松。黄山松奇在什么地方呢？首先是奇在它有无比顽强的生命力，你见了不能不称奇。一般说，凡是有土的地方就能长出草木和庄稼，而黄山松则是从坚硬的花岗岩里长出来的。黄山到处都生长着松树，它们长在峰顶，长在悬崖峭壁，长在深壑幽谷，郁郁葱葱，生机勃勃。千百年来，它们就是这样从岩石迸裂出来，根儿深深扎进岩石缝，不怕贫瘠干旱，不怕风雷雨雪，潇潇洒洒，铁骨铮铮。你能说不奇吗？其次是，黄山松还奇在它那特有的天然造型……

例 2

一位景点导游员主动去扶一位腿脚不方便的游客下台阶,并对他说:“这里的台阶比较陡,我们都要小心一些。”

例 3

一位景点导游员对一个刚刚抵达的旅游团致欢迎辞:“各位朋友,早上好! 欢迎大家来到我们湖北省博物馆,我是大家今天的景点导游员张宝,宝是宝贝的宝,我忠心希望能把这里的宝贝、宝物全部介绍给大家。大家如果有什么问题,请随时提出来,我将尽我所知为各位解答。我的服务宗旨是:‘你快乐所以我快乐!’祝大家游得愉快并喜欢我的导游。”

例 1 的信息是一种消息,即介绍景观内容。例 2 的信息是一种态度,即对游客的关心体贴。例 3 的信息是一种情感,即表达对游客的热烈欢迎。可见,景点导游语言的内容是十分丰富的。把景点导游语言的内容,仅仅理解为对景观的解说是不够的。它包括景点导游过程中的思想沟通、知识传播、情感交流等。

由此可见,景点导游语言是景点导游工作的一个重要环节。它由景点导游人员、游客、传递媒介以及时间、环境等诸要素构成。景点导游语言的本质,是景点导游人员在特定的环境中,借助语言这个工具,以满足游客娱乐情趣和求知欲望的一种面对面的信息交流活动。

(二)导游语言的类别

导游语言的类别,按其语言表达的形式,可分为三大类:一是书面语言;二是口头语言;三是态势语言。

1. 书面语言

书面语言,是口头语言的一种文字符号形式,是用言简意赅的文字,把事物的形状、性质、特征、成因、功用等解说清楚的一种语体。如,旅游指南、导游文字说明、景点文字介绍等。

2. 口头语言

口头语言,是以说和听为形式的语言,也是景点导游员主要使用的语言。它包括两种形式:一是,景点导游员讲、游客听的语言传递形式。在景点导游过程中,它的使用频率较高。例如,致欢迎辞或欢送辞、独白式的导游讲解等。二是,景点导游员与一个或一个以上游客之间所进行的交谈。例如,问答、商讨等。

3. 态势语言

态势语言,是以人的动作、表情、服饰等来传递信息的一种无声伴随的语言。在景点导游中,态势语言是一种运用较多的沟通方式。

二、景点导游语言艺术的功能、特征和作用

(一)景点导游语言艺术的功能

景点导游语言艺术的功能,是指最佳的景点导游语言在传播过程中能引起游客的愉悦互动,也就是良好的"导游效应"。例如,一位岳阳楼的景点导游员在讲解《岳阳楼记》雕屏时说:"《岳阳楼记》雕屏有两块,一块是张照的手迹真品,一块是仿造的赝品,有谁能认得出来吗?"几句话就激发了游客的兴趣,游客纷纷上前辨认,有的说楼上那块是真品,有的说是赝品,众说纷纭,莫衷一是。这时,导游员再指出两块雕屏孰真孰假,顺带讲出其传说故事。导游员采取设问的语言艺术,从而产生了良好的"导游效应",即游客一系列的愉悦性互动,如"上前辨认"、"莫衷一是"等。

景点导游语言艺术的功能,具体表现在以下两个方面:

一是沟通。景点导游语言艺术的双向沟通过程,由两个基本阶段组成:传递阶段和反馈阶段。传递阶段,发出者将要表达的意愿和所要传递的信息,转换成具体的物质形式,以便通过传递的渠道到达彼方。反馈阶段,接受者得到一系列的信息符号后,先将其还原成沟通内容进行领会理解,然后将自己的态度反馈给对方,进行逆向传递。景点导游员与游客双方的沟通是否有效,主要看景点导游语言的运用是否遵循沟通的有效原则。这一原则,可用公式来统计:

沟通的有效率=(沟通信息总数-无效数)÷沟通信息总数×100%

沟通中"无效数"的产生,因素是多方面的。有来自传者,即景点导游员的因素,也有来自受者,即游客方面的因素,还有来自沟通渠道方面的因素。而景点导游语言艺术则能有效地贯彻双向沟通的原则,充分利用信息,达到最佳的导游效果。

二是平衡。美国学者纽科姆曾提出过"A—B—X"模式的平衡理论。A是一个认识主体,B是另一个认识主体,X是一个对象或一种观念或一则信息。A与B是否协调,不仅取决于他们之间相互认识的程度和吸引程度,而且与他们对X的态度是否一致有联系。因此,景点导游员要建立与游客之间的平衡关系,必须依靠语言艺术。景点导游员一旦通过语言艺术赢得游客的信赖和认可,那么,导游就容易成功了。

(二)景点导游语言的艺术特征

景点导游语言艺术的基本特征,主要体现在情感化、激发性等方面。

1. 情感化

英国著名宣传理论家弗劳尔说,如果在某一信息中缺乏影响人情感的成分,那么,这种信息只能属于教育活动的范畴。在导游语言传播中,一方面,情感是语言符号传递的重要信息内容之一,另一方面又是表现情感的主要载体。例如,"您好"、"再见"、"请"、"对不起"、"谢谢"等礼貌用语,在景点导游语言中不仅表示它们的理性意义,同时也负载着情感成分,是维系景点导游人员与游客人际关系的公关用语,也是导游过程中的一种"润滑剂"。

有声景点导游语言的情感内涵，是非常丰富的。以声传意，以声传情，每一句话，在表意的同时，语调的高低、语速的快慢、语音的轻重、音量的大小，都是一种情感的表露。

2. 激发性

景点导游语言传播的目的不仅是信息沟通，更重要的是引起信息互动。而引起导游信息互动的关键之一，是语言的激发性，如采取提问的方式、讲故事的方式等，都是激发性的语言手段。例如，在参观苏州园林时，许多游客都是一看而过，并没有对其产生多大的注意和兴趣。这时，景点导游员如果能将太湖石“瘦”、“漏”、“皱”、“透”四大特点生动地表达出来，并引导游客细细观察，就能调动游客的兴致。如能再加上一段太湖石形成过程的讲述，定能使游客兴致大增。要充分发挥导游语言的激发性，必须学会运用多种修辞手法。恰当地运用修辞，能使景点导游语言鲜明生动，更趋艺术化。例如，镜泊湖吊水楼瀑布的一段景点导游词：“在遮天蔽日的密林中走不多远，大家就可以看见气势磅礴的大瀑布，它像轰雷、骤雨、飞珠、崩玉，雪浪花似的泡沫，跳荡着、哆嗦着，溅起的水珠儿，蘑菇云似的冲向天空，然后化作轻纱般的薄雾，在阳光照射的特定角度下，你可看见彩虹般的景色。”这里的这些比喻，给人以无穷的遐想，更能激发游客的兴致。

苏州园林一景

(三)景点导游语言艺术的作用

1. 畅通信息传递

景点导游活动中的信息传递，不但要具有“物理效应”——准确、清晰，而且更应该关注这个信息能否引起最佳“社会效应”。在特定的语言环境中，不能机械地把羡余信息(多余信息)完全省略，因为羡余信息在传递过程中能起辅助或“润滑”的作用。

例如，游客问泰山景点导游员：“请问，南天门还有多远?”请看两种回答方式：

(1)“快啦!”

(2)“大约还有两公里，半小时就能走到，您别急，慢慢走。”

第(1)句,游客获得了少量所需要的信息(路程不远,但到底有多远?没讲)和负信息(态度生硬),游客是不会满意的。这种信息渠道是不够畅通的。第(2)句传递的信息既准确、清晰又亲切热情。游客不仅获得了需要的信息(两公里,半小时的路程),而且收到了一定的"羡余信息"("您别急,慢慢走")。语言艺术使信息渠道畅通,效果良好。

2. 调谐主客关系

主客关系是指景点导游员(主人)与游客(客人)在旅游活动中临时结成的一种直接关系。景点导游语言艺术作为调谐这一关系的具体方法,在很大程度上取决于对语言环境的感知、理解和决策。例如,一位景点导游员在迎接一个韩国旅行团时,迟到了15分钟,客人等了很久,怨气很大。为了调谐关系,景点导游员态度诚恳地说:"各位先生们、女士们,辛苦了。实在对不起,因为城市交通拥挤,加上我出发的提前量少了点儿,路上阻车,让大家久等了。我代表我和我们这座城市向各位致歉!"然后一个鞠躬。景点导游员真诚的言语行为,立刻赢得了旅客的谅解。本来一触即发的紧张关系,在互相理解中得到了缓和。

景点导游语言艺术中的"微笑语",往往能平息旅客情绪中的火气。例如,一位北京故宫的景点导游员在接待一个教师旅行团时,由于故宫正在进行大规模的维修,许多宫殿不能参观,全团游客十分不悦,冲导游员大发其火。这位导游员始终面带歉意的笑容,诚恳地解释原因,并告诉游客故宫的主体建筑都能参观到。俗话说:"伸手不打笑脸人",旅客们见导游员态度诚恳,火气很快就消了。微笑语产生了无穷的魅力。

3. 激发游客热情

景点导游语言传递的目的,不仅是沟通信息,更重要的是引起信息互动,而引起信息互动的关键语言必须具有激发力量。景点导游语言激发,可以使游客产生一股积极、乐观、向上的内在动力。例如,一个香港旅行团,一到杭州就刚好遇上绵绵阴雨,情绪十分低落,抵达杭州西湖时都没有什么游兴,一位西湖的景点导游员便有意对他们说:"这天公真是太作美了。一听说远道而来的客人今天要游览西湖,就连忙下起濛濛细雨,大家还记得苏东坡先生的那首诗吗?《饮湖上初晴后雨》:'水光潋滟晴方好,山色空濛雨亦奇,若把西湖比西子,淡妆浓抹总相宜。'说实话,各位今天运气真好,碰上大晴天,还真难感受到雨中西湖那别具一格的诗画情调呢。"游客一听,立刻鼓起掌来。几句风趣而又吉利的话,很快就使游客低落的情绪高涨起来。

景点导游语言艺术作为一种特殊的艺术,必须善于运用语言这一媒介,才能更好地驾驭事理与情理,从而唤起游客的愉悦反应,最终树立良好的景点导游员形象。

杭州西湖一景

第二节　景点导游语言的运用原则

朱光潜先生指出："话说得好就会如实地达意。使听者感到舒服，发生美感。这样的说话就成了艺术。"导游员的语言表达直接影响着游客的心理活动，所以必须在语言艺术的"达意"和"舒服"上下工夫，在"美"字上做文章。景点导游员的语言美不仅是为了尊重游客，同时也反映出其语言修养高、感召力大。

景点导游语言最常用的是口头语言，而口头语言有"快、急、难、杂"的特点，往往没有时间字斟句酌。然而，一名优秀的景点导游员却能以准确、高雅的语言生动形象地进行导游讲解，内容趣味无穷，修辞优美，语调富有感情，抑、扬、顿、挫，速度适中，强弱相宜，高低和谐，转折自然，嗓音甜润悦耳，这样的导游讲解让游客听了感到舒服，难以忘怀。一名优秀的景点导游员之所以能进行高水平的导游讲解，不仅是因为他有坚实的语言（汉语、外语）功底，还在于他运用语言时能遵循"正确、清楚、生动、灵活"四原则和"八有"原则。

一、景点导游语言的"四原则"

（一）正确

正确是指景点导游语言的规范性。这是景点导游语言科学性的具体体现，是景点导游员在导游讲解时必须遵守的基本原则。通过导游活动，导游员向游客传播着中华文明，传递着审美信息。在这一活动中，"正确性"起着至关重要的作用。"一伪灭千真"，导游员切忌信口开河、杜撰史实、张冠李戴。例如，把300年的历史古迹说成是1000年的历史遗迹，把澜沧江的下游说成是伊落瓦底江等。游客一旦发现受到了导游员的蒙骗，必定产生极大的反感，会怀疑所有导游讲解的真实性，甚至会否定一切。所以要求导游员在宣传、讲解时，必须正确无误。而且，导游语言的科学性越强，越能吸引游客的注意，越能满足他们的求知欲，导游员也会受到他们更多的尊重。而在回答游客的问题时，导游员应做到“知之为知之，不知为不知”。

景点导游语言的正确性主要表现在以下三个方面：

(1)语音、语调、语法、用词造句正确，外语导游员要避免家乡音和汉语语法的影响。

(2)导游讲解的内容必须有根有据，正确无误，切忌胡编乱造、张冠李戴，即使是神话传说也应有本有源，不得信口开河，而且须与游览景点有紧密联系。

(3)敬语和谦语有助于传达友谊和感情，但应注意尊重对方的风俗习惯和语言习惯，也要适合自己的身份；东西方的成语、谚语，名人的名言往往能起到画龙点睛的作用，还可使导游讲解的品位提高，使导游员的谈吐显得高雅，令游客产生好感，但要正确、完整、恰到好处，牵强附会的言词只会引来耻笑。

(二)清楚

清楚是景点导游语言科学性的又一体现，要求景点导游员在导游讲解时：

(1)口齿清晰，简洁明了，确切达意；措辞恰当，组合相宜；层次分明，逻辑性强。

(2)文物古迹的历史背景和艺术价值、自然景观的成因及特征必须交代清楚。

(3)使用通俗易懂的语言，忌用歧义语和生僻词汇，避免冗长的书面语；不要满口空洞的套话、华而不实的描绘和不伦不类的比喻；使用中国专用的政治词汇时要作适当解释；使用俚语要谨慎，一定要了解其正确意义及使用场合；不要乱用最高级形式的形容词。

(三)生动

生动形象、幽默诙谐是景点导游语言美之所在，是景点导游语言的艺术性和趣味性的具体体现。语言的生动性不仅要考虑讲话的内容，而且要考虑表达方式，还要力求与神态表情、手势动作以及声调等和谐一致。导游员的语言表达如果平淡无奇、单调、呆板甚至是生硬的，必然使听者兴趣索然，还往往会使对方在心理上产生不耐烦或厌恶的情绪；而生动形象、妙趣横生、发人深省的导游讲解才能起到引人入胜、情景交融的作用。所以，要求导游员在导游讲解时力争做到：

(1)使用形象化的语言，以求创造美的意境。

(2)使用生动流畅的语言。语言生动流畅才能达意，给人以美感，它是导游讲解成功的基本保证之一。为了使导游语言达到生动流畅，不仅要求导游员讲话的音调正确优美、节奏适中、语法无误、用词恰当，更要求导游员的思维逻辑清晰，讲解的中心内容明确，有整体性和连贯性。如果导游员讲话逻辑混乱、词不达意、结结巴巴或吞吞吐吐，这样的导游讲解不仅达不到预期效果，还可能会引起误解，当然更谈不上让游客获得旅游活动中的愉悦和美的享受了。

(3)在充分掌握导游资料的情况下注意趣味性,努力使情景与语言交融,激发起游客浓郁的游兴。

(4)恰当比喻。以熟喻生使导游讲解更易理解,生动的比喻往往会让人感到亲切。

(5)幽默感。“幽默是一种优美的、健康的品质。”(列宁语)幽默源于知识、阅历和性格,是一个人聪明才智的标志。幽默以能给人知识、力量、信心和启发为出发点。讲话幽默风趣是景点导游语言艺术性的重要体现,它使导游讲解锦上添花,使听者欢笑、轻松、愉快,使气氛活跃,提高游客的游兴;遇到问题时,幽默可以稳定情绪,保持乐观,忘记(至少暂时忘记)忧愁和烦恼;幽默还是一种处理问题的手段,它可以消除人际关系中的紧张气氛,甚至摆脱窘境。有位哲人曾说过:“幽默是人际关系的润滑剂。”但是,如果“幽默的话说得不好,很容易变成友谊的致命伤”。所以我们要避免滥用幽默,要注意幽默语言的品位。幽默应是有礼的、高雅的、不冒犯他人的,我们在使用幽默、诙谐的语言时切勿伤害在场的任何人。不得针对一个人的身体缺陷,也不得针对他国的内政和宗教。

(6)表情、动作的有机配合。在导游讲解时,导游员的神态表情、手势动作以及声音语调若能与讲解的内容、当时的气氛有机配合,和谐一致,定会产生极佳的效果。

(四)灵活

灵活,即根据不同的对象和时空条件进行景点导游讲解。“灵活”不等于讲解可以无选择、无侧重,也不是放弃导游讲解内容的完整,而是应注意因人而异、因地制宜。因此,导游员要灵活使用导游语言,使特定景点的讲解适应不同游客的文化修养和审美情趣,满足他们的不同层次的审美要求。例如,对专家、学者和中国通,导游员在讲解时要注意语言的品位,要谨慎、规范;对初访者,导游员要热情洋溢;对年老体弱的游客,讲解时力求简洁从容;对青年,导游讲解应活泼流畅;对文化水平低的游客,导游语言要力求通俗化。另外,导游语言要使听者舒心,不要使听者丧气。例如,不谈论游客的弱点或不愉快的事,多谈他们的优点和有兴趣的事;不谈外国人习惯上忌讳的事,不使用他们忌讳的词语,多谈吉利的事,多使用吉利的词语;不谈偏执和缺乏共同语言的话题,多谈对方感兴趣和有共同语言的话题。这就要求导游员在较高的语言修养的基础上灵活地安排讲解内容,使其深浅恰当;灵活地运用语言,使其雅俗相宜,努力使每个游客都能获得美的享受。此外,导游词要与游客的目光所及的景象融为一体,要使游客的注意力集中于导游讲解上,这是衡量导游讲解成功与否的重要标准之一。

二、景点导游语言的“八有”原则

(一)言之有物

景点导游讲解的内容要充实,有说服力,而不是空洞的。导游内容一定要涉及历史、地理、人文、政治、经济、园林建筑、文物考古、风俗习惯等各方面的知识，而这些知识又往往与各种旅游景观相联系。每个游客都期望通过导游讲解得到各种知识。知识不是物，而是物化了的概念。山水风光不能带走，但知识可以带走。不仅如此，导游员通过导游讲解来反映客观事物、描述历史事件和表达肯定或否定、赞成或反对、欣赏或鄙视等种种不同的思想感情，同样会构成游客可带走的思想性产品。

另外，景点导游员的辞令应当是有思想性和艺术性的，而不是华丽词藻的堆砌。例如，导游一个风景点，如果不是通过语言去传递审美信息，道出美在何处，而仅仅自我感慨地说“多美啊”、“妙极了”等，会使游客不得要领，引不起共鸣。只有用丰富充实、生动形象的语言作导游讲解，将游客置身于审美意境中，使其获得切实的美感，从而得出“美妙”的结论。

（二）言之有据

景点导游员讲话要负责，切忌弄虚作假。说话言之有据，既是诚实的态度，也是负责的精神。导游讲解必须有根有据，令人信服，不得胡编乱造、张冠李戴。导游员对游客所讲、所谈、所宣传的内容，都应从实际出发。对自己未调查清楚、根据不足、没有把握的事情，不要轻易表态或许诺。在涉及对外关系问题时，应当在坚持诚实的原则基础上，注意内外有别，恰当地把握分寸和时机。

（三）言之有理

景点导游员说话要诚实，不尚虚文。另外，言之有理还指要讲道理，要以理服人，即要言之有理，合情合理。常言道：“以理服人更服人。”导游员在与游客交谈、讲解、宣传中，要讲出道理，才会有说服力，从而使人信服。

（四）言之有情

景点导游员的言语要友好，富有人情味，要让听者感到亲切、温暖。景点导游员引导游客游览的景观，几乎是自己每天都要讲解的地方，而游客却往往是第一次，这样，游客与导游员之间就会有一个感受上的差距。导游员正是要用亲切、友好的语言，表现出与游客一样的兴致勃勃，这样游客的游兴才能更高。

（五）言之有礼

景点导游员讲话要言语文雅，谦虚敬人，多用诸如“请”、“您好”、“谢谢”、“对不起”等礼貌用语，令游客听后赏心悦耳。

（六）言之有神

言之有神，要求景点导游员善于掌握自己听众的神情变化，把听众的注意力引导到特定的导游意境中去。

言之有神，言者有神，言必传神，景点导游员在讲解时要精神饱满，声音传神，要多用形象化的语言，引人入胜。导游员以其特有的精神气质，向游客呈现出一种中华文明之风。

(七)言之有趣

景点导游员说话诙谐、幽默、风趣,令人愉悦,有助于活跃气氛,提高游兴。

游客花钱去异乡客地,为的是寻求乐趣,因此导游讲解与演说、谈话不同,与歌咏、弹唱也不同,它是主要以说为主的语言艺术。

景点导游语言的风趣性主要表现在其幽默或诙谐的言谈风格上,它是语言艺术的一个重要方面。风趣幽默的语言所表现出来的形式可能是轻松的玩笑或善意的逗乐,以达到活跃气氛的效果。例如,一个旅游团在日本东京参观游览,一天的劳顿颠簸使全车的游客在归途中进入了昏昏欲睡的状态。可就在路过日本首相官邸的时候,导游员手指窗外,风趣地说:“诸位在回宾馆休息之前,不妨看看那座戒备森严的日本首相官邸。据说中曾根首相认为这座官邸不够宏伟,计划另建一座。如果确有此事的话,那就意味着我们日本国民要上缴更多的所得税。”话音刚落,车里就爆发出一阵会意的笑声,空气顿时活跃起来,先前的沉闷也随之烟消云散。在临别时,大家对导游员报以热烈的掌声,表示对其工作成绩的极大肯定和真诚的谢意。可见,导游员灵活运用诙谐语言,对活跃团队气氛、充实导游活动具有相当明显的作用。

景点导游语言的艺术性表现为生动、形象、幽默、风趣。导游员应该把内容即故事传说、名人轶事、自然风景等讲得有声有色、活灵活现,令游客听之入神,并且凭借语言的描绘进行再创造,使眼前现出一幅立体的画图,构成生动的视觉形象,而且讲解过程中适当运用诙谐的语言,使人听起来轻松愉快。

(八)言之有喻

所谓言之有喻,就是以比喻的语言,用游客熟悉的事物来介绍、比喻参观的事物,使游客对自己生疏的事物很快理解并产生亲切感,从而留下深刻美好的印象。

例如,在北京向美国游客推荐游览王府井时,美国人不知王府井为何物,导游员只要说“请大家去看看北京的纽约第五大街”就可以了,因为纽约第五大街是全美最著名的商业街,他们一听不仅有亲切感,而且还能很快理解王府井的性质和特点。说苏州是“东方的威尼斯”,称上海是“中国的悉尼”,均为言之有喻之例。

北京王府井天主教东堂　王昆欣摄

但是,言之有喻要“喻”得明白、恰当、易懂,是游客熟悉的。有些导游在介绍一些洞中钟乳石的造型时,称这个像孙悟空,那个像猪八戒、老寿星……这些比喻的形象，对不了解中国文化的欧美客人真是“丈二和尚摸不着头脑”。如果我们说像米老鼠、唐老鸭、圣诞老人，他们不仅明白，而且感觉亲切、易接受。

“八有”原则中，言之有理体现了景点导游语言的思想性(亦称哲理性)；言之有物、言之有据体现景点导游语言的科学性和知识性；言之有神、言之有趣、言之有喻是景点导游语言的艺术性和趣味性；言之有礼、言之有情则是景点导游员的道德修养在导游讲解中的具体体现。

景点导游语言主要是一种口头语言，具有生动形象、幽默流畅、通俗易懂并能从多方面调动游客注意力、激发游兴的特点。作为一名合格的导游员，在与游客日常交谈和导游讲解中必须注意语言的科学性(实事求是、内外有别)、知识性(融会贯通景物的各种相关知识)和艺术性(幽默、风趣、传神)，还要强调导游语言的情感性(导游讲解要富有情感)和道德性(导游讲解的语言要受职业道德的约束)。成功的导游讲解必定有严密的思维逻辑、严谨的语言结构、流畅的表达方式和技能，以及典故、成语、谚语、比喻、名人名言等语言成分和手段的恰当运用，而且还要有神态表情、手势体态以及声调的密切配合。

第三节　景点导游语言的音、调和节奏

景点导游语言主要是一种口头语言，从景点导游讲解的性质看，应该是一种艺术语言，讲究音量的强弱适中，音色的优美圆润，音调的高低强弱，语气的起承转合、自然流畅以及节奏的抑扬顿挫，即讲究语言的音乐性。为了充分发挥语言艺术的作用，要求导游员努力使导游语言的音、调和节奏运用得恰到好处，根据讲解对象的具体情况和当时的时空条件灵活运用，以求达到传情、传神的目的。

德国人哈拉尔德·巴特尔指出：“讲话的艺术在于适中。”而景点导游语言在运用时必须掌握“适中”这个原则。

一、景点导游语言的音量

(一)音量调节与表达者思想情感的互动关系

音量是指声音的大小。人们在讲话时声音的大小会不断地变化，这种变化不是无目的的、随意的，而是要受到表达内容或者表达者情感的制约。讲话时音量的大小有两点基本要求：一是要恰当、适度。声音当大则大，当小则小，当平则平。大，不可大到声嘶力竭的程度；小，不可小到别人无法听到的地步。二是要顺畅、自然。音量不可没有根据地忽大忽小，生硬地变换音量，不仅听起来不自然、不舒服，还会引起误会，干扰内容的正常表达。总之，音量的大小变化是由思想感情决定的，而恰当的音量又会有助于思想感情的表达。

(二)景点导游员调节音量的技巧

对景点导游员来说,把握音量就是指导游员在导游讲解时以游客听清为准(必要时可借助扩音器),避免声音过高或过低。声音太高造成噪音,令人讨厌,高声说外行话更让人瞧不起;声音太低,让人听起来费劲,会给人说话无把握、缺乏信心的印象。另外,调节音量还指导游员根据讲解内容和讲解对象、场合的不同需要及要求来控制声音的大小。大声疾呼、慷慨陈词、轻声细语都有特定的需要,如果在讲解过程中能够恰当地选择和调整,就会收到理想的效果。

二、景点导游语言的音色

(一)景点导游员控制音色的内涵

音色又叫音质,就是声音的特色。一般理解的音色有两个意思:一个是指音素与音素的区别;另一个是指不同发音体的差别。我们讲的音色是指后一种意思,就是不同导游员音色的差别。一个人的音色好坏既有先天的因素,也与后天的训练有关。一般的人经过训练,都可以使自己的音色更加纯正。对导游员来说,导游工作主要是利用有声语言进行交际,所以必须训练自己的音色。经过训练之后,也许导游员的音色不如歌唱家那么优美,但是只要明亮、柔和,声音充满热情,能够充分展示自己的个性,就能够吸引游客,就能够胜任导游工作。声音明亮指声音圆润、明朗、有弹性。这种声音显得自然,不做作,同时又刚柔自如,善于表达感情,使说话声情并茂,还能因为气息长久而传得较远。说话时最忌讳的是无力的、没有弹性的、沙哑的、沉闷的声音。这种声音不但传不远,就是在近的地方听起来也很吃力,使人很不舒服。

(二)音色控制对景点导游讲解的重要意义

景点导游员必须学会控制自己的音色。控制音色主要是指导游员讲解时的音色要明亮、柔和,这一点也是由导游讲解中与游客面对面的语境决定的。游客在导游员面前,音色太尖利,会使游客神经紧张,影响讲解气氛;音色中鼻音太重,又会给游客以无精打采的感觉,甚至会使游客厌烦。而明亮、柔和的音色则会使游客感到亲切自然、轻松愉快,容易创造和谐的交际气氛。

三、景点导游语言的语调

语调是指全句声调的高、低、长、短、抑、扬、顿、挫以及声音的轻、重、快、慢等。语调就是利用这些因素把表达者的思想感情和态度表现在语音上,形成不同的高低起落。语调是由表达内容与表达者内心情感的起伏变化来决定的,只要表达内容和表达者的感情态度有了变化,语调也就自然发生变化。俗话说,锣鼓听声儿,说话听音儿,口头表达中的一些弦外之音往往是通过巧妙地运用语调表现出来的。

(一)四种语调在交际中的运用

汉语的语调主要表现在语句末尾的音节上。语句末尾有语气助词或者轻声音节时，就落在倒数第二或第三个音节上。汉语的语调主要有升调、降调、平调、曲调等四种。升调多是末字语调上扬，一般在情绪比较激动、惊讶、愤怒、疑惑、等待回答、暂停待续等情况下使用，一般的疑问、号召或者感叹都采用升调表达。降调末尾的音节短而低，多在情绪稳定或平淡、沉重或坚决、肯定等情况下使用。平调句末音节拖平延长，多表达平静、严肃或者冷淡的感情，也可以在表示不明确的意见或是沉思时使用，说明、叙述时多使用平调。曲调不一定是句末音节，可以把需要的任何一个音节加强、拖长，多在情绪激动、表达委婉含蓄或者犹豫不决或者更复杂的感情时使用。在导游交际的过程中，我们有时候用一种语调表情达意，有时候也可以使用各种语调循环往复交错出现，使表达产生抑扬顿挫的美感。

(二)语调表达感情的作用

语调在表达感情方面有十分重要的作用，所以语调往往被称为“情感的晴雨表”。在导游讲解中，如果能够根据讲解的具体需要对语调进行创造性的处理，就会使讲解声情并茂。下面介绍一个演员高超地利用语调传情达意的例子：意大利影星罗西有一次出席宴请外宾的宴会，席上客人请他即席表演一段悲剧，只见他向服务员要了一个本夹，就念了起来，客人们虽然听不懂意大利语，但听到他痛苦的声音和悲伤的语调，看到他凄楚的表情，都不禁流下了眼泪。只有席间的一位意大利人听出来罗西朗诵的其实是宴会的菜谱。这个例子说明了语调传情达意的作用是多么重要。

(三)景点导游讲解中语调的应用技巧

一个有语言修养的景点导游员会根据不同的讲解内容以及不同的情感表达需要而运用不同的语调，这样的导游语言表达会将游览内容的内涵以及自己的情感表现出来，有助于引起游客的共鸣，给游客留下深刻的印象。在一段导游讲解中，语调的安排要随着讲解内容的变化而变化，要有高潮、低潮的升降起伏。高潮时，语调要比较高亢激扬；低潮时，语调要低沉平稳。要使语调抑扬顿挫、错落有致，从而使导游讲解带上比较强烈的感情色彩。

例

一位黄山的景点导游员有很丰富的陪同经验，每次带团登黄山，都能极力地宣传黄山，介绍家乡，鞍前马后地照应着各位客人。可是临别游客时，他总是觉得自己的导游工作并没有多少感动或感染大家的地方。后来他读到一些戏剧方面的书籍，开始灵活发挥导游讲解技巧。在屯溪至黄山脚下的60公里车途中，他总是用温和平淡的语调柔声细语地告诫朋友们不要因黄山山高而发怵，循序渐进地安抚游客激动与紧张的神经。而当游客登上山顶被秀美神奇的云海、奇松、怪石所震撼时，这位导游员立即改换了语音、语调，以一种自己就是高山之子、云海之雾、温泉一珠、山石一砾的激情，用极富激情的诗化语言、高亢的语调把黄山美景解说得酣畅淋漓，引发了游客对黄山的无比热爱之情。最后，这位导游员使用带有褒奖之意的语调说：“朋友们，山路弯曲没能难住您,山风吹面没能挡住您,岁入暮年没能吓着您,你们就是我自豪的又一批客人,就是此刻伫立山巅的一棵棵青松。”接着他又以音乐般的语调说:“朋友们,就让我们大家激荡的心情与这黄山云、黄山松一起跳起来吧……”

黄山猴子观海

四、景点导游语言的停顿

(一)讲究停顿对导游交际的重要意义

语言表达中之所以停顿主要是由生理原因和语言表情达意的需要来决定的。从景点导游语言表达方面来看,停顿主要是由于表情达意的需要。导游员与游客之间的交际主要是以口、耳为渠道进行的面对面交际,要让游客听懂并基本接受讲解内容,就必须给游客以一定的时间,这个时间就是停顿。语言表达中的停顿是语言有效表达的重要要素之一,没有停顿,就没有节奏;没有节奏,就难以表达各种必要的情感。所以导游工作者在导游交际过程中如果不会运用语言表达的停顿,就会影响导游讲解工作。讲究口头表达中的停顿,可以丰富表达内容,增加语流波澜,使表达富有情趣、富有新意。

(二)导游交际过程中的四种停顿

导游交际过程中表达的停顿有换气停顿、语法停顿、逻辑停顿、心理停顿四种。这四种停顿有机地联系在一起,是语言表达停顿不可分割的统一体。

1. 换气停顿

换气停顿主要是生理方面的需要,主要作用是缓气,减弱呼气和吸气的声音。换气停顿实际上是与语法停顿、逻辑停顿、心理停顿密切联系在一起的,有时候换气停顿是单独出现的,有时候换气停顿又是与其他三种停顿交融在一起的。正确地运用换气停顿能使气息顺畅,又有助于发挥其他三种停顿的作用。

2. 语法停顿

语法方面的停顿主要是为了区分语言单位。正确地运用语法停顿,能使由各种语言单位充当的各种句子成分的关系正确、清晰；否则，就有可能使表达模糊或错误。

3. 逻辑停顿

逻辑停顿基本是出于强调、呼应、转换等方面的需要，目的是使表达更加准确。强调性的逻辑停顿一是根据表达的内容确定，二是根据表达的目的确定。景点导游员想强调什么讲解内容或者需要游客注意什么信息，就可以采取逻辑停顿。呼应性的逻辑停顿，"呼"是强调的内容，在"呼"之后要加以停顿，停顿一下以后才是"应"的内容。对导游员来说，在讲解过程中，要区分好"呼"与"应"这两部分的具体内容，并注意调整如何"呼"以及如何"应"，把握了这一点，游客听起来就比较容易了。转换性的逻辑停顿主要是语意、文势以及表达情感转折的需要，是为了提醒游客注意下文的转变。

4. 心理停顿

心理停顿是景点导游员表达情感的需要。在导游讲解过程中，导游员自己的心理感受的变化以及希望给予游客的各种心理暗示都是通过心理停顿体现出来的。心理停顿的时间一般较长，不太受其他三种停顿的限制。逻辑停顿与心理停顿不能截然分开，但是二者在实际表达中也有不同的表现和功能。逻辑停顿常常重在强调表达要点，以引起听者的注意，停顿时间一般比较短。心理停顿主要是为了适应情感表达的需要，一般不受时间限制，也不太受语法停顿和逻辑停顿习惯的限制，主要是为了引起听众的特殊注意，并且把听众的注意点引到所表达的内容上来。这一点对导游讲解十分重要，因为心理停顿往往是引起游客特别注意或者调动游客参与的积极性或者使游客融入讲解活动的重要手段。

景点导游员在导游语言表达中应特别加以注意的是逻辑停顿和心理停顿，应了解并驾驭这些停顿所负载的各种特殊表达意义。在一段讲解中，在哪儿停，什么时候停，怎么停，都是很有讲究的，如果不注意，就会影响表达效果。

例

岳麓山虽不高，但却是一个巨大的"植物博物馆"。整个山区全被林木覆盖，自然资源极其丰富。全区植物种类有174科、977种，以典型的亚热带长绿阔叶林和亚热带暖性针叶林为主，部分地区还保存着大片的原始次生林。古树名木随处可见，晋罗汉松、唐代银杏、宋元香樟、明清枫栗都是虬枝苍劲、高耸入云。

这是一个导游交际过程的语法停顿的例子。在这段导游词中，"晋罗汉松"的停顿点与前后的语段的音步节奏不一致。从形式上看，它与前面的"古树名木，随处可见"以及后面的"唐代银杏、宋元香樟、明清枫栗"构成四音节语段，但它并不能像其他语段一样以两个音节为一组进行停顿，讲解中如果不小心表达成"晋罗/汉松"，就会造成游客理解中的误区，甚至会使游客莫名其妙。像这样的导游词，在讲解之前就应该进行修改，改成"晋朝松树"，以与后面语段的停顿协调一致；如果不修改，在表达时就要刻意地注意停顿，虽然与后面语段的音步不一致，也要明显地表达成“晋/罗汉松”，这样才不会造成交际中游客理解上的障碍，但是这样的音步停顿显然不如“晋朝/松树”流畅自然。

心理停顿与整个讲解内容的讲解节奏的安排有关系，也与游客接受导游员讲解的内容有关系。这方面的停顿是导游员精心安排的，能够有效引导并吸引游客的注意力，使讲解收到理想的效果。

例 1

（纪念馆大门前）

女士们、先生们，在纪念馆大门左侧，镌刻着用中、英两种文字书写的“侵华日军南京大屠杀遇难同胞纪念馆”馆名。大门中间的立柱上镶嵌着江泽民总书记亲笔题写的“全国青少年教育基地”的铜牌。

现在大家随我步入广场。（提问）请问哪位观众知道，这座碑的外形像什么？（指标志碑）上面刻写的一排阿拉伯数字说明什么？下面方坑内为什么放着许多大小不一的鹅卵石？

（停顿片刻）这叫标志碑，它的外形像一个巨大的十字架。碑高 12.13 米，寓指南京城是从 12 月 13 日沦陷的；碑的上端镌刻着一排黑色的大字：“1937·12·13－1938·1”，那是南京大屠杀发生的时间。碑的下方是一个方形的坑，坑内铺满了象征遇难者白骨的鹅卵石，寓意着馆是建立在江东门“万人坑”的遗址之上的。

（雕塑——“300000 人”前）

（提问）请观众朋友们猜猜看，这座雕塑的构思是什么？

（停顿片刻）这是一座名为“300000 人”的抽象雕塑。它用三个黑色的三棱柱和 5 个褐红色的圆圈构成了“300000”的数字。中间的 3 根横梁像一个倒下的“人”字。

（提问）再请观众朋友们看看地面上刻着什么字？

（停顿片刻）对！这是“祭奠”的“祭”字。因为每年的 12 月 13 日，江苏省暨南京市社会各界人士都要在这里举行悼念仪式，祭奠遭侵华日军屠杀的遇难同胞。所以，这个广场就叫悼念广场。

（大型组合雕塑——“古城的灾难”前）

这是一座组合雕塑。（提问）请观众朋友们想想看，它们各象征着什么？

（停顿片刻）这座雕塑取名为“古城的灾难”。它是由残破的城墙、残缺的军刀、历史的桥梁、遇难者的头颅和手臂、长明火和象征着遇难者累累白骨的鹅卵石等一个个雕塑组合而成的。设计的主题思想为悲与愤。整座雕塑寓意为：站在历史的桥梁上，回眸 20 世纪 30 年代发生在古城南京的一幕人间特大惨案。

（祭奠广场及纪念碑前）

走过历史的桥梁，来到祭奠广场。（提问）请观众朋友们根据笔迹看碑上的题字是由哪位伟人题写的？

(稍停片刻)对，是由邓小平亲笔为馆题写的馆名。石壁前面有三排郁郁葱葱的松柏，是对纪念碑的点缀和衬托。在这里，每年有许多中外观众敬献花圈，祭奠遇难者。

登上台阶，迎面的石壁上镌刻着用中、英、日三国文字书写的黑色大字："遇难者 300000"，把这座纪念馆的主题显示出来，给人以难以忘怀的印象。

（资料来源：《走遍中国——中国优秀导游词精选》）

例2

在旅游旺季，一般情况下，旅游团来到颐和园的东岸时，往往要经过一小段曲径之后来到昆明湖的自然景区。到了这里，游客们往往会七嘴八舌地指点起来，有说地域广的；有说远山美的；还有指着知春亭、南湖岛、十七孔桥抒怀的。此时一个有经验的景点导游员会洞察游客此时的心情，不急于讲解，而是给大家留一点时间，并且可以随大家一起指指点点，待游客情绪平静了，留影也留得差不多了，再开始就园中的几种园林造景手法(框景、借景、对景……)进行导游讲解。而这时游客们已经把周围的景观大体浏览了一遍，会对导游员的介绍内容进行积极的反应，从而达到与导游员高效交流的目的。

颐和园十七孔桥

在这两个案例中，景点导游员根据游客的反应施行的停顿就是心理停顿，这表明导游员讲解内容的快慢节奏一定要随着游客的反应不断进行调节。游客听讲解也是需要松紧结合、平静与高潮交互的，所以在导游讲解过程中，导游员应该善于利用心理停顿，给游客留一点独立思考或自由活动的时间，这样反而便于游客理解并接受导游讲解内容。

五、景点导游语言的节奏

语言表达中的节奏是一个比较复杂的综合性概念。一般来说，节奏与表达中的抑扬顿挫、轻重缓急、回环往复等方面的因素都有关系。有的学者将节奏比作群山的绵延起伏、江河的浪涌波翻，没有峰谷的循环、交替，没有前后的连接、呼应，就谈不上节奏。一般将节奏分为轻快型、凝重型、低沉型、高亢型、舒缓型、紧张型等六种。在实际表达中，这六种节奏常常是处于转换状态，使表达在快与慢、抑与扬、轻与重、虚与实等的节奏中取得和谐的效果。我们在这里重点谈一下调整节奏的问题。

（一）选用音节相称的词语搭配以调整节奏

景点导游语言在调整节奏方面，主要是要做到音节、音步的搭配匀称、平稳，给人以整齐和谐的美感。为了音节、音步的平稳，首先应尽量选用音节相称的词语，使之互相搭配和对应，如单音节匹配或对应单音节、双音节匹配或对应双音节、多音节匹配或对应多音节等等。例如，"互相学习"、"互相帮助"，如果打乱这种整齐的双音节之间的搭配，说成"互相学"、"互相帮"，就会拗口，不顺耳。再如，"见树不见林"与"只见树木不见森林"，这两种表达形式中单音节与双音节的不同的选择搭配，主要是出于音节平稳的需要。

（二）扩充或压缩词语的音节以平稳节奏

景点导游员还可以通过对词语音节的扩充或压缩来达到节奏平稳的目的。

例1

山上有亭两座，北面名至乐亭，南面称舒啸亭。两亭构造别致，登亭可以远眺虎丘、西园等名胜。山上满植枫树，春夏浓阴蔽日，深秋红叶似锦，色彩十分绚丽。

（资料来源：《走遍中国——中国优秀导游词精选》）

例2

各地专祀萨真人的宫观不算很多，但在不少宫观的神话壁画中却常常出现萨真人的形象。萨真人善良、正直，乐于助人，勤于度世，使得百姓愿意接近，愿意求助，这样的真人受人间一炷香火还是应该的。

（资料来源：《走遍中国——中国优秀导游词精选》）

例3

南京剪纸历史悠久，生机勃勃，巧夺天工；刀工饱满挺进，疏密结合，玲珑剔透；风格健康朴实，浑厚饱满，清新秀丽；构图花中有花，景中有景，题中有题；纹样粗中有细,拙中见实,静中寓动。

（资料来源:《走遍中国——中国优秀导游词精选》）

例1将“秋”扩展成“深秋”,例2将“乐”、“勤”扩展成“乐于”、“勤于”,都既是要与其后的双音节搭配,又要与上下文的双音节搭配。例3的一系列单音节搭配中,特别是其中“题中有题”的搭配,比较明显的是将“题材”或“主题”的音节进行了压缩。这些努力的结果给表达增加了音步和谐、节奏明快的美感,使表达产生了较强的艺术感染力。

但是,在导游词中不注意这一点,就会影响表达效果。例如:

例1

皇帝在天坛祭天时要在神位前供奉:玉帛、整牛、羊、豕、酒果、菜肴等。

例2

奉国寺大殿虽然历经改朝换代的战火和近千年的风雨,却仍耸立,成为集辽代建筑、雕塑、彩画为一体的宝贵文化遗产。

例1在连续几个双音节词中夹杂着“羊”、“豕”等单音节词,使音步显得有些不平稳,必须按要求调整。另外,“豕”一词既生僻又容易引起误会,最好换成“猪”。这一例可考虑调整为:“皇帝在天坛祭天时要在神位前供奉:玉帛、整牛、整羊、整猪、酒果、菜肴等。”

例2的“却仍耸立”句,字数过少,前重后轻,节奏上与前一句极不协调,必须加以适当扩充。可以考虑调整为:“奉国寺大殿虽然历经改朝换代的战火和近千年的风雨,却仍然耸立在辽宁这片辽阔的土地上,成为集辽代建筑、雕塑、彩画为一体的宝贵文化遗产。”

使相应音节互相匹配也好,根据具体语境对音节进行压缩、扩充也好,都是根据表达需要对节奏进行的积极调整;表达时如果不注意这一点,或打乱某种齐美的节奏,不仅说起来拗口,听起来也不顺耳。所以,景点导游员在导游词表达中,一定要讲究音步节奏的和谐流畅。

(三)调整句式以协调节奏

景点导游员通过句式的调整可以协调表达节奏。句式的调整主要是将结构比较整齐的一组句子与结构比较松散的句子交错使用,构成忽整忽散、忽急忽缓的表达节奏。

例

武夷山邻近北回归线,属于亚热带湿润型季风气候区,年平均气温为17.9℃。夏无酷暑,冬无严寒,温暖湿润的气候为武夷山植物生长提供了优越条件。因此,山中竹树茂密，花草繁盛，鸟语花香，四季如春。随着时序的流转，水光山色会给人以不同的情趣：早春，山青水绿，野花红艳，山间充溢着花木的幽香，更见得山水含情，明媚动人；入夏，林木交阴，处处流水潺潺，凉风习习，堪称避暑胜地；秋来，天高气爽，满山茶花盛开，丹枫如染，令人心旷神怡；冬至，寒梅映日，松翠不凋，又是一种风情。至于阴晴朝暮、风烟雨雪、山川景色更是变幻莫测、瑰丽动人。一年四季，适于旅游。

（资料来源：《走遍中国——中国优秀导游词精选》）

武夷山九曲溪

上例中下加横线的部分是散句，娓娓道来，徐缓自然；下加点线的部分是整句，四音节一顿，结构齐整，节奏铿锵。先是散句，后是整句，交错行进，舒缓自如。下加曲线的部分又几乎不能完全分出何谓整句、何谓散句，几乎是将整句与散句有机地结合起来，层次清晰，描述井然，表达效果甚佳。

第四节　景点导游中态势语言的运用

态势语言是以人的动作、表情、服饰等来传递信息的一种无声伴随语言，主要有表情语、动作语两类。在导游过程中，运用态势语主要是为了营造融洽的交际气氛。

一、表情语

表情语是指由人的面部表情即由脸色变化、肌肉收展以及眼、眉、鼻、嘴的各种运动所传递出的信息。据有关资料记载，美国心理学家艾伯特·梅拉比安在一系列研究的基础上得出一个公式:"信息的总效果=7%言词+38%语调+55%面部表情"。可见,面部表情在交际中有着多么重要的作用。汉语中有许多描述面部表情丰富的成语,如慈眉善目、横眉瞪眼、含情脉脉、目瞪口呆、挤眉弄眼、东张西望、左顾右盼、眉飞色舞、张口结舌、一笑置之、喜形于色、不苟言笑、不动声色、凶相毕露、交头接耳、洗耳恭听、咬牙切齿等。这些成语一方面说明了人的表情语的丰富多彩;另一方面也说明了表情语在交际中的重要性。这里主要讨论一下比较重要的面部表情、微笑以及目光。

(一)面部表情

面部表情一般是指人们的整体面部,尤其是最重要的脸部的表情。面部表情可以说是人们内心情感的外部表现,可以表现出极其复杂的思想感情。面部表情也是体态语中少数能超越文化隔阂的交际手段之一,在各种不同的民族文化中都采用着几乎相同的面部动作或者面部动作组合来表情达意。人们常说的"察言观色"、"看脸色行事"等主要就是指观察人的脸部表情,人脸部表情或平和或喜悦或兴奋或惊讶或惊恐或忧伤或悲哀或愤怒或蔑视等表现是人们心理感受的外在反应和体现,也常常影响甚至左右着交际的成功与失败。所以,景点导游员要想取得交际的成功,一方面要善于控制自己的脸部表情,另一方面还要善于观察游客的脸部表情。

景点导游员控制自己的脸部表情时要注意以下几点:

1. 灵活

景点导游员面部表情的变化要随着讲解内容的需要迅速表现出来。其实,对一般的表达来说,这一点不会成为太大的问题,但是对导游员来说,这个问题就有必要强调一下。因为导游员所讲解的内容可能已经无数遍地重复过了,在这种情况下导游员很可能会面无表情甚至表情麻木,这样就会引起游客的不满,与游客的沟通会变得困难。

2. 鲜明

表情的鲜明是与敏感联系在一起的,先有了敏感的表情,进一步才是鲜明的表情。导游讲解的内容是明快的,就真的眉舒目展;是沉重的,就真的严肃凝重;是快乐的,就真的笑逐颜开;是郁闷的,就真的紧缩眉头;是愤怒的,就真的面色铁青……这样的话,才能感召游客。

3. 真诚

景点导游员讲解时的面部表情要表现出真情实感,要让游客感到导游员的表情是真诚的,任何虚情假意或者故作姿态都会引起游客的反感。

4. 有分寸

景点导游员在讲解的过程中的各种表情还要有分寸。导游员的面部表情要自然、合理、和谐,千万不能夸饰。

山西悬空寺

总之,景点导游员的脸部整体表情在导游讲解中有极大的影响。因为导游员在讲解过程中大多与游客面对面,其面部表情必须要随着讲解内容的需要或随着游客的反应而变化,与表达同步,要有真情实感。比如在讲到:“悬空寺是恒山的骄傲,也是我们每个中国人的骄傲。它建于公元6世纪之前的北魏后期。牛顿力学尚需孕育上千年才能问世,而恒山人却半插飞梁,巧借岩石,在峭壁上创造了这一惊世之作,其智慧的火花是何等绚丽,胸中的气魄又是何等伟大!”(资料来源:《走遍中国——中国优秀导游词精选》)随着这段导游词的讲解,景点导游员的脸上就应该流露出喜悦、自豪、兴奋的神色,并且面部的表情也应该随着讲解内容同时产生并结束,这样,才会打动游客,才会激起游客的激情。讲解中,脸上的表情木然,或没有真情实感,甚至矫揉造作,或过于夸张,都会引起游客的反感,也必然会影响讲解的效果。

(二)微笑

微笑也是一种十分重要的表情语。笑有很多种,有大笑、暗笑、惨笑、嗤笑、耻笑、干笑、憨笑、媚笑、讪笑、谄笑、奸笑、苦笑、狂笑、冷笑、狞笑、窃笑、傻笑、嬉笑等等,但是只有微笑最有魅力、最有吸引力,既微妙又永恒。达·芬奇的杰作《蒙娜丽莎》是文艺复兴时期最出色的肖像画之一,这幅肖像画最重要的特征是蒙娜丽莎的内涵丰富的微笑,几个世纪以来蒙娜丽莎的微笑像谜一样,透明而深邃,神秘而幽婉。不管微笑的内涵多么丰富,不管是友好、甜蜜、愉悦、欢快、欣赏、拒绝、否定、尴尬的微笑,还是无可奈何的微笑,它所给予人们的信息往往都是令人愉快的,令人能够理解并能接受的。在交际中,微笑几乎就是调和剂,是一个攻无不克、战无不胜的利器。

景点导游员的微笑更加重要,导游员的微笑能给游客留下良好的第一印象,也可以传达出对游客的尊重之意,从而与游客沟通感情,创造融洽的交际气氛,有时候,还是打破某种僵局的有效手段。另外,景点导游员在遇到比较尴尬的情形或游客不满时,微笑也往往能化解尴尬,平息游客的怒气。俗语说:“伸手不打笑脸人”,

正是此意。

景点导游员的微笑应尽可能真诚,真诚的微笑是一个人心理健康的标志,是一个人性格成熟的表征,能发出真诚微笑的人总是让人感觉乐意帮助别人,愿意分担他人忧伤、减轻他人痛苦,也愿意与人分享快乐,善于微笑的人也总是会给人以安全感。总之,一个笑容可掬的导游员总是会给人以亲切、友好、礼貌、周到、可以信赖的良好印象,使人得到如沐春风的感受。并且,微笑也永远会给导游交际过程带来融洽平和的气氛,有助于与游客建立起一种亲切自然、轻松愉快的关系,从而有效缩短双方之间的心理距离,有效地促进导游工作的顺利进行。

(三)目光

目光就是眼神,它可以说是交际中最重要的表情语了。意大利艺术大师达·芬奇说:"眼睛是心灵的窗户",各种各样的表情中最能复杂、细腻、深邃地表达感情的莫过于各种眼神了。人们通过这扇窗户可以表现自己的情感,又可以捕捉、追踪、洞察对方的内心世界。眼神纯正有神,是正直坦荡的反映;眼神柔和亲切,显得平易可亲;眼神坚毅果敢,显得自强自信,有威慑力;眼神正直敏锐,会给人以可信赖之感。反之,眼神浮动游移,就显得心神不安或轻薄浅陋;眼神呆滞无光,就显得愚笨无能;眼神狡黠多变,则显得虚伪奸诈;等等。

景点导游员在讲解过程中对目光的运用主要有以下两个方面:

第一方面,观察所有游客的情况,接受游客的反应与反映。这时目光的运用主要要平视前方,兼顾两侧。这样可以随时观察到游客情绪、心理等方面的变化,及时收集信息,及时调整自己的讲解内容、表达速度、表达技巧等,以便与游客进行最大限度的及时而有效的沟通。

第二方面,与游客进行有效的目光接触。通过与游客的目光接触,与游客交流感情,表示或自信或关切或接纳或暗示等各种意义,使游客感到你是在与其交流,你很重视其反应,从而产生与你的亲切感。

景点导游员在与游客进行目光接触时,对游客或环顾或专注或虚视,要根据讲解的需要而加以灵活掌握。首先要讲究目光的分配,然后还要注意与游客目光的联结,最后要注意照顾游客的特殊习惯。导游员在讲解过程中与游客进行目光交流是一种极其有效的心理沟通,但是要注意以下三个问题:

首先,在分配目光时,要尽可能统摄全体游客,目光的移动、收束要以不断地与不同的游客进行目光交流为前提,要以不断地从游客的目光中捕捉有效的信息、调节交际气氛为目的。进行这种目光交流时,要注意到自己的目光不要总是盯在一部分或个别游客身上,这样会失去大多数游客,分散大多数游客的注意力。导游员对游客进行有效的目光分配可以及时了解游客的各种微妙反应,从而及时调整讲解内容或讲解角度乃至讲解速度等等,使讲解收到最佳效果。

其次,在与游客进行目光联结时,要得体适度,要有重点,尽可能传达出一些特意关照的信息，使相关游客感到被关注的愉悦。但要注意时间不宜过长，不要老盯住一个游客，否则会使相关游客感到不自在，甚至会引起游客的反感。

最后，与游客进行目光交流，还要照顾到不同游客的特殊习惯。例如，有这样一个故事：欧美国家的人们对于干杯是很讲究的。在一次宴会上，我同客人们一一干杯后，便回到自己的座位上。这时，一位中年妇人走到我的身旁，轻声对我说："先生，你还得重新同我干杯。"看到我脸上露出不解的神色，她连忙向我解释道："刚才同我干杯时，你的眼睛望着别处。按照我们的习惯，同别人干杯时，应该注视对方的眼睛，以表示自己是出于真挚的友谊，否则，就是失礼。"听到这里，我连忙俏皮地说道："对不起！我刚才没好意思看您，是因为您的眼睛太美丽了！"这个故事中的"我"虽然随机应变，巧妙地化解了尴尬的处境，但也说明要得体地运用眼神，不但要遵守一般的交际规则，也要照顾到不同民族、不同国家人们的特殊习惯。

在导游交际中，景点导游员运用目光时还要注意交际的对象以及不同的交际场合。例如，有的游客说错了话或做错了什么，一定感到很尴尬。这时候，导游员千万不要看游客的脸，也不要看了一眼后马上转移目光，如果游客发现了，即使导游员是无意的，游客也会认为导游员是在嘲讽或蔑视自己。还有，目送游客时，要等客人转身并走出一段距离，估计不会再回头观望时，再转移视线，否则会使游客觉得导游员不是真心重视自己，只是虚应差事。出现这些问题看似小事，但引起游客的误会或不良反应就是大事了，所以导游员一定要善于用目光与游客交流。

二、动作语

动作语是指由手势、身体躯干的动作以及各种身姿传达出的信息。

（一）手势

手势主要是指手的位置和手部的各种动作，它们具有表情达意的作用。手势活动的范围主要有三个区域：一是肩部以上的上区。手势在这一区域多表示信心、希望、喜悦、祝贺、赞美等内容与情感。二是肩部至腹部的中区。手势在这一区域多表示叙述、说明等内容以及平和、安定等感情。三是腹部以下的下区。手势在这一区域多表示憎恨、不悦、蔑视、厌弃等消极内容与情感。现代汉语中有很多关于手位的词语，有关特定手位以及手势的一般词语如袖手、扼腕、挠头、搓脸、双手交叉、双手背后、双手置于膝上等等；成语中也有一些强调手位及其动作的词语，如额手称庆、扼腕叹息、袖手旁观等等。除了特定的各种手势外，还有一些特定的手部动作，如握手、鼓掌、挥手以及手指动作（伸大拇指、竖小拇指）等等。这些手势作为表情达意的辅助工具，在导游交际过程中发挥着非常重要的作用。

在导游讲解时，景点导游员的恰当得体的手势是讲解的重要组成部分，可以强调并帮助游客捕捉相关信息，可以加深游客对讲解内容的理解。有学者将导游员的讲解手势分为三种：情感手势、指示手势和象形手势。情感手势是指导游员表现讲解感情的一系列形象化、具体化的手势；指示手势是用来指示具体对象的手势；象形手势是用来模拟物体形状的手势。另外，需要强调的是，在实际导游讲解过程中，各种手势常常有机地融合到一起，综合表现各种复杂的内容与感情。比如，在讲到慈禧太后在玉澜堂里砌了一堵墙将光绪皇帝关进去这一内容时，有的导游员先是伸出一只手用指示手势挥成一面墙的样子，然后再将双手相对应地向下合压，既形象地指示了“墙”，又强化了讲解内容。

在导游讲解中，在什么情况下运用什么手势，要由讲解内容来决定。手势运用的要求是手势要明确、精练、自然、活泼以及个性化。一般情况下要注意五点：一要简洁明了；二要协调合拍；三要富于变化；四要把握分寸；五要避免忌讳。手势运用的原则主要有三点：一是根据表达内容的需要，手势必须为导游交际服务；二是手势的幅度与大小根据场合的大小和游客的多少来决定；三是手势要协调，要与伴随的眼神、表情、姿态相互协调，追求和谐的整体效果。总之，手势要尽量简练明快，一定要避免喧宾夺主，影响有声语言的表达。请看几个书面导游词的手势用例。

例1

请大家朝我指的方向看，那五个彼此相连的晶光闪亮的池子便是五大连池的五个池子。来五大连池的游人站在高高的山地，沐浴着习习来风，俯看远山近水，都忍不住诗情勃发，文思泉涌。

（资料来源：《走遍中国——中国优秀导游词精选》）

例2

请大家顺着我手指的方向看，横倚在大王峰北侧的这座山峰就是幔亭峰。登幔亭峰的道路有两条：一是由大王峰升真洞旁上去，二是由换骨岩右侧直上……

（资料来源：《走遍中国——中国优秀导游词精选》）

在上述两例中，景点导游员提醒游客朝自己所指的方向看，用的是指示手势。可以说在导游讲解过程中，这样的指示手势会经常使用。需要注意的是，导游员在使用指示手势时，最好是整个手掌平展，手心朝上或朝向侧面伸出去，这样的手势既平和又得体，导游员在导游过程中要注意运用，不要只伸出一根食指。

（二）身体各躯干动作

身体各躯干动作包括头部、颈部、肩部、胸部、背部、腹部、腰部、下肢等各部位的动作。身姿是指整体的身体形象，如站相、坐姿、走式等。这些躯干动作以及身姿形象伴随着有声语言的表达，可以传达出各种微妙的意义，也往往反映着一个人的仪态、风度、气质、修养等方面的信息。中国传统文化有关仪态规范的说法很多，如“坐有坐相，站有站相”、“静若处子，动如脱兔”、“站如松，坐如钟，行如风”等等。景点导游员必须注意使自己的体式身姿端庄得体、稳重大方，给游客留下有风度、懂礼仪、可信赖的良好印象。

1. 站姿

一位受公众欢迎的人,最起码应具备正确的站姿。优美典雅的站姿是一切动作的基础。

站姿的基本要领是:两脚跟相靠,脚尖分开,开度 45°~60°,身体重心落在两脚前脚掌上。两腿直立,双膝并拢。收腹提臀,髋部上提。立胸挺腰,挺直背脊,全身肌肉要有一定紧张感。双肩平齐,放松下沉,双臂自然下垂,虎口向前,手指自然弯曲。头正,颈直,下颌微收,双目平视前方,面带微笑。整体上给人一种精神饱满的感觉。

2. 走姿

最能体现出一个人的精神面貌的姿势就是走姿,正确的走姿会显得富有青春活力,优美的走姿会使身体各部分都散发出迷人的魅力。

走姿的基本要领是:双目向前平视,面带微笑收下颌。上身挺直,头正,挺胸收腹,两肩外展,重心稍向前。手臂伸直放松,摆动时要以肩关节为轴,上臂带动前臂向前,手臂要摆成直线,肘关节略曲,前臂不要向上甩动,向后摆动时,手臂外开不超过 30°,前后摆动的幅度为 30~40 厘米。跨步均匀,两脚之间相距约一只脚到一只半脚。步伐稳健自然,要有节奏感。迈步时,男子脚尖可微微分开,但脚跟内侧与前进方向应近乎一条直线,避免以“外八字”或“内八字”迈步。女子行“一字步”,即两脚落在一条直线上,两膝内侧相碰。步速男子为每分钟 108~110 步,女子为每分钟 118~120 步。总之,走路时,男子要显出阳刚之美;女子则款款轻盈,显出阴柔之美。

3. 坐姿

坐姿的基本要领是:男性张开腿部而坐,但不宜超过肩宽,小腿与地面垂直,手置膝上或放于大腿中前部,体现出男子的自信、豁达。女性则是膝盖并拢,两腿自然弯曲,两脚平落地面或小腿交叉不向前伸直,体现其庄重、矜持。入座时,先退半步然后坐下,并且要求动作协调,声音轻,全身肌肉稍有紧张感。腰挺直,上身微前倾。就座时,坐满椅面的一半或三分之二。两腿垂地或微内收,背部不靠沙发背,两手自然弯曲,手扶膝部或交叉放于大腿中前部,或一手放于大腿上,另一手肘放于沙发扶手上。起座时,脚向后收半步,再起身站立。起身时动作不可迅猛,而应舒缓地、自然大方地站起。

第五节　景点导游语言的幽默艺术

人们外出旅游有多种需求,寻求精神享受是其需求之一。有人说,旅游是寻找快乐的旅行。在旅游过程中,人们大都期望“旅”得轻松,“游”得愉快,这就要求景点导游员恰当地运用意味深长的幽默语言，为旅客创造富有魅力和活力的语言氛围，使游客获得精神上的快感。

美国大众心理学家特鲁·赫伯说："幽默是一种最有趣、最有感染力、最具有普遍意义的传递艺术。"他从心理学和传播学的角度，阐述了幽默的基本特征。萧伯纳说："幽默是一种元素，它既不是化合物，更不是成品。"卓别林说："幽默就是在我们看来正常的行为中觉察出的细微差别，即通过幽默，在貌似正常的现象中看出不正常的现象，在貌似重要的事物中看出不重要的事物。"《苏联大百科全书》解释为："幽默是喜剧的特殊样式，是意识对客体个别现象和对世界采取一种内庄外谐的态度。"《牛津英语词典》解释其为："行为、谈吐、文章中足以使人逗乐、发笑或消遣的特点。"对这些莫衷一是的解释，法国文学家德哥勃拉评论说："幽默，是比宇宙力更麻烦的问题，是文艺批评上不规则的多边形！"把上面的各类观点综合起来，我们认为幽默是指生活中和艺术中的一种特殊的喜剧因素，又是指在生活中表达和领会戏剧因素和艺术中再现或领悟喜剧因素的一种特殊能力。

而幽默语言即主要是借助多种修辞手法（如比喻、双关、反语、粘连、飞白、颠倒、仿拟等）进行艺术表达的、由语言的内庄外谐构成喜剧矛盾冲突使人因意外而产生联想的、忍俊不禁的语言。它具有机智、诙谐、凝练、含蓄等语言特点。

一、幽默导游语言的作用

幽默景点导游语言，是指景点导游员在导游活动中所运用的幽默语言，其作用十分奇妙。它可以化腐朽为神奇，化平淡为有趣，化沉闷为笑声，化干戈为玉帛。归纳起来，主要有以下四种妙用：

（一）融洽关系

景点导游员与游客大都是初次接触，互相比较生疏。为了融洽关系，给游客以依赖感和亲切感，景点导游员必须主动与游客交谈，有时讲了一大堆客气话，仍消除不了游客"敬而远之"的陌生感，而有时只讲几句幽默风趣的话，就能收到良好的效果。

例

一位景点导游员在初次与游客见面时自我介绍说："初次为大家服务，我感到十分荣幸。我姓马，老马识途的马。今天，各位到我们这儿旅游，请放心好了，有我一马当先，什么事情都会马到成功……"游客们都乐了，初次见面的拘谨感一扫而光，主客关系一下变得融洽起来。

旅游过程中的人际关系大多是暂时性的，互相存在着或多或少的陌生和隔阂，缺乏一定的团体意识。加拿大心理学家紫普曼在其所著的《幽默是有趣的事》一书中，记载了一个制造"幽默环境"的实验：在一个地下室中设置许多有趣的游戏机，让互不认识的人在里面各自寻找娱乐，同时展出笑话、漫画，备有各种面具、服装、道具等表现幽默情趣的东西,研究者利用隐蔽的电视摄像机观察分析,研究结果是:游历过“幽默”的人大都精神振奋,互相充满了友善。由此可见,幽默还有消除隔阂、润滑人际关系、提高自身涵养的作用。

例

一个由美国老年人组成的旅行团在武夷山景区门口准备开始游览,可一位客人却迟到了 20 分钟,其他客人都十分恼火。当他姗姗来迟时,大伙都纷纷说他,他也感到十分难堪。这时,景点导游员手持话筒诙谐地说:“没关系,上帝是宽厚仁慈的,迟到的人同样也能进天堂,天堂的门永远是敞开的。”

武夷山一景

这时的语境是这位客人耽搁了大家的时间,引起了团体的普遍不满。如果导游员这样说:“算了算了,大家不要计较了。这位先生下次加强点时间观念,别在车上待太久就是。”尽管话语中带有一定的宽容成分,但过于生硬,不能起到良好的“疏导”作用,不愉快的阴云仍会笼罩在旅游团体之中。显然,上述那位景点导游员注意运用了幽默语言艺术,故意用“走题”的方法,造成一种语言和现实分离的诙谐氛围,促使大家转怒为笑,产生谅解,赢得了情感上的共鸣。

(二)调节情绪

在导游过程中,景点导游员如果把幽默语言作为一种兴奋剂,那么游客低落、冷淡、不安的情绪就会得以有效的调节。

例

一架客机失事后的第二天,一批游客将在景区游览结束后飞往那架失事飞机所在的城市，在游览过程中，游客们都有一种恐惧、不安的情绪。这时，景点导游员微笑着对客人说“请各位放心我是大家的护身符，今天有我陪同大家，保证一切都会顺顺利利。请允许我在此向大家透露一个信息：我干了 18 年导游，坐过几十次飞机，还没有一次从天上掉下来的经历。”客人们一听，都笑了。

可见，幽默而机智的宽慰，要比生硬、笨拙的劝说有效得多，一下就使客人增添了精神力量。

在讲解时，幽默语言还能增添游兴。

长江三峡

例 1

一位景点导游员陪同一批美国客人游览长江三峡，在介绍神女峰时幽默地说：“瞧，那就是神女峰。神女一般来说是羞于见外国人的，尤其是美国人。今天，她被各位朋友真诚的向往和纯洁的友谊所感动，特意出来与大家见面。上帝保佑，你们真幸运啊！”客人们都高兴得跳了起来。

例 2

一位景点导游员陪同香港客人游览桂林叠彩山，在路上，景点导游员说：“叠彩山不像泰山那么险峻，它的阶梯很平稳，共 70 级，上山就像上‘电动扶梯’一样舒适，不信大家试一试。”有些游客起初担心爬山太累，听景点导游员这么一说，都劲头十足地登上了叠彩山，领略到了“千峰不野气，一水抱城流”的美景。

（三）摆脱困境

美国心理学家哈维·闵德斯在《笑与解放》一书中说：“幽默的欢乐是解脱的欢乐。”在导游过程中，景点导游员难免会遇到一些使人局促、尴尬的困境。如果随机应变、恰到好处地说出带有幽默意味的话，就会解脱困境，赢得轻松、欢乐。

例

一次，一个旅行团队要离开景区了，在道别时，他们请陪同的景点导游员讲话，导游员说只讲两句，可一下讲了十来分钟，一位客人半开玩笑地说：“先生，你说只讲两句,怎么讲了这么久?"一时,宾主都颇尴尬。但这时,导游员反应很快,他笑着说:"开头一句,结尾一句,中间忽略不计,一共不就是两句吗?"幽默机智的俏皮话一下就把自己从困境中解脱出来,客人们也都笑了。

(四)寓教于乐

获得知识,受到教益,是游客较普遍的旅游愿望。在导游过程中,景点导游员运用幽默语言讲解,则能起到寓教于乐的作用。

例

一位景点导游员在带一批德国客人去八达岭长城途中,见到京张铁路上有一个火车头正在缓慢地上坡,于是这位景点导游员解说道:"请看这个蒸汽机车,只有脑袋,没有身子,喘着粗气,爬坡十分吃力。可见此处坡度之大、当年修建铁路之难。这条铁路是中国人以自己的力量于1905年修建的第一条铁路,现在它东起北京,西讫阿姆斯特丹,经乌兰巴托、莫斯科、华沙、柏林横穿欧亚大陆,这是世界上最长的铁路之一。将来若开放欧亚铁路旅游的话,我一定通知大家。正前方山腰有一条白线,那就是万里长城……"

长城一景

这位景点导游员并不是对游客进行"这是什么"、"那是什么"的说教,而是运用幽默、风趣的话语进行讲解,使游客在会意的微笑中感到受益匪浅。

在许多场合,运用幽默语言并不全是为了逗乐发笑,而是为了说明一个道理,表述一种意见。因此哈维·闵德斯说:"绝大多数幽默是娱乐性和严肃性的混合。"所谓"内庄外谐"也说明了幽默语言所具有的"寓教于乐"的作用。幽默语言往往能使人在笑中自然产生联想,意会说话人的真正目的,从而愉快地接受说话人的意见。

例

一位景点导游员在对一批日本游客讲解游长城的注意事项时，说："长城地势险要，要防止摔倒。希望各位不要在城墙上做奔跑式的跳跃运动，日语讲'油断一秒，怪我一生'。另外，也不要头也不回一股脑儿地往前走，一直走下去就是丝绸之路了。有人走了两年才走到头，特别辛苦。"客人们听了哈哈大笑起来。

如果这位景点导游员板着脸，严肃认真地宣布，第一要如何，第二要如何，游客也许会置若罔闻，很难听得进去，运用幽默语言则使游客乐于倾听，也易于接受。

在带团游览时，有的游客有时会做一些违反规定的事，如果景点导游员撇开严肃的态度，以幽默来暗示责备，委婉达意，那么即使是半调侃、半宽容的幽默语言也能准确无误地表达出责备，而不至于伤害人。

例

一次，几位年轻游客在游览时，纷纷骑到一尊大石狮身上照相，这样既危险又易损坏文物，景点导游员见了，连忙上前劝阻："请各位不要招惹这老实忠厚的狮子吧！"

如果这位景点导游员一本正经地教训游客一顿或是严肃地劝说道："请不要损坏文物，不然要罚款的！"那么效果也许是另一种样子，游客要么十分难堪，要么会与你争执起来。幽默语言与生硬的话语给人的感觉是不一样的。

总之，幽默语言从某种程度上讲是一种力量，这种力量是按照概率法则来作用的。当幽默语言运用适当时，它就能给人以知识、信心和启发，使人乐观向上。

二、幽默导游语言的运用

导游语言的幽默艺术方法，在很大程度上是语言修辞手法的综合运用，它不等同于一般意义上的修辞，而是以造成幽默意境为目的的。幽默意境主要由语言的反常组合来体现，即语言组合与其有关知识相违背，完全超出人们可以预料的范围。这里介绍几种幽默导游语言运用的方法。

(一)语义交叉

语义交叉就是用巧妙的比喻、比拟等手法使表面意义同他所暗示的带有一定双关性的内在意义构成交叉，使人在领悟真正含义后发出会心的微笑。

例1

"……明天你们要回国了，在离别之前，我将带各位去上海外滩拍个纪念照，和上海亲吻一下，不知各位意下如何？"

例2

"我们海南岛对客人历来就十分热情，即使现在是冬季，也可以热得大家汗流浃背，穿不住西装外套……"

上海外滩夜景

例 1 用“亲吻”一词将上海人格化了，把这种人与人之间的亲密行为用在这里，也就有了几分幽默。例 2 用人的“热”情和天气的炎“热”形成交叉，造成了幽默意境。

(二)正题歪解

正题歪解，就是以一种轻松、调侃的态度，对一个问题故意进行主观臆断或歪曲的解释。

青岛啤酒节

例

一批游客在游览青岛小鱼山公园时，有人指着一个用 4800 个青岛啤酒空瓶制成的龙问:"这里叫小鱼儿,可为什么只有'龙'而不见'鱼'呢?"景点导游员幽默地说:"为什么不见鱼,主要原因是因为鱼喝青岛啤酒过多而变成了龙。"

这位景点导游员故意将"鱼"和"龙"这两个没有联系的事物,用"喝青岛啤酒太多"的原因捏在一起,在这种因果关系的错位和逻辑矛盾中就产生了幽默感。值得注意的是,在导游讲解时,对游客的提问,首先用"歪解"调剂一下气氛是可以的,但不能用它作为正式回答客人提问的方法,不然就易陷入油滑而显得敷衍塞责,使游客产生不悦。

(三)移花接木

移花接木,就是把某种场合中显得十分自然的词语移至另一种迥然不同的场合中,使之与新环境构成超过人正常设想和合理预想的种种矛盾,从而产生幽默效果。

例

一位导游员在带游客参观四川丰都"鬼城"时解说道:"亡魂进入鬼国幽都必须持有'护照',国籍、身份不明的亡魂是不准入境的。不过,这'护照'是阳间的叫法,在阴间则叫'路引',以保证在黄泉路上畅通无阻……"

这位导游员将"护照"、"入境"这些现代名词移植进来,从而增添了讲解的幽默情趣。

(四)仿似套用

仿拟套用,是指将现成的词语改动个别词或字,制造一种新的词语,以造成不谐调的矛盾。

例

一位景点导游员在接待一批澳门游客时说:"前几天,我接待了一批日本客人,他们说我是'民间外交家',今天,我接待的你们都是中国人,看来我又成了'民间内交家'了。"

(五)借题发挥

借题发挥,就是为了活跃气氛,增加情趣,故意借题发挥把正经话说成俏皮话。

例

一位景点导游员在提醒即将离开景区的日本游客别忘各自的物品时说:"请大家不要忘记所携带的行李物品,如果忘了的话,我得拎着到宾馆去,甚至到日本去,不需感谢,只向你报销交通费就行了。要真去日本,交通费是够贵的呀!"客人大笑之余,格外注意。

(六)故意夸饰

故意夸饰,是指以事实为基础,为了抒发情意,故意言过其实,使人得到鲜明的印象，而又感到真切。

例

在一个英国旅行团即将结束在青岛的最后一个景点旅游时，景点导游员说："你们结束了这里的游览，即将离开青岛，青岛留给你们一样难忘的东西，它不在你拎的包里和口袋中，而在你们身上。请想一想，它是什么？"导游员停顿了一下接着说："它就是你们被青岛的太阳晒黑了的皮肤，你们留下了友情，而把青岛的夏天带走了！"话音刚落，她就赢得了热烈的笑声和掌声。

青岛第一海滨浴场

照理说，"夏天"是不可能带走的，但夏天的阳光把游客的皮肤晒黑了，所以这位导游员故意强调事物的特征，夸张地说游客"把夏天带走了"，在富有诗意的语言中赢得了幽默感。

（七）颠倒语句

颠倒语句，是针对游客熟悉的某句格言、口号、定理或概念，用词序颠倒的反常手法创造出耐人寻味的幽默意味。

例

一个旅行团要去参观长城，但因大雪封山，公路不通，为了使游客们能如愿以偿地游览长城，景点导游员决定乘火车到八达岭，征得游客同意后，他说："有句名言说，'不到长城非好汉'，好汉非得到长城。今天，我一定要让大家当'好汉'！"

导游员的话语不仅幽默风趣，而且还透着诚心为游客服务的热情。

（八）一语双关

一语双关，就是利用词不达意语的谐音和多义性条件，有意使话语造成双重意义，使字面含义和实际含义产生不谐调。双关又分谐音双关和语义双关。谐音双关是利用词语的同音或近音条件构成言语的多义性（本义和转义），使语句所表达的内容出现一两种不同的解释，彼此之间产生双关。

例1

一位景点导游员介绍北京故宫的午门时说："皇帝是了不起的'爷们儿'，这中间的门也是了不起的'爷门儿'。每当皇帝经过这午门时，都要敲响大钟、大鼓伴奏才行……"

例2

一位景点导游员在陪同一批西欧客人去景区工艺品商店购物途中风趣地对客人说："那里有许多古代美人的画。如果哪位先生看中了'西施'、'杨贵妃'或'林黛玉'就大胆地说，不要不好意思，她们都会毫不犹豫地'嫁'给你。不过已经有夫人的可要谨慎一点哟！"

上述两例的幽默点都爆发在双关语的表层组合上。第1例中"爷们儿"和"爷门儿"的谐音双关，以语言为纽带，将两个不同的词义联在一起，使人通过联想产生幽默感。第2例中，"嫁"是语义双关。表面语义是"嫁"，其实质意义是"卖"。导游员故意将双关意义混为一谈，使人忍俊不禁。

（九）自我解嘲

自我解嘲，是指在遇到无可奈何的情况时，以乐观的态度进行自我解嘲使人获得精神上的满足。

例

旅行车在一段坑坑洼洼的道路上行驶，游客中有人抱怨。这时，景点导游员说："请大家稍微放松一下，我们的汽车正在给大家做身体按摩运动，按摩时间大约为10分钟，不另收费。"引得游客哄然大笑起来。

这段话以"苦"中求乐的口吻把一件本来不轻松愉快的事说得痛快淋漓，造就了抱怨情绪遽然冰消而爆出的大笑。

（十）讲笑话的技巧

在游览途中，为了活跃气氛，景点导游员常常要给游客讲讲笑话。讲笑话既需要一定的天赋，也需要一定的训练和指导。

1. 抓住时机

把握恰到好处的节奏，引导听众产生强烈的心理期待，特别要注意抖包袱的时刻，在故事引人入胜时，掌握速度和节奏，特别是天花乱坠或制造悬念时的停顿时间。速度的掌握，可以从和风细雨到急风骤雨。同时，要注意引导游客强烈的心理期待，然后突然使他们感到大出所料。

2. 夸张模仿

对角色进行夸张模仿，刻画其生动有趣的形象，以引起强烈的共鸣。夸张模仿主要通过声音和动作来进行，通过夸大事物的某些成分，夸张某人的某些特点，以掩盖人的常态，突出其荒诞可笑之处。

3. 优雅敏捷

把握时机和节奏，注意夸张和模仿，再加上优雅敏捷，讲笑话的人就算具备了技巧。讲笑话的简练程度，更能体现一个人的幽默能力。如果他磕磕巴巴、语无伦次、哼哼哈哈，或使用陈腐、粗俗、浮躁、油滑、尖刻的语言进行讲述，只能使人苦笑。如果他才思敏捷、妙语连珠、滔滔不绝，那么才有笑的魅力。

三、幽默禁忌

幽默导游语言运用得好，自然妙趣横生，效应良好，但运用得不妥，就会降低幽默艺术的功效，甚至产生副作用。因此，在运用幽默导游语言时，必须注意以下几个问题：

（一）切勿取笑人

人性中有一种弱点，即谁都不愿被人当作取笑的对象，尤其是有心理和生理缺陷的人，在这方面特别敏感。如果景点导游员能主动把自己作为笑逐颜开的对象，那么就能避免暴露上述弱点，比如笑自己的缺点、长相乃至失误，这都可以表达看法、解释误会、消除隔阂。因此，最可靠无误的幽默是把笑的目标对准自己。因为你的笑对自己的问题画了句号，也就是说，别人再为此而笑，已对你产生不了伤害。例如，一位景点导游员给游客讲"八仙过海"的故事，为了活跃气氛，当他讲到铁拐李长得比较难看时，说："据说铁拐李是青岛崂山人氏，我与铁拐李是同乡，大家看一看，也许会发现我与铁拐李长得有点相像。"客人都大笑起来，但这笑并没有降低导游员的人格，而是增添了导游员讲解的幽默情趣。

（二）幽默不要反复

常言道："话说三遍，狗也嫌。"一句幽默的话，一个幽默的运用，第一次听（看）觉得新鲜有趣，但如果反复多次，就索然无味了。

（三）不要预先交底

有的景点导游员在讲笑话时，总是喜欢说："我讲一个很好笑的笑话给大家听。大家听了一定会笑得肚子疼的……"想想看，即使这则笑话十分好笑，但经他这么一交底，笑素就损失了一半。

（四）自己不可先笑

有的景点导游员讲笑话或幽默话时，一边讲一边自己笑，还没有把话讲完，幽默感就已完全消失了，自然难以引起游客的兴趣。因此，在运用幽默时，自己要适当摆出一副庄重的样子。

(五)注意适当时宜

有道是"出门观天色,进门看脸色。"幽默也要注意适当、适宜。比如,在游客心情不佳、极度悲伤或肝火正旺时,不带任何同情心的幽默话或笑话,只能给人以强颜欢笑和幸灾乐祸的感觉。这就要求,根据什么对象、说什么品位的幽默话或笑话。因为太高级的幽默,文化程度低的游客听了不知所云;而低级的幽默又会引起高水准游客的反感。同时,对某些对象讲的某一幽默或笑话效果好,但对另一些对象讲,效果不一定好。例如,一位景点导游员在介绍杭州是金鱼的故乡时,经常附带讲一个《金鱼为什么没有牙齿》的故事:一条小金鱼嘴馋,吃糖太多,而得了牙病,后来请外科医生虾公公用大钳把牙齿一颗颗拔掉了,因此现在的金鱼都没有牙齿。这故事平时讲给一些游客听,效果极佳,但有一次讲给一批美国游客听时,引来的不是笑声,而是嘘声,原因是这些游客大都是牙科医生。

(六)不要当"喜剧演员"

幽默景点导游语言有一个最基本的规则,就是:真实、自然,不搞耸人听闻,也不哗众取宠,更不能做戏。喜剧演员有喜剧演员的一套表演术,那是舞台上的特别要求。而在导游过程中,如果要想以成串的笑料和廉价的笑来博得游客的欢心,不管别人是不是倒胃口,结果虽能引起笑,但可能是笑他形象滑稽和为人的浅薄。因此,表达幽默要自如,即把握适当的时机、适当的内容、适当的神情等,千万别使自己成为蹩脚的喜剧演员。

(七)杜绝"黄色幽默"和"黑色幽默"

恩格斯曾经说过,幽默是智慧、道德上的优越感的表现。正常的幽默应该是格调高雅、言行文明、态度乐观、精神健康的。那些以低级趣味为满足的"黄色幽默"和以玩世不恭的态度轻慢人、挖苦人的"黑色幽默"都是幽默的"副产品",是幽默导游语言中不可取的。因此,这就要求导游员加强思想修养和道德修养,杜绝"黄色幽默"和"黑色幽默",以崭新的精神风貌面对人生、面对生活、面对游客,用健康的幽默创造良好的景点导游员形象。

本章小结

景点导游员在实际工作中如何更好地与游客沟通交流、为游客传递信息、引发游客的游兴,主要在于其能否有效运用景点导游语言技能。景点导游语言有一定的基本原则,更重要的是导游员在工作中灵活运用的各种技巧、技能。通过对本章学习,主要掌握如何调节音量、音色、语调、节奏;如何运用态势语言和幽默艺术。

思考与练习

1. 什么是景点导游语言？它包括哪三个类别？

2. 简述景点导游语言艺术的作用？

3. 景点导游语言的四原则和“八有”原则分别指什么？

4. 在班内拟订一份导游词，由不同的同学用不同的语调、音色、节奏来朗诵，比较由此产生的不同效果。

5. 在班内训练站姿、走姿、坐姿。

6. 除了书中所讲的幽默禁忌，你认为还有哪些？

7. 案例分析：

一个新加坡旅游团在武夷山风景区游览时，团中一位老太太不小心被树藤划破了裙子，她觉得狼狈不堪，十分扫兴，干脆坐在地上生闷气。景点导游员见此情形，应该用什么样的语音、语调跟老太太说话？可采用什么样的态势语？能否用幽默风趣的语言化解老太太的尴尬并让她高兴起来？

第3章

景点导游讲解技能

本章导读

导游讲解，是景点导游工作的核心、景点导游员最主要的职责。导游讲解，又是一门深奥的艺术，有着灵活多样的方法和技巧。如果你想成为一名合格的导游人员，就应该了解景点导游讲解艺术，熟悉景点导游讲解的方式方法，掌握景点导游讲解的基本技能，在实践中灵活运用，逐步形成自己的讲解风格。

第一节　景点导游讲解艺术

一、景点导游讲解的基本属性

（一）景点导游讲解的概念

景点导游讲解，是导游人员以丰富多彩的社会生活和璀璨壮丽的自然和人文景观为题材，以兴趣爱好不同、审美情趣各异的游客为对象，对自己所掌握的各类知识进行整理、加工和组织，再以口头语言进行表达的一种意境再创造。

景点游览，是游客外出旅游的主要目的。而游览效果如何，则关键在于导游讲解。若讲解内容充实、方法灵活、生动有趣，则会令游客满意，反之，则不然。因此，景点导游讲解是整个旅游过程的重头戏，也是整个导游工作的重点和核心，又是景点导游员的首要职责。景点导游做得好坏，讲解是否让游客满意，是评价导游工作水平高低的关键所在。

要做好景点导游讲解工作，导游人员首先必须掌握渊博的知识，并根据景点讲解的需要，运用逻辑思维的方法将相关知识有效地组织起来，进行加工处理，使之条理化、艺术化，形成一篇篇富有感染力的导游词，再运用口头语言表达出来。由此可见，景点导游讲解并不只是简单如鹦鹉学舌般的语言表达过程，而是一个复杂的思维过程，是一种创造性的劳动，是一种意境的再创造。

（二）景点导游讲解的基本属性

景点导游讲解，是导游人员在景点游览过程中对游客进行的面对面的讲解。其目的是向游客传播知识，引导游客欣赏异域风光，了解异域风情，帮助游客去探索美、发现美、欣赏美……以满足游客求知、求奇、求新、求异、求美的欲望。要达到这一目的，景点导游讲解应具有以下属性：

1. 思想性

景点导游讲解的思想性，主要包括两个方面：一是指导思想上的政治倾向性，即爱国思想；二是讲解内容上的健康性。

"爱国"，是世界各国伦理道德的核心。拿破仑曾经说过，"爱国是文明人的首要美德"。旅游业是一个国家和地区对外的窗口行业，而导游人员则是这个窗口的形象代表。导游人员的思想感情、道德观念、言行举止等，直接反映出目的地国家和地区的社会环境和人民的精神面貌。作为一名合格的导游人员，首先必须具有崇高的爱国思想，并且要自觉地把热爱祖国、热爱家乡的爱国思想贯穿于导游讲解的全过程，而不仅仅是在景点导游讲解之中。很难想象，一名对祖国、对家乡毫无感情的导游员，能够热情洋溢地介绍祖国和家乡悠久的历史、灿烂的文化和壮丽的山河；也很难想象，他的导游讲解能给游客留下深刻的印象，从而为祖国、为家乡、为旅游业赢得荣誉。事实上，我们的祖国有九百六十万平方千米壮丽的大好河山，有五千年悠久的历史。正如方志敏烈士在《可爱的中国》中所言："其实中国是无地不美，到处皆景，自城市以至乡村，一山一水，一丘一壑，只要稍加修饰和培植，都可以成为流连难舍的胜景。"此外，五千年百折不挠、顽强不屈的奋斗路，又铸就了中华民族光荣的爱国传统和不朽的精神。无数的爱国史迹如颗颗珍珠洒满在祖国大地上，点缀于历史的长河中。我们广大的导游人员有责任、有义务了解祖国、热爱祖国，并用自己的爱国热情去感染游客，使他们在领略我国壮丽山川风物的同时，体味中华文化的博大精深，感受中华民族不屈不挠的民族精神。

讲解内容上的健康性，是指导游人员在导游词的创作过程中，面对纷纭复杂的信息资料，应具有敏锐的思想鉴别能力，辨明是非，除恶扬善，以保证导游讲解内容的健康无害。而不得为迎合个别游客的低级趣味，在讲解中掺杂庸俗、黄色、迷信的内容。同时，对来自游客的形形色色的、低级的、庸俗的、迷信的东西，要能够不为所惑，自觉地加以抵制，以保证导游讲解内容的健康性免受干扰。

2. 知识性

知识性，是景点导游讲解最大的属性。景点导游讲解的首要任务就是传播知识，帮助游客了解景点的自然、历史、文化、社会等方方面面的知识，以满足游客求知、求新、求奇、求异的心理需要。不同类型的景点其知识的含量不同，自然风光类和某些现代游乐景观其知识性相对较低，而历史文化类景点其知识内涵则要深刻得多。随着旅游业的发展，如今旅游景点的类型越来越多，特色日益明显，尤其是一些重要景点，既有独特的自然景观特色，更有深厚的文化内涵，涉及的知识面广而深。这就要求景点导游人员必须具有渊博的知识，从而使景点导游讲解更专业、更有特色。因此，非专家学者型的导游不能胜任。事实上，在西方国家的情况即是如此。在西方国家的导游队伍中,级别最高、要求最高的是景点导游人员,他们不仅地位高,水平也高,而且大部分都是由专家、学者或大学教授来担任,如法国卢浮宫、意大利万神殿、英国大英博物馆、埃及卢克索神庙、美国宇航馆等景点的导游人员,都是专家学者和大学教授。一般导游人员不能也不被允许导游这些项目。同时,要达到传播知识的目的,导游人员在景点导游讲解中,不仅内容要充实,而且条理要清晰,语言要通俗易懂,既不能空洞无物,也不能杂乱无章,还要注意导游语言的技巧和讲解方法的多样性,否则,景点导游讲解的知识性也要大打折扣。

3. 情感性

导游人员在景点的导游讲解过程,既是一个传播知识的过程,同时又是一个情感交流的过程。只有投入自己的感情,将情感与知识、故事一起放到景点中去,寓情于景,使讲解和风光、景物、故事达到和谐的统一,才能使讲解富有感染力,才能激发游客的兴趣,引发游客感情上的共鸣,使游客陶醉于情景交融之中,达到情感交流的目的。

景点导游讲解的情感性,主要表现在两个方面:一是对讲解的景物的情感。旅游过程实际上是一个审美过程。导游讲解的目的就是引导游客去发现美、欣赏美,如果导游人员的讲解生硬、干涩,引不起游客的兴趣,游览效果就会大打折扣;反之,导游人员对讲解的景物充满感情,在讲解中饱含激情,就会感染游客的情绪,能触景生情,从而获得非凡的游览效果。二是对游客的情感。即导游人员的讲解要设身处地地为游客着想,摸透游客的心理,洞悉游客的情感要求,讲游客感兴趣的内容,这样才能赢得游客的信任,达到双向交流的目的。

4. 艺术性

艺术性,是指导游人员在景点讲解过程中,对讲解内容的语言技巧的运用及讲解技巧的运用,使其达到一种完美的境界。导游讲解的艺术性越强,导游讲解的效果就越好。要使导游讲解具有艺术性,首先讲解的内容不能生搬硬套、照本宣科,而应生动有趣;其次讲解的语言不应平淡无味,而应跌宕起伏,幽默风趣;第三,讲解的方式方法也不能单调呆板,毫无变化,而应因景、因时、因人而异,采取灵活多变的方法技巧,或虚实结合,或制造悬念,或画龙点睛……从而使讲解富于变化,引人入胜,令人回味无穷,达到让游客"乘兴而来,满意而归"的效果。俗话说:"祖国山河美不美,全凭导游一张嘴。"这句话绝非夸张。它充分说明了景点导游讲解中艺术性的重要程度。山河之美,历史之悠,文物之奇,有时候并不是溢于其表、一眼就能体验欣赏得到的。眼前的景物,可能只是一座荒山、一条涸河、一座庙门或一尊石像,表面看毫无生机、索然无味。但一经导游人员精彩、生动、充满艺术性的讲解,则在一瞬间就会化腐朽为神奇,变得充满神秘和活力,让游客徜徉在美的海洋,沉浸在悠久历史的回味之中!如在西安汉唐宫殿遗址,呈现在游客面前的不过是一些断壁残垣,不值一看。但经过导游人员旁征博引、引经据典的精彩讲解,一幕幕历史的画面重现在游客的眼前，足以令人发思古之幽情、兴无穷之感叹。因此，充满艺术性的、成功的导游讲解无疑具有“点石成金”的神奇作用。

二、景点导游讲解的基本要求

景点导游讲解艺术，是指导游人员在景点导游讲解过程中，所表现的对景物的认识和情感的准确性、鲜明性、生动性和方式方法的多样性。其目的是，为有效地传播景点知识，增加旅游的情趣。要达到这一目的，应满足以下要求：

（一）准确性

准确性，是景点导游讲解的基本要求。它要求导游人员的讲解要以事实为基础，客观如实地反映景点事物的本来面貌，言之有物，言之有理，言之有据。既不能空洞无物，也不能歪曲事实，张冠李戴，更不能胡编乱造，一切应以事实为准；否则，既会给游客带来误导，也会给自己的形象带来损害，进而失去游客的信任，成为游客心目中的“胡导”。

在景点导游讲解中，准确性主要表现在以下几个方面：

1. 知识要准

在景点导游讲解过程中，无论是对自然景观的描述，或是对人文景观的解说，还是对历史事件的叙事及评价，都应以客观事实为依据，尊重事实，反映事实，传递的知识应准确无误。切不可信口开河，凭空臆造。

2. 道理要明

道理，即理由、事物的成因。导游人员在景点讲解过程中，必须透过景点各类事物的现象看本质，透过表象把握引起事物产生、发展、变化的根本原因，把道理讲明、讲透。

例

在到达雾凇景区这一段路上，请先让我向您介绍雾凇是怎样形成的。雾凇，人们通常叫它“树挂”，是雾和水汽遇冷结冻而成的，分粒状、晶状两种。吉林雾凇属于晶状类，它是在吉林市独特的地理环境中自然形成的。从吉林市区溯松花江而上 15 千米是著名的丰满水电站，冬季江水通过水轮机组发电，水温升高，每到数九隆冬，尽管松花江面一抹如镜，冰冻如铁，从水轮机口流出的水仍有 40℃以上。江水载着巨大热能，形成了松花江几十里缓缓流过市区不封冻的奇景。整个江面看起来热气腾腾、白雾茫茫。沿江长堤苍松林立，杨柳低垂，在一定的气压、风向、温度等条件下，与江面上蒸腾的雾气凝结成了雾凇。（资料来源：《走遍中国——中国优秀导游词精选》）

这段导游词把吉林雾凇形成的原因讲得非常清楚透彻，让人一听即明，可达到增长知识、开阔眼界之效果。

吉林雾凇

3. 条理要清

在景点导游讲解中，不仅知识要准、道理要明，还应注意讲解时要条理清晰、层次分明，才能让游客的思绪跟上导游人员的节奏，让游客易于听懂；反之，若导游人员的讲解杂乱无章、颠三倒四，东一榔头西一棒子，只会让游客如坠雾中、不知所云，导游讲解也就失去了准确性。

(二)鲜明性

在景点导游讲解中，鲜明性至少有以下两层含义：

首先，是讲解主题的鲜明性。每一处景点，与之相关的知识信息量极大，导游人员在讲解时，先要明白自己要表达的主题是什么，要达到一个什么目的或要表述一种什么思想。有了明确的主题、主旨，就可以围绕主题去组织材料、使用材料，展开叙述。突出重点，分清主次。对重点内容要多讲、深讲、讲透，使主题显得更加鲜明。例如，安徽黄山，素有“黄山天下奇”之说。黄山之奇，又主要表现于黄山四绝：即奇松、怪石、云海、温泉。讲黄山，就应抓住这个“奇”字，结合代表性的景观将奇松、怪石、云海、温泉四绝及其成因讲深、讲透。又如，北京故宫，既是中国古代帝王的宫殿，集中反映了封建社会皇权至上的等级思想，也是我国古代建筑中级别最高、技艺最精的建筑，代表了中国古代建筑艺术的最高水准。讲故宫，就应围绕宫殿建筑艺术这一主题来铺展，从建筑的布局、构件、形式、色彩、装饰、陈设、中外宫殿对比、故宫的历史文化甚至帝王的轶闻趣事等多方面、多角度加以讲述，从而使游客通过游览故宫即可了解中国古代宫廷艺术和建筑艺术的特点。

其次，是讲解中对所涉及人物、事件的态度、观点的鲜明性。在景点导游讲解中，不可避免地会涉及不同的人物、事件及方针、政策等方面的话题。此时，导游人

黄山迎客松

北京故宫鸟瞰

员的态度、观点要鲜明,要有明确的是非观念和爱憎分明的情感。对待历史人物,要予以客观公正的评价:对英雄人物、伟人、名人、有高尚品德的人要予以赞扬,而对奸佞之人则予以贬斥。对待历史事件,要予以正确的评说。对待有关国家方针、政策如人权问题、台湾问题、西藏问题等,必须旗帜鲜明地表明我们的态度,不允许含糊其辞。

例

孔子的一生是颠沛流离、饱经忧患的一生,是艰苦卓绝、激励奋发的一生,是春风化雨、培育英才的一生,是著书立说、济世救世的一生。如今,他的躯体虽已灰飞烟灭,但他的思想,却潜入每个东方人的心灵。他熔铸了中华民族的个性和品格。孔子的形象是中华民族文化的形象,儒家思想是华夏文化的代表,是一种无与伦比的凝聚力。(资料来源:《走遍中国——中国优秀导游词精选》)

山东曲阜孔庙

这段在曲阜三孔的导游词对孔子作出了高度评价,不仅表明了导游人员对孔子的崇敬之情,而且代表了华夏儿女的共同心声。

(三)生动性

生动性,是指导游讲解要充满活力,能对游客产生感染作用。俗话说:“看景不如听景”,指的即是导游讲解的生动性的作用。

在景点导游中,要使导游讲解生动有活力,除了导游语言上的活泼、风趣、幽默之外,还应注意以下几个方面:首先,导游人员必须在讲解中倾注自己的感情。如前所述,景点导游讲解过程是一个导游人员与游客情感交流的过程,导游人员只有倾注自己的感情,动之以情,才能打动游客。其次,导游人员必须熟悉讲解的内容,并将其与自己的体验、感情结合起来,融会贯通,巧妙组合,使之主次分明、层次清晰、富于变化。第三,善于利用名言名句、典故传说及趣事轶闻等。在讲解中恰到好处地利用一些名言名句或典故传说等,有时候会起到画龙点睛、事半功倍的效果。第四,善于运用不同的讲解方法和技巧,也会使讲解更精彩。最后,要敢于创新。不拘泥于现有的导游词和导游方法,勇于不断创新,想人所未想,言人所未言,做到“人无我有,人有我新,人新我特,人特我精”,使自己的讲解始终充满新鲜感。

例1

大家知道,重庆是1949年11月30日解放的。在重庆解放的前三天,11月27

日,国民党反动派对关押在渣滓洞和白公馆的革命志士,进行了疯狂的大屠杀。这就是江姐临刑前留下的一封遗书。烈士们已经预感到敌人在覆灭前一定要进行疯狂的反扑,江姐在狱中开始写遗书。监狱里是没有纸、笔、墨水的。江姐用卫生纸作纸,把筷子折断磨尖了当笔。墨水呢?这难不倒她们。她们用我们老祖宗最原始的取火方法:从棉袄里取出一团棉花,把它放在两片鞋底中间,再用两手捏住鞋子,让两片鞋底反复摩擦,大家轮流来做。大约要摩擦到将近一个小时,棉花才有焦味,然后用嘴轻轻一吹,着火了,再加上棉花,烧成灰,滴上水,这就是“墨水”了。江姐就用这样的笔和墨水写下了这一封遗书。

行刑的时刻到了,敌人叫到了江姐的监号。江姐镇定地站起来,梳了梳头,扯平身上的衣服。难友们把随身的衣物递给她,江姐平静地说:“不用了。”然后就跟着行刑的士兵,走出了牢门。这一去,就再也没有回来……(资料来源:《导游讲解实务》)

这是在重庆渣滓洞关押江姐(江竹筠)的牢房中江姐留下的遗书的放大照片前的导游讲解。这段讲解,描写细腻,文字朴实感人,虚实结合,把一位镇定自若、大义凛然的女英雄的形象生动地展现在游客的面前。

例 2

1972 年,当联合国大会恢复了中华人民共和国席位的时候,中国给联大赠送了两件礼品,其中一件就是高六米、长近二十米的万里长城的壁挂(毯)。当时就悬挂在联合国会议大厅的外面正墙上。听说了这一消息后,全美的华人都不远千里前去观赏。其中有一位九十多岁的老人,带着他一家四代五十余口,浩浩荡荡从美国西部旧金山直奔纽约。老人年迈体弱,已经走不动了。两位孙子把他的轮椅推到了长城壁挂跟前,老人坚持要下来,两位孙子拗不过,只好扶他步下轮椅。一下来,老人就跪到了长城壁挂跟前,这一下,全家五十余口都跪下了。老人含着泪,磕了一个头,只讲了一句话:“长城啊,今天您的儿子带着他的一家子来看您来了……”(资料来源:《导游讲解实务》)

在这里,导游人员寓情于景,使所有的游客如闻其声,如见其情,动人心弦,令人感慨不已。

(四)多样性

多样性,是指导游讲解方式、方法与技巧上的多种形式。哪怕是对同一景点的导游,导游人员也不能千人一面、千篇一律用同一篇导游词、同一种方式、同一样方法去进行讲解。事实上,世界上没有也不可能有两次完全相同的导游过程。每一次导游过程都会因游客的差异、景物的不同、时空条件的改变等而发生变化。因此,在讲解方式、方法与技巧上可因人、因时、因地、因景、因物而异,灵活采用多种形式和方法,或虚实结合,或制造悬念,或触景生情,或由点及面……至于采用何种方法，关键在于是否适合导游人员的特点，是否有利于发挥其特长。在实际工作中，导游人员应不断积累经验，探索出一套行之有效的实用的导游方法。

三、景点导游讲解应遵循的原则

（一）客观性原则

即以客观现实为依托的原则。客观现实是指独立于人的意识之外，又能为人的意识所反映的客观存在。在景点导游活动中，它包括各种自然景观和人文景观，其中有些是有形的，如名山大川、文物古迹等；有些则是无形的，如社会制度、旅游目的地居民对游客的态度等。客观性原则包括两层含义：一是景点导游讲解内容的客观性。即无论采取何种艺术形式，讲解的内容都必须真实地反映客观现实，不得脱离客观现实，尤其是涉及宗教、政治、人物评价等方面的话题，更不得信口开河、杜撰史实。二是景点导游讲解艺术的客观性。即在讲解艺术的创造上不得脱离客观现实。艺术的表现形式是多种多样的，为使讲解生动活泼、富于魅力，导游人员可灵活运用多种方法和技巧，但无论采取何种方法和技巧，都必须结合景点的客观实际，不能只为博得游客的一笑而凭空臆造一些不切实际甚至荒诞的方式方法。

（二）针对性原则

所谓针对性，就是景点导游讲解要从游客的实际出发，因人而异，有的放矢。因为每一次导游讲解服务的对象不同，其文化层次不同，审美情趣也各有差异，假若导游人员以一成不变、不变应万变的模式来讲解肯定是行不通的。应根据不同游客的具体情况，在讲解的内容、语言的运用、讲解的方式方法上灵活机动，同时讲解内容的深度、广度及结构也不能千篇一律，而应针对游客的具体情况，投其所好，讲游客之所想，讲游客之所需，切忌“百病一方”。例如，在北京故宫导游，导游讲解的内容应根据游客的具体情况而有所区别：对初次来华、文化层次较低的外国游客可以讲得简单一些，简洁明了地作一般性介绍即可，讲解中适当穿插一些趣事轶闻，以活跃气氛；对多次来华及邻近国家比较了解中国的游客，则应多讲一些，讲深一点；对港澳台同胞、海外华侨及文化层次较高的外国游客，讲解中要有适当的深度和广度，除比较详细地介绍故宫这个实体外，还应讲一些有关典故和背景材料；而对那些研究古建筑和中国历史的专家学者，导游人员就应对他们感兴趣的专业内容做比较详细、深入的讲解。总之，导游讲解的针对性越强，导游讲解的效果就会越好，越能满足游客的需要。因此，在景点导游讲解过程中，导游人员应根据游客的具体情况，量体裁衣，有的放矢，以期收到良好的效果。

（三）灵活性原则

所谓灵活性，就是指导游人员在景点的导游讲解应根据具体情况而随机应变，即因人、因时、因地而异。讲解的内容可深可浅、可长可短、可断可续，讲解的方法可灵活多变，一切视具体情况而定，切忌千篇一律。

导游讲解贵在灵活，妙在变化。这是因为游客的审美情趣各不相同，不同景点的美学特征千差万别，自然条件亦千变万化，游览时的气氛、游客的情绪也会随时变化。这就要求导游讲解的内容、方式、方法也应随机而变，切忌死抱一个版本，不管对象、时间、地点的差异，照本宣科。事实上，世界上既没有两次完全相同的旅游，也不应有两次完全相同的导游讲解。哪怕是同一景点，也会因时间、对象等的不同而有所差别。例如，天晴气朗游泰山，只见泰山山势磅礴、景色壮丽，登上岱顶，东可眺大海，西可瞰黄河，有旭日东升、晚霞夕照、黄河金带、云海玉盘四大奇景，此情此景，令人心胸开阔、荡气回肠，顿生"一览众山小"之感。而雨中游泰山，但见烟雨茫茫，处处飞瀑流泉，全然是另一种味道。又如，杭州西湖，素有"人间天堂"之美誉。西湖的景，不仅有春夏秋冬之异，晴雨风雪亦是仪态各殊，西湖之妙就在其不分季节、时间，各有其妙，魅力长存。有苏东坡的诗为证："水光潋滟晴方好，山色空濛雨亦奇；欲把西湖比西子，淡妆浓抹总相宜。"导游人员在讲解时就应采取灵活性原则，讲出不同时间、不同季节的景色之妙。

泰山大观峰

总之，客观性、针对性、灵活性体现了导游活动的本质，也反映了导游方法的规律。它们不是孤立的抽象概念，而是实际的不可分割的有机整体，是景点导游讲解的指导原则。导游人员在实践过程中应自觉以这三个原则作指导，不断提高自己的导游讲解水平。

第二节　景点导游讲解技能

景点导游讲解技能指的是导游讲解方法的多样性、灵活性和创造性。

一、景点导游讲解的方法与技巧

导游讲解是一门艺术。导游方法和技巧既是导游讲解艺术的重要组成部分,亦是导游讲解艺术的具体体现。它能帮助游客开阔眼界、增长知识,引导游客去探索美、发现美、欣赏美,从而最终实现旅游的目的。一次生动的导游讲解就是一堂美的欣赏课,一次成功的导游讲解会给游客留下终生难忘的美好记忆。在景点导游过程中,导游人员如何才能把游客的积极性调动起来,让他们能兴致长存,自始至终以导游人员为中心,及时地随着导游人员的思路去分析、去判断、去欣赏?这要求导游人员不仅要具有丰富的知识、幽默的语言、动人的素材、熟练的业务,而且要善于运用导游的方法和技巧,善于抓住游客的心理,洞悉游客之所好,善于编织讲解的故事情节,结合游览的内容,或启发联想,或触景生情,或制造悬念,触发游客的艺术想象,因势利导,努力将游客导入审美的意境。

在长期的实践工作中,我们的导游人员不断探索、归纳,总结出了不少行之有效的导游方法和技巧。

(一)系统介绍法

系统介绍法就是按照景点导游材料对景点所作的比较全面的解说。它是一种最基本的导游讲解方法,也是初学者常用的一种导游方法。适合于一些内容较单一、规模较小或次要的景点,如西安钟楼、鼓楼、大雁塔等。它的特点是:易于掌握,便于运用,对景点的介绍全面,有利于游客对景点概况的全面了解。但不足之处是:形式较单一,讲起来比较枯燥,难以引起游客的共鸣。为此,导游人员在讲解时内容应简明扼要、突出重点;此外,应注意导游语言的技巧,使讲解抑扬顿挫、富于节奏,以期达到吸引游客的效果。

系统介绍法是任何一种导游技巧在景点讲解中运用的基础和先导,每个导游人员都应先过好这一关。在此基础上,再灵活运用其他方法。

(二)分段讲解法

所谓"分段讲解法",就是将一处大景点分为前后衔接的若干部分,按参观线路的顺序进行分段导游的讲解方法。它是景点导游中常见的一种导游讲解方法,适合于规模较大或线路较长的景点,如北京颐和园、长江三峡、安徽黄山等。首先在前往景点的途中或在景点入口处的示意图前,导游人员用概述法对景点的历史背景、主要景观、参观线路、停留时间等进行简介,使游客对即将游览的景点有个初步的印象,达到"见树先见林"的效果。此时,导游人员一定要把握游客"先睹为快"、"百闻不如一见"的心理,讲解时做到简明扼要,突出重点,并尽快带领游客沿游览线路依次参观游览,导游人员依次分段讲解。在讲解一个景区时注意不要过多地涉及下一景区的景物,但在快要结束这一景区的游览时要适当地讲一点下一景区,目的是引出下一个景区,引起游客对下一景区的兴趣,使导游讲解不致脱节,一环扣一环，环环扣人心弦。例如，北京颐和园，面积达 290 万平方米，规模宏大，功能分区明显。游览时一般选择的路线是由东宫门进，从如意门出。所以导游人员通常分三段进行讲解，即以仁寿殿为中心的政治活动区、以乐寿堂和玉澜堂为中心的帝后生活区以及游览区的昆明湖和前山景区（长廊、排云殿至佛香阁的中轴线、石舫等）。游客沿着游览路线一边赏景，一边听导游人员绘声绘色、环环相扣的讲解，真是一种美的享受。再如，举世闻名的长江三峡为一大型线形风景区，自西向东由瞿塘峡、巫峡、西陵峡三道峡谷组成，全长约二百千米。导游人员在导游时可沿旅游线路进行分段讲解，若顺江而下，首先介绍长江及三峡概况，再沿旅游船行进的路线分段依次介绍瞿塘峡、巫峡、大宁河小三峡、西陵峡、三峡大坝及葛洲坝。游客可依次领略瞿塘雄、巫峡秀、西陵险的自然风光及现代人类工程的奇迹三峡大坝和葛洲坝的雄姿。

颐和园万寿山

（三）突出重点法

突出重点法就是导游人员在景点讲解中避免面面俱到，而是突出某一方面的讲解方法。每一处景点，要讲解的内容很多，导游人员不可能事无巨细，面面俱到，而应该根据不同的时空条件和导游对象区别对待、有的放矢，讲解要有主有次、有轻有重、突出重点。这样才会给游客留下深刻的印象。一般应突出以下四个方面：

1. 突出大景点中具有代表性的景观

规模大的景点中往往有众多景观。导游人员不可能也没有必要对其一一进行详细的讲解，而应做好周密的计划，选择其中具有代表性的景观进行重点介绍。这些景观既要有自己的特征，又能概括全貌。例如，北京天坛是明、清两代帝王祈谷、祈雨和祭天的庙坛，面积较大，景观众多。游览天坛，导游人员不可能对所有景观面面俱到，逐一讲解。而是选择其中轴线上的三组建筑即圜丘坛、皇穹宇、祈年殿为代表进行讲解。前者是举行祭天大典的地方,中者是供奉皇天上帝牌位的地方,后者是举行祈谷大典的地方。它们既是天坛的代表性建筑,又表明了修建天坛的意图和作用。如果能对这三组建筑进行生动的讲解,并虚实结合,描绘当年皇帝大典时的场景,不仅能让游客了解天坛全貌及中国古代高超的建筑艺术,还能让游客欣赏到中国传统文化中的礼制思想。

天坛祈年殿

2. 突出景点的特征

每一处景点都有自己的特征,哪怕是同一类型的景点,也会有自己的"个性"特色。导游人员在讲解中尤其应注意发现和把握其个性特色,将其作为讲解的重点。这样,不仅能使讲解鲜明,富有特色,也更能吸引游客。例如,西安小雁塔,为唐代所建。建成时高15层46米,明成化二十三年(公元1487年)关中地震,结果小雁塔塔顶被震掉两层,剩下13层43.3米高,且塔身上垂直纵裂,"自顶至足,中裂尺许"。但到明正德十六年(公元1521年)再次地震时,裂痕却裂而复合,"一夕如故"。当时人们不明其因,归为"神合"。导游人员在讲解时就应突出小雁塔这一"裂而复合"之神秘奇迹。通过这样的讲解,这座古塔之奇就会令游客浮想联翩,感慨万千,不禁赞叹前人建筑技艺之高超!再如,游客在中国游览,总要参观很多宗教建筑,其中既有佛教寺院,也有道教宫观,还有伊斯兰教清真寺及基督教教堂。它们虽同为宗教建筑,但从建筑风格、艺术特点等多方面看,均各具特色。就是同为佛教寺院,亦有禅寺(禅宗)、律寺(律宗)、讲寺(天台宗)等之别。即使是同一宗派的寺院,其历史、规模、结构、建筑艺术、供奉的佛像等也各不相同,导游人员在讲解中应突出介绍其与众不同的特色。尤其是在同一地区或同一次旅游活动中参观多处类似景观时,更要突出其特色,以免产生"雷同"之感。不是曾有外国游客抱怨在中国旅游就是"白天看庙,晚上睡觉"吗?

3．突出游客感兴趣的内容

俗话说："人上一百，形形色色。"不同的游客其兴趣爱好各不相同、各有所好。但从事同一职业的人、文化层次相同的人往往有共同的爱好。导游人员在研究旅游团的资料时，要注意了解游客的职业和文化层次，揣摩其兴趣爱好，以便在景点导游讲解中，能投其所好，重点讲解旅游团内大多数游客感兴趣的内容。这样的讲解往往能产生良好的导游效果。例如，在北京故宫导游时，如果游客是建筑界的人士或对中国古建筑感兴趣，导游人员除一般介绍故宫的概况外，要突出讲解中国古代宫殿建筑艺术、宫殿布局、建筑思想、特有陈设、装饰物的象征意义等。如果能将中国的宫殿建筑与民间建筑进行比较，将中国的宫殿与西方宫殿的建筑艺术进行比较，导游讲解的层次就大大提高，更能令游客叹服。如果游客是历史学家或对中国历史感兴趣的话，导游人员则不能在建筑艺术上多费口舌，而应更多地讲解故宫的历史沿革、曾发生的重大历史事件以及故宫在中国历史上的地位和作用。

4．突出"……之最"

一般来说，人们对"最"感兴趣，也喜欢追求"最"。在景点导游中，导游人员可利用游客的这一心理特征。面对某一景点，可根据实际情况，用最大、最高、最长、

北京天安门广场

最古、最新、最小等来介绍景点特征，这样既能激发游客的游兴，又能加深对景点的深刻印象，如黄山为天下第一奇山，黄果树瀑布是我国最大的瀑布，安宁温泉为天下第一汤，北京故宫是世界上最大的皇宫，天安门广场是世界上最大的广场，长城是世界上最伟大的古代人类建筑工程，三峡工程是世界最大的水利工程，白马寺是中国最早的佛教寺庙等等。如果"……之最"算不上，第二、第三也值得一提，如长江是世界第三大河，黄河是我国第二大河等。美国的导游人员尤其擅长此种导游方法，他们在介绍导游项目时，常用最高、最大等来突出景点特征，以加深游客印

象。即使算不上世界之最、美国之最,也可称之为本州之最、本市之最、本地之最等。不过,应注意的是,在使用这种导游方法时,切记必须符合客观实际,实事求是,绝不能凭空杜撰或是张冠李戴,那样只能弄巧成拙,反而使导游人员陷入尴尬之地。

(四)触景生情法

触景生情法又称情景法或意境法,就是见物生情、借题发挥的导游讲解方法。

触景生情法有两层含义:首先,在景点导游讲解中,导游人员不能简单地只介绍景物,而是要以景物为依托,由景及情,借景说情,利用所见景物制造特定的意境,激发游客的想象力,使游客产生联想,从而领略其中之妙趣。其次,导游讲解的内容要与所见景物和谐统一,使其情景交融,让游客感到景中有情,情中有景。

例

这个广场是太和殿广场,面积达3万平方米。整个广场无一草一木,空旷宁静,给人以森严肃穆的感觉。正中为御路,左右地面铺的砖横七竖八,共15层,以防有人挖地道进入皇宫。周围有一些大缸,是做什么用的呢?在故宫里一共有308个大缸,是用来储水防火的,缸下可烧炭加温,防止冬天缸水结冰。为什么要建这么大的广场呢?那是为了让人们感觉到太和殿的雄伟壮观。站在下面向前望去:蓝天之下,黄瓦生辉。层层石台,如同白云,加上香烟缭绕,整个太和殿好像天上仙境一样。举行大典时,殿内的珐琅仙鹤盘上点蜡烛,香亭、香炉烧檀香,露台上的铜炉、龟、鹤燃松柏枝,殿前两侧廊香烟缭绕,全场鸦雀无声。皇帝登上宝座时,鼓乐齐鸣,文武大臣按品级跪伏在广场,仰望着云中楼阁山呼万岁,以显示皇帝无上权威与尊严。

清朝末代皇帝溥仪1908年底登基时,年仅3岁,由他的父亲摄政王载沣把他抱扶到宝座上。当大典开始时,突然鼓乐齐鸣,吓得小皇帝哭闹不止,嚷着要回家去。载沣急得满头大汗,只好哄着小皇帝说:"别哭,别哭,快完了,快完了,快完了!"大臣们认为此话不吉祥,说来也巧,3年后清朝果真就灭亡了,从而结束了我国两千多年的封建统治。(资料来源:《走遍中国——中国优秀导游词精选》)

这段导游讲解以故宫太和殿广场为背景,不仅描述了皇帝登基大典的壮观场面,更惟妙惟肖地描述了末代皇帝溥仪3岁登基轶事。面对如此壮观的建筑,听着如此风趣的讲解,游客仿佛穿越时空隧道回到了历史上的那一时刻,免不了发出欢快的笑声——3岁孩童,怎经得住如此大场面?

触景生情法贵在发挥,要自然、正确、切题地发挥。导游人员要通过生动形象的讲解,寓情于景,引导游客进入特定的意境,从而获得更多的知识和美的享受。

(五)虚实结合法

虚实结合法就是在景点讲解中将典故、神话传说等与景物介绍有机结合,即编织故事情节的导游方法。

这里所说的“实”是指景物的实体、实物、史实、艺术价值等，而“虚”则是指与景点有关的民间传说、神话故事、轶闻趣事等。运用虚实结合法进行讲解时，导游人员应注意以“实”为主，以“虚”为辅，“虚”为“实”服务，以“虚”来烘托情节，以“虚”来强化“实”的意义，努力将无情的景物变成有情的导游讲解。例如，在长江三峡导游，讲瞿塘峡可穿插“刘备白帝城托孤”的故事，讲巫峡可穿插“神女峰”的神话，讲西陵峡可穿插屈原、王昭君等名人传说。游览杭州西湖，既可讲“西湖明珠自天降，龙飞凤舞到钱塘”的美丽传说、许仙与白娘子的断桥相会，亦可讲岳飞、于谦、秋瑾等英雄事迹，还可讲白居易、苏东坡、柳永等诗文逸事。游陕西骊山，导游人员可适当穿插西安事变、唐玄宗与杨贵妃、周幽王烽火戏诸侯及一笑值千金等传说故事。事实上，在中国，几乎每一个景点都有一段美丽的传说。这些神话传说、轶闻趣事，虽然大多无据可考，但却能把那些相关景点的“来历”描述得有声有色。导游人员在导游时恰当地运用这些优美的神话传说，可以避免讲解平淡、枯燥、乏味，增加趣味、风雅、生动，使讲解更加富有艺术感染力，从而收到良好的导游效果。不过，也不能本末倒置、有虚无实，更不能无中生有、乱编故事。神话传说、典故的运用必须以客观事实为依托，不能为了讲故事而讲故事。

(六)问答法

问答法就是在导游讲解中，导游人员根据不同的情况，有意识地创造一些情境，适时向游客提出一些问题或启发游客提问的导游方法。这种方法既可活跃气氛，吸引游客的注意力，又能激发游客的想象思维，激起其欲知结果的强烈愿望，使游客全身心地参与到游览过程中，享受参与感或自我成就感的愉快，也避免导游人员一言堂式的讲解，从而加深游客对景点的印象，使其获得更多的知识享受。

问答法主要有以下四种形式：

1. 自问自答法

在景点导游过程中，导游人员自己提出问题，让游客思考，但并不期待他们的回答，只是为了吸引他们的注意力，促使他们思考，激起他们的兴趣，稍作停顿后由导游人员再做简洁明了的回答或生动形象的介绍，从而给游客留下深刻的印象。这种方法适用于一些难度较大、估计游客回答不出的问题。

例

现在船正在自西向东行驶，各位首先看到的是孤山一带的景色。孤山西接西泠桥，东连白堤，海拔35米，占地面积20万平方米。孤山景色在唐宋年间就已闻名，南宋理宗曾在此兴建规模宏大的西太乙宫，把大半座孤山划为御花园。清朝康熙皇帝又在此建造行宫，雍正皇帝改行宫为圣因寺，与当时的灵隐寺、净慈寺、照庆寺并称“西湖四大丛林”。或许有的朋友要问：孤山既是西湖中最大的岛屿，为什么要取名“孤山”呢？这是因为历史上此山风景特别优美，一直被自称为孤家寡人的皇帝所占有，所以被称为孤山。从地质学上讲，孤山是由火山喷出的流纹岩组成的，整个岛屿是和陆地连在一起的，所以“孤山不孤，断桥不断，长桥不长”被称为西湖三绝。

杭州雷峰塔

……讲到这里，我看到有的朋友已经在仔细观察，或许你们马上会问：这座桥根本没有断，为什么要取名“断桥”呢？这个问题就让我来解答吧。断桥是著名的西湖十景之一，由于断桥所处的位置背城面山，处于北里湖和外湖的分水点，视野开阔，是冬天观赏西湖雪景最好的地方。每当瑞雪初晴，桥的阳面已经冰消雪化，而桥的阴面却还是白雪皑皑，远远望去，桥身似断非断，“断桥残雪”就因此得名。还有，断桥又是白堤的终点，从平湖秋月而来的白堤到此中断。讲到这里，或许大家已经明白，原来是“堤断桥不断”。（资料来源：《走遍中国——中国优秀导游词精选》）

导游人员在此讲解杭州西湖孤山、断桥时即运用了自问自答法。

2. 我问客答法

我问客答法即导游人员提出问题由游客来回答的讲解方法。使用这种方法要求导游人员善于提问题，提出的问题难易适当，估计游客不会毫无所知，只要导游人员稍加提示，即可回答出来。所以问题提出来后，导游人员要诱导游客回答，但不要强迫他们回答，以免产生尴尬。游客的回答不论对错，导游人员都不应打断，更不能笑话，而要给予鼓励，最后由导游人员讲解，并引出更多的话题。

3. 客问我答法

在景点导游过程中，导游人员要善于调动游客的积极性，要欢迎他们提问。游客能够提出问题，说明他们对某一景物产生了兴趣，进入了审美角色。即使他们提出的问题显得幼稚可笑，导游人员也不能笑话他们，更不能显示出不耐烦的神情，而是要善于有选择地将回答和讲解有机地结合起来。在回答游客的问题时要注意：不要问什么答什么，一般只回答与景点有关的问题，不要让游客的提问打乱自己的讲解安排，要始终把握住讲解的主动权，而不能让游客牵着鼻子走。同时，导游人员在导游讲解之前一定要做好充分的知识准备工作，以防被游客五花八门的问题所难住。例如，在游览佛教寺庙时，根据导游人员多年的实践经验表明：真正对佛寺本身建筑艺术感兴趣的游客并不多，相当一部分游客对相关的佛教知识却非常有兴趣，如寺院大门到底是三门还是山门，不二法门是什么意思，佛的各种手印有何含义，弥勒佛为何总面露欢喜，济公为何蹲在梁上等等。为此，导游人员事先要多多掌握相关的佛教知识，以免被问得哑口无言，有损自己的形象。在长期的实践工作中，导游人员要学会倾听游客的提问，善于思考，掌握游客提问的一般规律，以作好相应的知识准备，总结出回答的技巧，以求随时满足游客的好奇心理。

4. 客问客答法

在景点讲解过程中，有时当游客提出问题时，导游人员不要直接回答，而是把这个问题又转给其他游客，让其他游客来回答，这样做可以活跃气氛，调动大家的积极性。

（七）制造悬念法

导游人员在景点导游讲解时提出令人感兴趣的话题，但又故意引而不发，以激起游客急于想知道答案的欲望，使其产生悬念的方法即为制造悬念法，俗称“吊胃口”、“卖关子”。

使用这种方法，通常是导游人员先提出问题，以吸引游客的注意力，激起游客的好奇心，但暂不回答，使其产生悬念，让游客去思考、琢磨、判断，最后才讲出结果；或是讲到关键地方、紧要关头，突然来个急刹车，吊起游客的胃口，欲知后事如何，就得继续听导游人员道来，使得导游人员始终处于主导地位，成为游客的中心，让游客非得跟着走不可。这是一种欲扬先抑的讲解方法，可使导游讲解趣味横生、引人入胜。制造悬念的方法很多，如问答法、引而不发法、引人入胜法、分段讲解法等都可产生制造悬念的效果。

例

（游览之前）避暑山庄是清代康乾盛世的象征。作为山庄缔造者的康熙、乾隆都曾六下江南，赏遍天下景物之美。在修建避暑山庄时，博采众长，融中国南北园林风格为一体，使避暑山庄成为中国古典园林艺术的总结与升华。我国园林专家们说，整个避暑山庄就是祖国锦绣山河的缩影。专家们为什么会这样说呢？这个问题我想还是请女士们、先生们游览了避暑山庄之后再回答。不过，我这里先给大家提个醒，这原因与避暑山庄的地形有关。

承德避暑山庄　水心榭

……

(游览之后)女士们、先生们,游览了避暑山庄以后印象如何? 现在我要请大家回答前面的问题:我国园林专家为什么说避暑山庄就是祖国锦绣山河的缩影? 在回答这个问题之前,请大家先说说避暑山庄的地形……太好了! 这位先生说对了! 那位小姐也说对了! 今天大家游览时已经看到,避暑山庄的地形是东南部地势较低,景色秀丽,如同江南;东北部地势平坦,芳草如茵,一派草原风光;西北部则地势高敞,沟壑纵横……这一切虽然是"自然天成地就之势",却好像人工雕琢了一般,竟如此巧妙地和我们伟大祖国的地形相吻合,况且全国各地的许多胜景还被神奇般地集中在山庄,因此连园林专家们也都发出了由衷的赞叹:避暑山庄就是祖国锦绣山河的缩影。(资料来源:《走遍中国——中国优秀导游词精选》)

在这里,导游人员首先提出问题、设置悬念,但不急于给出答案,而是等到游览完整个避暑山庄之后,才最后说出谜底。如此设置,使整个讲解过程因充满悬念而波澜起伏、妙趣横生。

总之,制造悬念法是景点导游讲解的重要方法之一。利用此法往往会收到意想不到的导游效果。但必须注意的是,最好的方法也不能过多运用。"悬念"不可乱造,"关子"不能滥卖,以免适得其反。

(八)类比法

类比法就是以熟喻生,从而达到触类旁通的导游方法。即在景点讲解过程中,用游客熟悉的景物与眼前的景物相比较,以便于他们理解,使他们感到亲切,从而达到事半功倍的导游效果。由于历史、地理、文化、宗教等方面的差异,导游人员要想把每个景点对来自不同地域、不同文化背景的游客都讲解得清清楚楚,让他们一听即明,并非易事。而若采用类比法,以熟喻生、以浅喻深、以具体喻抽象,则有事半功倍之效。

类比法不仅可用于物与物之间的比较,亦可用于时间、风俗习惯等方面的比较。通常可分以下四种形式:

1. 同类相似类比

即将形态、性质都相似的两景物进行比较,便于游客理解并可产生亲切感。例如,在北京向外国游客介绍王府井大街时,根据对象的不同,可将其比作日本东京的银座、美国纽约的第五大街、法国巴黎的香榭丽舍大街;讲故宫,可将其与英国的白金汉宫、法国的凡尔赛宫、美国的白宫相比较;介绍水城苏州,可称其为"东方威尼斯";而讲到牛郎织女、梁山伯与祝英台或《白蛇传》中许仙与白娘子的故事时,可将其称为中国的罗密欧与朱丽叶……在介绍自然景观中的造型地貌时,对中国游客可将其形容为孙悟空、猪八戒、老寿星之类神仙;若对不了解中国文化的外国游客,如此介绍可能会令他们"丈二和尚摸不着头脑",有雾里看花的感觉,此时导游人员亦可采用类比法将其形容为诸如米老鼠、唐老鸭、圣诞老人之类,他们就会倍感亲切,也更易于接受和理解了。

2. 同类相异类比

这种类比法可将两种景物比出规模、质量、风格、水平、价值等方面的不同。例如,为法国游客讲解北京故宫时,可将其与法国的凡尔赛宫相比,通过对故宫和凡

西安鼓楼

尔赛宫在建筑格局、建筑形式、建筑艺术、建筑思想、建筑哲学、建筑历史、建筑用材等方面的两相比较,既能让游客了解中国古代宫廷建筑艺术的特点,亦能比较出故宫与凡尔赛宫的差异,使游客对东西方文化传统的差异有进一步的认识,同时又会产生一种"他乡遇故知"的亲切感受。又如,讲解唐代长安城的规模时,可将其与东罗马帝国的首都君士坦丁堡和阿拉伯帝国的首都巴格达相比,它是君士坦丁堡的7

倍,是巴格达的6倍。以此类比,足可以说明唐代长安城的浩大与壮观!再如,讲颐和园的园林风格时可将其与凡尔赛宫花园进行比较。颐和园为自然山水式园林,园林中无论是叠山、理水、修路、堆砌假山,还是栽植树木花草,都讲究师法自然而高于自然。同时,园林的文化特色非常明显,文人墨客寄情于山水,融诗书画文于一体,使园林充满了诗情画意,体现的是中国文化的文人风格。而凡尔赛宫花园属几何规则式园林,园林中有的是壮丽的主建筑、严格的中轴线、地毯式的花圃、笔直的林阴路、华丽的雕像和喷泉、修剪成几何图形的树木等,整齐一律,均衡对称,几何线条非常明显,处处给人以人工雕塑之感 。这种园林表现出人对自然的控制与改造,反映了当时上层社会的意识,适应其追求排场和举行盛大仪式、庆典活动的需要,体现的是欧洲的骑士风格。如此类比,从园林风格引申到两种文化之间的差异,无异于给游客上了一堂生动的文化课,使游客得到知识的熏陶、美的享受,大有“听君一席话,胜读十年书”之感 。

3. 时代之比

在景点导游讲解中,为把景点所涉及的时间阐述清楚,便于游客理解,导游人员可进行时代之比。例如,游览北京故宫介绍其历史时,若说故宫建成于明永乐十八年,对外国游客来说,不会有几个人知道这到底是哪一年。如果说故宫建成于公元1420年,讲解的效果就会好一些,因为公元纪年是世界通用的、大家都知道的纪年法。但如果说在哥伦布发现新大陆前72年、莎士比亚诞生前144年,中国人就建成了面前的宏伟宫殿,讲解的效果会更好。这不仅便于游客记住中国故宫的修筑年代,给他们留下深刻印象,还会使外国游客产生中国人了不起、中华文明历史悠久的感觉。又如,在故宫导游,一般都会讲到康熙皇帝,但外国游客大都不知道他是哪个时代的中国皇帝,如果导游人员对法国人说康熙与路易十四同一时代,对俄国人说他与彼得大帝同代,他们在本国历史上都是很有作为的君主。通过游客熟悉的人物时代进行对比,这样就更为生动,更便于游客了解康熙皇帝。同样,讲中国明代长城大规模修筑时期,可说是相当于哥伦布发现新大陆和麦哲伦环球航行时期;讲西周时期的景物,可说是相当于希腊荷马时期;讲西汉末期,可称相当于恺撒大帝时期,等等。

4. 换算

即在景点导游讲解中,把抽象的数字换算成具体的事物,这样更形象直观,便于游客理解。例如,在介绍北京故宫时,如果直接说故宫的房间有9999.5间,这个数字太过抽象,有经验的导游人员会这样换算:“假如一个人从出生那天开始,每天住一间的话,要到27岁才能把故宫所有的房间住上一遍!”这样一讲,故宫的宏大规模就更令人印象深刻了。又如,在参观十三陵地宫时,要说明帝王生活的奢靡和修陵的巨额耗资,只是说当时花了多少万两金子,游客不会产生具体的印象,如果做一下换算:“有人计算过,当时若用此项花费购买大米,可供100万人吃上6年半。”这样的讲解会令游客从惊奇中联想到封建社会人与人之间的不平等。再如，讲到中国长城的规模，如果说修筑长城共用了多少多少土石方，游客也只知是个天文数字，不会留下深刻的印象；但若说：“如果把历代修筑长城的土石方用来砌筑一条高5米、厚1米的高墙，可以绕地球赤道10周有余。”这样的讲解会使游客了解到中国长城工程的浩大，不由发出由衷的赞叹：万里长城不愧是世界的奇迹！中国人确实了不起！

要正确、熟练地使用类比法，要求导游人员不仅要熟练掌握景点及相关知识，还要熟悉客源国乃至世界著名的同类事物及景点知识，以游客熟悉的景物与眼前的景物相比较。只有这样，才能使讲解易于为游客所理解，才能提高导游讲解的层次，加强导游效果。但切忌把风马牛不相及的事物硬扯在一起进行类比，那样只会惹游客嗤笑。

（九）画龙点睛法

画龙点睛法即导游人员用精辟的词语概括所游览景点的精彩之处和突出特征，以给游客留下深刻印象的导游方法。每一处景点的具体景观很多，游客游览之后，虽有导游人员的详细讲解，但一时难以形成总体认识，总有见“树”不见“林”的感觉。此时，导游人员可适时采用画龙点睛的手法，以简练的语言作出总结，点出景物精华之所在，让游客领略其绝妙之处，有时甚至只用几个字即可达到效果。例

南京中山陵

如，游览了雄伟壮丽的长江三峡，导游人员可归纳出三峡自然景观的特征，即：瞿塘雄、巫峡秀、西陵险。游览南京之后，导游人员可用“古、大、重、绿”四字来描绘南京风光特色：“古”是指南京作为六朝古都，有着悠久的历史；“大”是指南京有中国最大的河、中国最大的桥、中国最大的城墙；“重”是指南京在历史和地理两方面都占有重要的位置，举足轻重；“绿”是指南京是绿色城市，树木繁多，是中国绿化水平最

高的城市之一,人均占有树木十余棵。"古、大、重、绿"这四个字,即是南京导游的点睛之笔。游完云南大理,导游人员可用"风花雪月"四字概括大理的风光。这四字概括了大理的四大名景:下关风、上关花、苍山雪、洱海月。同样,对青岛风光可用"碧海、蓝天、绿树、红墙"概述其特色。游览了云南,可用"美丽、富饶、古老、神奇"来赞美。又如,游览颐和园之后,游客可能会对中国的园林大加赞赏,这时导游人员可对中国古代园林的造园艺术作出总结,其构景技巧可用"抑、添、夹、对、框、漏、借、移"八字概括。这种做法会起到画龙点睛的作用,不仅加深了游客对颐和园的印象,还增长了有关中国古代园林艺术方面的知识。

大理三塔

(十)点面结合法

点面结合法是一种由景点的部分引出全貌或由一景一物引出相关景物的借题发挥的讲解方法。这里所说的"点"是指游客的参观游览点,"面"是指参观游览点以外的更多景点及相关知识。点面结合,即是说在景点导游讲解中,不可不分轻重,面面俱到;而要抓住典型,突出重点,以典型、重点来概括全貌,或是以一点带出更多的点、带出宽广的面。例如,北京故宫,历史悠久,规模宏大,占地面积达72万平方米,有宫室近万间,是世界上现存最大的宫殿建筑群。在故宫导游,可讲的内容实在是太多太多,如果要面面俱到,恐怕三天三夜也讲不完。此时宜采用点面结合法,选其中重要的、典型的景点如前朝三大殿、后朝三宫等组成游览路线,对沿线上的景点,进行重点、详细的讲解。这样由点及面、以点概面、点面结合,便能勾画出故宫的全貌。这里值得一提的是,中国的古代建筑包括城镇、宫殿、庙坛、寺院等由于受封建礼制思想的约束,历来讲究规范化、程式化,布局往往具有严格的中轴对称,其主要建筑皆布置于中轴线上。故而此类景点的导游路线一般情况下可选择沿中轴线来设计。又如,导游人员带领游客参观了动物园的大熊猫之后,可以此为话题，顺便讲到我国尚有多少只大熊猫、大熊猫为何如此珍贵稀少、大熊猫的生活条件及食物、大熊猫的繁殖、世界上有多少个动物园有中国送的大熊猫、为什么人们称它为“友好大使”等等。如此由点带面、点面结合，可拓宽游客的视野，增长知识，定会受到游客欢迎。

(十一)名人、名句效应法

1. 名人效应法

名人效应法就是在景点导游讲解中，借助名人与景点之间的关系，利用名人的知名度和社会名望来加强讲解效果的导游方法。这种方法可利用人们对名人的崇拜心理，产生轰动效应，提高景点的知名度，并能招徕更多的游客。

例 1

我们的船继续徐徐往东行驶，各位看到前面的一道粉墙，院内便是著名的西泠印社。印社右侧，这幢中西合璧的建筑，就是百年老店楼外楼。楼外楼创建于 1848 年，店名取自南宋诗人林升“山外青山楼外楼”名句。楼外楼得天时、地利、人和之便，曾经接待过许多中外名人。当年孙中山、宋庆龄曾品尝过楼外楼的菜肴。1928 年，鲁迅先生偕夫人许广平两次光顾，对虾子烧鞭笋赞不绝口。1952 年，楼外楼成了杭州首家接待外宾、侨胞的菜馆，接待过柬埔寨西哈努克亲王等国家元首。特别是周恩来总理先后 9 次在楼外楼宴请国宾，3 次追补餐费一直被人们传为佳话。(资料来源：《走遍中国——中国优秀导游词精选》)

例 2

……石径、石廊、石桥、石柱、石窟贯穿其间，峰回路转，移步换景。有的石可奏

云南石林

乐，有的石会唱歌，有的石比水还轻（浮水石），有的石竟高达四五十米……传统的“漏”、“透”、“皱”说不清、道不明，爱石如痴的米芾也拜不完、拜不了。这不，面对如诗如画的石林，大诗人郭沫若长叹一声：“看了石林，别的等于零！”贺龙元帅一生戎马，从未被征服过，但却被石林“征服”了。1950、1956年，他两次“闯”进石林壮游，坐在草地上，风趣地宣称：“我再也不走了！”国际洞穴学联合会秘书长卡米耶·埃克

桂林山水一景

博士1992年考察石林，陶醉不已，欣然命笔：“独一无二的、瑰丽的大自然雕刻世界。石林向人们展示了成千上万个阳光下的洞穴形式。”作家贾平凹1987年偕夫人游石林，把石林喻为“上帝的盆景”，说：“对于石林，一个字也不写，也无法写出来，天下无聊的文人几乎把石林每一个小石子都写上了，可他们哪里知道大美者不能言啊！”是啊，这不能言的大美者，是老天爷的恩赐，她是怎样飘然来到世间的呢？（资料来源：《走遍中国——中国优秀导游词精选》）

导游人员在以上两例讲解中都运用了名人效应法。

2. 名句效应法

名句效应法是指在景点导游中，利用名言名句、诗词歌赋等来进行导游讲解的方法。在中外历史上，有许多脍炙人口的名言名句及诗词歌赋，其内容或写景或抒情或说理；其文辞或隽永或凝练或风趣，览物抒怀，凝义点睛，可谓字字珠玑。导游人员如果在导游讲解中加以引用，不仅能提升导游讲解的品位，使讲解更具文采，更富艺术魅力，而且更能增添游客的游兴，收到“一句顶一万句”的效果。例如，游览泰山，山高路陡，导游人员可鼓励大家：“欲穷千里目，更上一层楼。”半山途中，人困马乏，导游人员可吸引大家继续前进：“无限风光在险峰。”登上岱顶，导游人员引导大家：各位是否有“登泰山而小天下”之感？若趁机再来一句，“会当凌绝顶，一览众山小”，不禁令人心胸开阔、荡气回肠。同样，游览长

城，可引用“不到长城非好汉”。游览桂林，可引用“桂林山水甲天下”。游览西湖，既可引用苏东坡的名句：“若把西湖比西子，淡妆浓抹总相宜。”亦可引用白居易颂扬西湖的千古绝唱：“忆江南，最忆是杭州。山寺月中寻桂子，郡亭枕上看潮头。何日更重游？”

总之，名人、名句就因为出名，往往具有非凡的吸引力。在景点导游工作中，导游人员应认真挖掘每一景点的名人、名句资源，在讲解中灵活运用，定会产生名人效应，使导游讲解因“名”而出名，因“名”而出彩。

除了以上所述，景点导游讲解的方法还有很多，如知识渗透法、创新立意法、联想法等等，不一而足。需要说明的是，在具体实践工作中，各种方法和技巧并不是独立的，而是相互渗透、互为联系的。既可以独立使用，也可以交叉使用，关键在于导游人员的灵活掌握。导游人员在博采众家之长的基础上，应结合自己的特点融会贯通，并不断探索、不断创新，在实践中形成自己的特色，形成自己的导游风格，只有这样，才能获得不同凡响的导游效果。

二、导游词编写要点

（一）导游词的作用

导游词是导游人员引导游客进行游览观光的讲解词。导游词有两方面的作用：一是引导游客观光游览，二是宣传旅游景点，两者密不可分。

游客来到一地，人生地不熟，不了解当地人的审美观，因而不知道怎样去欣赏景观的美妙之处，很难体味人文景观的内在神韵，更无从领略风俗民情的无穷奥妙。所以，他们希望有熟悉当地情况的人为他们介绍。游客想借助的那个人就是导游员。

导游员的工作就是通过内容丰富、妙趣横生的导游讲解告诉游客当地人的审美观并介绍相关知识，告诉他们美在何处，指点他们去欣赏某一景点的美，帮助他们获得美的享受，使观光游览活动达到最佳效果，同时也宣传了旅游景点的绝胜之处。

（二）怎样写导游词

要写好导游词，至关重要的是掌握丰富的资料，包括现实的和历史的。只有在拥有大量资料的基础上，导游员才能整理加工，去伪存真，去粗取精，进行再创作，编写成具有自己特色的导游词。

书本知识和实际情况时有差异，所以认真的导游员往往会到实地考察，从而写成符合实际的导游词，并在以后的导游讲解过程中不断修改和丰富。

导游词一般由三部分组成：

1. 整体介绍

用概述法介绍景点，帮助游客对新游览的景点预先有个总体了解，以引起游客游览的兴趣。

2. 重点介绍

重点介绍游览线路上的重点景观。重点景观是一次游览活动的主要内容,因而也应是导游词最重要的组成部分。

3. 习惯用语

具体包括:游览前的欢迎、提醒注意事项等;结束时的征求意见、感谢合作、良好祝愿等。

(三)导游词的写作要求

一篇优秀的导游词除了要求结构严谨、层次清晰、主次分明、文字流畅处,还必须注意以下六个方面:

1. 强调知识性

一篇优秀的导游词必须有丰富的内容,融进各种知识并旁征博引、融会贯通。这样的导游词就能吸引游客的注意力,满足他们的求知欲,作这样导游讲解的导游员也会受到游客更多的尊重。导游词若语言干瘪、知识贫乏,就无法引导游客进入审美意境。

导游词的内容必须准确无误、令人信服,切忌弄虚作假、张冠李戴。导游词若传递错误的信息,游客一旦发现,就会感到受蒙骗、被愚弄,继而就有可能全盘否定一国、一地的旅游服务。

导游词不能只满足于一般知识的介绍,而要重视深层次的内容,如与他物的比较、同类事物的鉴赏标准和方法、诗词的点缀、自己的感受、自己及他人的评论等。这样写就可提高导游词的水平,游客也欢迎这样的导游词。

2. 讲究口语化

导游语言是一种具有丰富表达力、生动形象的口头语言。这就要求导游员在导游词的口语化上下工夫。

为使导游词口语化,就要多用口语词汇,当然也可用浅显易懂的书面语词汇,但要避免难懂的书面语词汇和音节拗口的词汇;多用短句,不用长句,以便说起来利索、顺口,听起来轻松、易懂。

例

《蓬莱仙洞解说词》:是仙人送子,你看她,左手抱一个,背上驮一个,前面跪一个,身后还跟着一大群,哭哭啼啼,一片凄惨景象,真是儿多母苦啊! 有位游客看了说:“还是计划生育好哇!”

这一段全用口语词、短句子,显得生动活泼,便于讲解,听起来效果很好。

强调导游词的口语化,并不意味着就可信口开河,不要语言的规范化了。编写导游词时导游员必须注意语言的品位。

3. 突出趣味性

导游词应该生动形象、通俗易懂并能从多方面调动游客的注意力、激发游客的游兴。怎样才能吸引游客、激发他们的游兴呢？这要求导游员在导游词的趣味性上做文章。

(1)编织故事情节

讲解一个景点，不能只用干巴巴的几个年代和数字介绍眼前的实体，而是要不失时机地穿插趣味无穷的传说和民间故事，以激起游客的兴趣和好奇心。

例

相传金代第六帝章宗至北京香山双清别墅游览时，突然感到疲乏，席地而卧，就进入了梦乡。梦中他看见一群大雁在头顶上空盘旋鸣叫，便拔出弓连发两箭，大雁惊飞，但在两枝箭跌落的地方，顿时涌出两股清泉。章宗惊醒后，就命随从在落箭的地方凿石，果真冒出两股清泉，他十分高兴，就命名为“梦感泉”。

这一段传说使景点增添了神秘色彩，更引人入胜。

但是，选用的传说和故事必须是精华，与景观密切相关，不得胡编乱造；使用时要灵活，要与讲解的内容紧密结合，切忌生搬硬套。

(2)语言生动形象，用词丰富多变

生动形象是导游语言美之所在。生动形象的语言可以将游客导入优美意境，给他们留下深刻的印象。

词汇贫乏的导游词让人听了昏昏欲睡，而词汇丰富多变的导游词其效果则截然不同，它让游客感到优美动听，从而激起盎然兴趣。

(3)恰当地运用修辞手法

导游词中，恰当地运用比喻、比拟、夸张、象征等手法，可使静止的化为活动的，使无生命的变为有生命的，使抽象的成为具体的，使死的景观变成活生生的画面，从而产生浓厚的趣味性。

例

有人说，三峡像一幅展不尽的山水画卷；也有人说，三峡是一条丰富多彩的文化艺术长廊。我看，三峡倒更像一部辉煌的交响乐，它由“瞿塘雄、巫峡秀、西陵险”这三个具有各不相同旋律和节奏的乐章所组成。

(4)幽默的述说

幽默风趣是导游词艺术性的重要体现，它可使导游词锦上添花，可使听者欢笑、轻松、愉快，也可使气氛活跃、增强游兴。

(5)亲切的语言

导游词的语言应该是文明的语言、友好的语言、富有人情味的语言，应该言之有情、言之有礼,让游客听后赏心悦耳,感到亲切温暖。

(6)随机应变、临场发挥

导游员在导游讲解时要随机应变,临场发挥,要灵活运用多种导游手法,如问答法、引人入胜法、触景生情法、创造悬念法等。这样的导游讲解就会生动自然、趣味浓郁。

编写导游词,不仅要显示导游员的渊博知识,而且应反映出他的导游技能。

4. 突出重点

每一个景点都有代表的景观,而每个景观又都有反映其特色的内容,导游词必须在照顾全面的情况下突出重点,而面面俱到,没有重点的导游词,肯定是一篇不成功的导游词。

5. 要有针对性

在实地导游讲解时,导游员必须从实际出发,因人、因时而异,有的放矢,即根据不同的听众、他们当时的情绪以及周围的环境进行导游讲解,切忌“百病一方”,避免“不管听众千差万别,导游词只有一个”的现象。

编写导游词,一般都应有假设对象:某一层次、某一职业的游客以及某种特定的背景,导游员应该根据特定背景写出一篇很有针对性的导游词。

6. 重视导游词的品位

编写导游词必须注意提高品位。一要强调思想品位。导游讲解是向国内外游客介绍壮丽的中国大地、勤劳的中国人民及其伟大创造,宣传古老的中华文明和各地民族风情,还要宣传社会主义革命和建设的伟大成就,以帮助外国游客更多地了解中国,帮助国内游客更好地热爱祖国和人民。因此,弘扬爱国主义精神是导游员义不容辞的责任。二要讲究文学品位。导游词的语言应该是规范的,文字是流畅的,结构是严谨的,内容介绍是符合逻辑的。这是对一篇导游词的基本要求。如果你在导游词的关键地方适当地引经据典,得体地用上一两句诗词或名人名言,就会使导游词的文学品位提高不少。

例

陈家祠堂

吕晓燕

(在去陈家祠的车上)

各位团友:

在广州的游览一定使大家感触很深,这会儿,也许有人还在惊叹中山纪念堂独特的建筑,回味五羊城美丽的传说,追思黄花岗72烈士的英灵,沉浸于光孝佛祖虔诚的境界中。现在,我将领各位到一座被誉为岭南建筑艺术明珠的地方——陈家祠。

陈家祠,又叫陈氏书院,现为广东民间工艺博物馆。从前面两个名称来看,显然是祠堂和学堂,且与陈姓有关。中国百姓中,“张”姓和“李”姓是大户,而在100多年前的广东,“陈”姓则独占鳌头。原因大致有三:一是人多。当时广东72个县中都分布有姓陈的人家。数陈姓人数最多。二是有钱。陈家人聪明能干,会做生意发大财的多,因而成了富有家族。相传清末就有一位名叫陈伯陶的陈家子弟,殿试时中了探花(即现在所说的第三名),被皇上封为翰林学士。这一显赫的功名,使陈氏家族名声大振。正因陈姓人家大、财(材)大、业大,才有能力集资一千大洋修建了这座祠堂(书院)。修建祠堂,一方面用来祭祖,勉励后代发扬和继承祖先的业绩,以昌盛陈家大业;另一方面用于培养陈家子弟,希望他们发奋读书,像陈伯陶那样中秀才、考举人、做大官,所以陈家祠又叫陈氏书院。

为什么现在称“广东民间工艺博物馆”呢?这个问题我想还是留给各位团友参观陈家祠之后再来回答。不过,我可以给大家一个提示:这个名称主要与陈家祠的七种建筑装饰工艺有关。到底是哪七种?我先卖个“关子”,谁在参观的过程中能归纳出来,谁就能回答这个问题,也就不枉此行了(这里导游员采用“留下悬念”的导游手法,引起游客对这项内容的注意)。

各位,陈家祠到了,请带上自己的贵重物品随我下车,让我们一起欣赏这座已有100年历史的中华建筑精品。

(在陈家祠大门外)

各位团友,这就是陈家祠。它始建于1890年,1894年落成,现主体建筑面积有6400平方米,是中国传统的四合院建筑结构。所不同的是它是由几个大型的四合院将大小19座建筑连为一体,形成以中轴为主线、东西配殿、外设厢房这种严谨对称的布局,具有浓郁的南方祠堂和书院的鲜明特点。我们一般用“深三进、广五间、九堂六院”来概括陈家祠的整体建筑。所谓“进”是指建筑的深度。在陈家祠内有3排各80米长的大殿,高大宽敞、气宇轩昂,每一排大殿为一“进”,故称“三进”。“间”是古人用来测量建筑面积的单位,“广五间”,表示有5间的宽度。至于“九堂六院”也就不言而喻了。它是我们广东目前现存宗祠建筑中规模最大、民间建筑装饰工艺最完美、最富有代表性的一个艺术建筑群。它以布局严谨、气势雄伟、装饰精巧、富丽堂皇而著称,倾倒许多来自世界各地的游人。我国现代杰出的作家、诗人郭沫若先生在当年参观陈家祠后赞叹道:“天工人可代,人工天不如,果然造世界,胜读十年书。”陈家祠的建筑装饰艺术之精美跃然纸上,现在让我们一起来看看它美在何处,精在何方?

我们还是从门外说起。你们看,在大门两边的青砖墙上分别有一幅大型人物砖雕,它们表现的是两个故事的场面:一是中国古典小说《水浒传》中的梁山聚义;另一个是历史故事“刘庆伏狼驹”。(将客人带到“刘庆伏狼驹”的砖雕前)这幅砖雕画了刘庆降伏了一匹烈马的生动场面。刘庆是宋朝的一名大将,当时相邻的西夏国对宋朝虎视眈眈,以驯服烈马为借口进行战争挑衅。刘庆大将挺身而出,以他的智慧和勇气,降伏了这匹烈马,避免了一场战争的发生。(指砖雕画)那双手握拳威风凛凛的就是刘庆大将,被降伏的烈马四脚朝天躺在地上,旁边还有许多围观的将士。整幅画面采用多层次的雕刻,形成强烈的立体感。以圆雕、浮雕、减地结合镂空等雕刻手法,使画面生动规整。以"挂线砖雕"的深刻技法,使每一根线条纤细如丝,40多位人物逼真传神,栩栩如生。再配上左右两边的砖雕壁画——"百鸟朝凤"和"五伦全图",更是美妙绝伦。这样的砖雕在广东是极为少见的,尽管岁月流逝日晒雨打,仍不失其艺术光彩。

(转向门前的石狮子)

古代,中国有地位的人家都喜欢在宅院前放置一对石狮,以示门第高贵,也用于辟邪。狮子为左雄右雌。雄狮脚踩石球,象征权力,统一环宇;雌狮踌扶小狮,寓意子嗣昌盛。这一传统,陈家祠的狮子亦不例外,可在广东人的眼里,它们比其他狮子更胜一筹。从外表上看,一个是笑容可掬(指雄狮),一个是温驯可爱(指雌狮),显得比北方的狮子亲切多了。从感情上来讲,广东人视其为抗水灾、保平安的神狮。相传在100年前,陈家祠一带发大水,百姓苦不堪言。一日,忽然听到一阵阵狮吼,只见两只狮子张开大嘴,将洪水全部吞去,百姓得救了。从此,陈家祠一带再也没有水患。这就是"石狮怒吼保平安"的传说,一直流传至今。你们看,狮子口中可以活动的石球表现的就是石狮吞水时卷水之状。凡到陈家祠来的人,都喜欢转动一下这石球,以祈求平安如意。各位不妨试试。

(来到门前的石鼓旁)

刚才说过,石狮子是门第高贵的象征,那么在这里还能找到表示同样作用的石雕吗?是门前两旁的高台吗?不是,那是庆典活动时唱戏用的。是墙角的浮雕图案吗?也不是,那是用来表示吉祥太平之意。(这里采用自问自答的形式。也是在暗示客人将目标转移到石鼓上)还是这位先生(小姐)说对了,是这对大石鼓。

过去,在家门口摆设石鼓是一种特权,石鼓的大小取决于地位的高低,如违犯了这种等级观念私设石鼓的,就会被视为无视朝廷王法,招来杀身之祸。而陈家祠不仅有权设置石鼓,而且连鼓带座有一人多高,谁能说出其中的理由?(这个问题客人应该答得出来)不错,主要是因为陈伯陶中了探花的缘故,因此这对石鼓比石狮子更能为陈家光宗耀祖。石狮和石鼓仅仅是陈家祠石雕艺术的两种。在陈家祠石雕建筑工艺中还有石柱、石梁、石板、石门、石台、石座、石果等等,分别采用镂雕、镂刻、圆雕、浮雕等表现手法,石雕艺术在此称得上一绝。

请各位移步入门参观。今天大家到此,虽说没有热闹的欢迎队伍,却早已有二位大将在此恭候各位的光临。(此时导游员将客人的视线引到大门上的画像)这位是秦琼,那位是尉迟恭,别看他们面容不俊,对各位的到来并无半点恶意。他们是唐朝两员开国功臣,为了陈家人的平安,在这里坚守岗位已有100个年头了。说到他们话就长了,故事要追溯到一千多年前的唐朝。传说唐太宗李世民登基后不久就患了病，每晚听到门外有鬼魅叫声，提心吊胆，夜不成寐，便召集众臣商议此事。武将秦琼说道："臣生平杀敌如切瓜，收尸似聚蚁，难道还怕鬼魅不成？臣愿与尉迟敬德(尉迟恭)全副武装在宫门把守。"李世民大悦，当即准奏。这一招果然见效，几晚过去，平安无事。于是李世民便命人把二人身穿战袍、手持兵器、腰系弓箭、威风凛凛的形象画出来，贴在门上。说来也怪，从此邪祟绝迹，再不闹鬼。这事一传十、十传百，从宫内传到宫外，从天子传到庶民，无人不知，无人不晓。就这样百姓也学着在自家的门上贴上二员大将的画像，以保平安。从此，秦琼和尉迟恭的画像便成为民间最常见的门神了。如今，陈家祠这两幅高4米的巨幅门神画像显示的正是他们当时的威武形象，不管是红脸的秦琼，还是黑脸的尉迟恭，都是那么高大威武，好不威风。这两幅画运用了勾线重彩技法，色彩鲜明，人物逼真，不愧为典型的中国古代彩绘之佳作。

广州陈家祠堂

一会儿，在陈家祠的厢房内，我们将看到两幅类似于这种彩绘的壁画，一幅是描写王勃的《滕王阁序》，另一幅描写诗人李白的《夜宴桃李》。届时，大家可参观欣赏。

陈家祠是砖木结构的建筑，砖雕不凡，木雕更为传神。可以说，在陈家祠中，几乎有木头的地方，就有木雕艺术的璀璨光茫，在陈家祠内表现数量最多、规模最大、内容最丰富的要数木雕了。请各位抬头看，那屋顶的每一根梁架、每一个斗拱以及雀替和长达1000多米长的檐板上都雕刻着无数人物、动物、山水、瓜果：有的是历史故事，有的是民间传说，还有的是羊城风景，有《王母祝寿》、《践土会盟》、《尉迟恭争帅印》、《三国演义》等等，可以说这些作品聚集了广东木雕工艺之大成，展示了木雕工艺之精华。眼前这四扇屏门的雕刻技艺，就是其中的杰作之一。这每一扇屏门都有上、中、下3幅木雕画，上面两幅采用的是双面雕刻的手法镂空而成，下幅则是浮雕。镂空部分不仅雕刻艺术精美绝伦，而且能通风采光，适合广东潮湿的气候，丰富的内容还表达了不同的含义。（从左至右向客人讲解）这是一幅描绘渔民们在劳动之余悠然自得的水上生活的画卷，你们看：一张渔网高高挂，渔夫悠闲自弹唱，母亲爱抚怀中儿，笑看顽童戏水花。这第二幅叫《踏雪寻梅》，从画面中仿佛看到唐代诗人孟浩然在冰天雪地的日子里骑着毛驴外出赏梅的情景。（介绍第三幅）这幅"二狮争绣球"的民间舞蹈画图，似乎又把人们带到一个锣鼓喧天的热闹场面。在这屏门的上端分别雕刻着3只山羊和大小2只狮子，陈家想以此表示什么意思……在中国，人们将阴历十一月、十二月和正月视为阴消阳长的3个月份，称为三阳季节，表示寒冬将去，新春将临。图中"羊"与太阳的"阳"是谐音，故3只羊表示3个月份，"泰"有平安之意，所以此图取名《三羊开泰》。这大小2只狮子表示少师和太师，狮子的"狮"与老师的"师"是谐音，古代少师与太师为官名，太师还是朝中军政要官，这里显然意指陈伯陶以及任小官的陈氏后代。

利用谐音表达美好愿望是陈家祠装饰工艺的主要表现形式之一。请看这屏门下端的浮雕图案，每一幅都是如此。（介绍第一幅木雕屏门）这幅图雕刻着一棵芭蕉树，树下一只母鸡带着一群小鸡在觅食，题字为"创大业、儿孙永发"。树叶的"叶"与事业的"业"是谐音，用芭蕉之大叶暗寓陈家之大业，用一群小鸡比喻儿孙满堂。（第二幅）这幅题字为"壶里乾坤乎，爵禄成"与图中雕刻的茶壶、爵杯、凤凰，还有蝙蝠、麒麟等等都有什么联系呢？（稍留点时间给客人考虑再作解释）其实，爵杯的"爵"与爵位的"爵"同音，而蝙蝠的"蝠"与幸福的"福"是谐音，茶壶喻为陈氏家庭，意为：陈氏家族虽小，却容得下天下之大，只要陈家人胸有大志、腹有才气，便可获得功名，成大器，就能吉祥（指凤凰）、幸福（指蝙蝠）、高贵（指麒麟）。这幅图的意思虽然不太明确，却充分体现了陈氏家人的胸怀和志向。

（来到第三、四幅屏门之前）

这回要考考各位了，你们看，一幅是青烟缭绕（指第三幅），一幅是老竹弯弯（指第四幅），分别组成了两个字，谁能看得出是哪两个字？（对台湾客人的发问）这是个"寿"字，周围还飞翔着5只蝙蝠，每一只蝙蝠代表一种福分，即：富贵、康宁、善德、好运、长寿。此图主要突出了一个"五福捧寿"的含义。（指第四幅）这个由老竹茎巧妙地组成一个倒写的"福"，表示"福到陈家"。两幅图案既有"福寿双全"的含义，同时又在鼓励陈家人要勇于进取，才能似英雄扬眉吐气，福寿连绵（指第三幅的题字），即使"大器晚成"也能给陈家带来幸福和美满（指第四幅的题字）。这四幅屏门上画图的内容，充分体现了陈氏家族人深邃的思想，其精湛的木雕工艺反映出我国古代劳动人民的聪明才智。然而，这仅仅是陈家祠木雕工艺中的一小部分，在前面聚贤堂的12扇屏门以及东西二厅的隔扇当中，我们广东木雕艺人向我们展示的是一条中国历史故事的长廊，那里有听不完的故事、看不完的画卷。

（进入首进庭院内）

木雕工艺的确美不胜收，而在这庭院中所看到的建筑更是不同凡响。你们看（这里用手势配合逐项介绍），左右两边建筑精美的连廊不仅将3排大殿连为一体，同时又将书院分隔为6个庭院。正面这座厅堂就是陈家祠的主体建筑——聚贤堂。外观上，庄严气派、气宇轩昂、富丽堂皇，在两边低矮厢房的衬托下，更加显得主殿堂壮观和雄伟。当年陈氏家族就是在这里举行春秋祭礼以及议事聚会的。值得一提的是，整个大堂的梁架斗拱采用的是榫接的办法，没有使用一颗钉子，100年了，仍是那么坚固美观。最吸引人的就是那屋脊上色彩斑斓的陶塑和灰塑，上面广罗古典故事题材，博采地方风物、花鸟鱼虫、风景人物、亭台楼阁，真是琳琅满目，令人目不暇接。

屋脊装饰的上层是陶塑，基座是灰塑。全长27米，上面内容繁多，简直就是一个巨大的立体连环画故事总汇，如《群仙祝寿》《加官晋爵》《八仙贺寿》《和合二仙》《麻姑献酒》《麒麟送子》等等，一个故事连着一个故事，一个场景接着一个场景，光塑造的人物就有200多个，形神各异，栩栩如生。也许大家已经注意到那对飞翔在云天的鳌鱼了吧，它的尾巴高高翘起，两条长长的胡须伸向天际，把整条屋脊点缀得惟妙惟肖。谁能说出把鳌鱼放在这里的含义吗……我们可以用四个字来概括：独——占——鳌——头。据说，过去科举考试中了状元的人都要站在宫中刻有大鳌的石阶上等候皇帝的召见，而状元脚踩的位置正好在鳌鱼的头上，“独占鳌头”便由此而来。在这里装饰鳌头不仅为陈家祠的建筑增添非凡的气势，而且还表达了陈氏祖先那种寄予子孙后代超越陈伯陶的厚望，鼓励他们争取在科举考试中名列榜首、独占鳌头！

陈家祠的陶塑大都是石湾特有的陶塑脊饰工艺，主要采用黄、绿、宝蓝、褐色和白色的琉璃釉彩，使之绚丽多彩，是陈家祠主要建筑装饰工艺之一。

瞧！在这垂脊上有一怪兽，形似雄狮，头长独角，瞪眼竖耳，张口翘尾，毛发冲天，呈居高临下之状，咄咄逼人大有镇妖驱邪之势，好不凶猛。这就是民间用来“以怪治怪”以求国泰民安的独角狮。它也是用大红大绿的重色调来绘制的，在屋脊上它与陶塑竞相争辉，这就是另一种建筑装饰工艺——灰塑。在屋脊的基座、廊门的屋顶、连廊的上方与其他地方都可以看到各种不同题材的灰塑作品，近看粗犷，远望逼真。它的制作也很特别，它不像陶塑可先烧制成品，再安装到位，而是要求艺人根据题材和空间的需要，现场制作，随即上色。比较起来，灰塑虽不如陶塑结实，却也经得起日晒雨淋，其艳丽的色彩、逼真的形态，至今仍栩栩如生，依然可见。可是有谁会想到如此独特的艺术精品竟是用石灰、草纸和稻草制作而成的呢。

屋脊上的“二塑”装饰工艺，是中国古代高官显贵家族地位的象征。在广东建筑工艺中，陈家祠的花脊是规模最大、制作最精美的一部分。在这里共有11条这样的陶塑花脊，有1800多米的灰塑工艺建筑，堪称广东之最。

(登上聚贤堂前的露台)

各位，屋脊上的建筑工艺富丽堂皇，妙趣横生，(指两旁的连廊)犹如花带的连廊琳琅满目，意味深长。那么我们所站立的这个露台向我们展示的又是什么呢？仅仅是周围的石雕栏杆？石柱上那一碟碟岭南佳果？还是这庆典时用来唱戏的舞台？不全是。在这里，我们将有幸看到的是广东古代建筑中极为少见的一种装饰工艺，在陈家祠也仅此一处，谁能慧眼识金找到这稀有之宝？(此时导游员应给游客一点时间寻找，一般比较容易发现)好眼力！正是镶嵌在石雕栏杆中间的通花铁铸绘画。它精湛的工艺和形象丰富的图案，不仅反映出古代佛山钢铁铸造业的发达，同时也体现了陈氏族人对美好生活的追求和向往：一幅《稻穗鲤鱼图》表达了祈求"岁岁平安"的愿望；《莲花鲤鱼》渴望能"金玉满堂"；《凤凰与鹿》象征着"富贵福禄"；《老鹰黑熊》比喻"英雄豪杰"。工艺不多，却少而精美；材料粗糙，却坚固耐用。铁铸工艺在陈家祠建筑蓝图上增添了不可多得的艺术风采。

(来到最后一排大殿)

过了聚贤堂，这里便是第三排大殿的后堂，也是安置陈氏祖先牌位和祭礼的地方。每年二月初四和八月初四，陈氏族人都要在此举行春、秋两祭的活动。每到这些日子，供台上祭品丰盛，供台下人群跪拜，冉冉的香火伴随着一颗颗虔诚的心，默默地祭拜着供奉在这里的数千个牌位。牌位的安置很有讲究，居中居上者，是当年为建陈家祠捐款多的陈氏大户，居侧居下者，为捐款少的小户人家，尽管数千个牌位早已在"文革"时期付之一炬，但从这个镶嵌在墙上的巨大神龛中，就可以想见当时庞大的规模。

(将客人的视线引向另一个家庭式神龛)

这里陈列着一个家庭式的金漆木雕神龛，它向我们展示的岂止是神龛的本身？而是一件金碧辉煌的木雕艺术珍品，精美绝伦的雕工，富丽华贵的装潢，逼真传神的人物，独具匠心的构思，令人拍案叫绝，交口称赞。

(带客人到神亭前)

这也是件木雕珍品，它像轿子，却不是用来抬人，形似神龛却不放牌位。原来它是用来"接神"用的神亭。春、秋两季的神会上人们抬着它沿街游行，当神亭抬回家中时，这意味着请神入了户、迎福进了门。

神亭还可以用来显示身份和炫耀地位。从神亭上雕刻的内容来看，就鲜明地反映了当时社会阶层的等级。你们看，这神亭按社会地位的高低从上而下分为四层(上面三层由刻有金龙的柱子连接，下面是底座)：龙头这一层刻有"圣旨"二字，指的是真龙天子，居万民之上；龙身这一层雕刻着文武百官，乃皇帝身边的大臣；到了龙尾，便是朝廷以外的地方官吏了；底座上刻画的则是百姓和奴婢。这就是神亭内容所表示的全部含义。

陈家祠内一步一景，步移景变。主要七种建筑装饰工艺所表现的每一幅图案都有它深刻的含义，每一位人物都有它不同的经历，每一个场景都有它动人的故事，每一样精品都反映出广东民间艺人高超的技艺。它是广东民间艺术和知识的宝库。陈家祠要看的东西实在太多了，时间关系，今天的参观暂告一个段落。请各位自由观赏陈设在这里的各种现代广东工艺品，如牙雕、骨雕、角雕、核雕、玉雕、石雕、木雕、砚雕、微雕、陶瓷、粤秀、珠绣、剪纸、抽纱和漆器等等，应有尽有，可大饱眼福，20分钟后车上再见。

(回到汽车上)

各位团友，参观了陈家祠之后各位感觉如何……现在我要回到前面的话题：陈家祠到底有哪7种建筑装饰工艺？为什么称它为广东民间工艺博物馆？(这时导游应让客人回答这两个问题，采用“我问客答”的导游手法，调动客人的情绪，活跃车上的气氛)我们先来回答第一个问题，(与游客一起说)七种建筑装饰工艺是砖雕、石雕、彩绘、木雕、陶塑、灰塑、铁铸。对，正是由于运用了以上7种建筑装饰工艺，使得陈家祠本身就成为一个精雕细琢的大型民间工艺品，它突出表现了清代晚期人们追求精雕细琢、雍容华丽的社会风尚，也是广东民间艺术智慧与技艺的结晶，是古人给我们留下的一笔珍贵的艺术遗产。而陈家祠内展出的各种现代民间工艺之杰作，不更是令其锦上添花，美在其中吗？从1958年起，陈家祠就早已成为搜集、收藏、研究和展出广东民间工艺品的地方了，因此将它取名为“广东民间工艺博物馆”再恰当不过了。早在20世纪20年代，德国学者就把陈家祠列入《世界建筑艺术》一书中，日本森清太朗先生视其为岭南建筑艺术的典型，郭沫若先生赞它是“人工天不如”的世界。如今，这颗“岭南建筑的明珠”是那么晶莹璀璨，那么绚丽多彩，它是我们广东人民的自豪与骄傲。许多外国游人无不为其精美的技艺倾倒，无不对之发出由衷的赞叹。

各位团友，陈家祠的故事很多很多，它的建筑工艺很美很美，而我们在这里的时间却很短很短，希望各位如有机会再到陈家祠来，继续听那没有听完的故事，继续参观尚未参观完的装饰工艺，再度分享灿烂的中华古代文化之精粹。

各位朋友，下次再见！

(资料来源：《走遍中国——中国优秀导游词精选》)

在这篇导游词中，作者依据旅游线路，运用了系统介绍法、分段讲解法及归纳法进行导游讲解，其间又穿插了制造悬念法、问答法、虚实结合法、画龙点睛法、名人名句效应法等多种导游讲解技巧，将陈家祠的历史背景、建筑艺术、风格特点、文化价值等作了深入浅出的解说。语言生动形象，活泼有趣；内容丰富充实，知识性强；方法灵活多变，富于技巧。通篇导游词文字优美，引人入胜，读之有“胜读十年书”之感，不愧是一篇优秀的导游词。

第三节 景点导游讲解风格

一、导游讲解风格的类型与特征

导游讲解风格是指导游人员在导游讲解过程中所表现出的思想特点、艺术特点和形象特征。导游讲解是一门艺术。导游讲解的基础是导游词的创作，它是导游人员根据不同的景点、不同的对象及其需要进行的艺术创作，既是客观景点的介绍，也是导游人员思想感情、学识水平和艺术素养的体现。导游讲解是以导游词为基础的实地讲解，在实地讲解中又包含有语言表达艺术、讲解艺术及表演艺术等。可见，导游讲解不是一门简单的艺术，而是一种综合性的艺术形式。不同的导游人员会由于性格的差异、思想品德的好坏、学识水平的深浅、艺术素养的高低及生活经历的不同，在处理讲解的内容、驾驭体裁、表现手法、讲解技巧以及语言运用等方面也会表现出各自的特色：有的幽默风趣，轻松活泼，令人快乐；有的饱含学识，充满睿智，令人敬佩；有的字正腔圆，声情并茂，令人回味……从而形成不同的讲解风格。归纳起来，主要可分为以下三种类型：

(一)趣味型

趣味型是指导游人员在景点讲解中穿插较多故事、传说和笑料，使讲解变得生动活泼的讲解类型。在我国许多自然景观和人文景观中，有关神话故事、民间传说和趣事轶闻等可说是浩如烟海。几乎每一个景点都有一段传说、一个故事，甚至每一块石头、每一段石刻文字的背后都包含一段有趣的传闻。一些导游人员为了使其讲解生动有趣，往往很注意搜集这方面的素材，在讲解中加以灵活运用，或是精彩动人的传说，或是荒诞离奇的故事，或是幽默风趣的笑料，加上绘声绘色的讲解，引得游客一路走来阵阵喝彩、笑声不断。这种风格适合于一般观光游客的需要。人们外出旅游的目的无非是游山玩水、开阔眼界、消除疲劳、放松身心。这种风格的讲解会给本来就是游玩散心的游客带来一些轻松和快乐，也给他们带来茶余饭后的谈资。东南亚游客及国内一般游客通常喜欢这类风格的讲解。属于这种讲解风格的导游人员一般比较年轻或性格活泼开朗，在导游活动中善于调动游客的兴致。

(二)学识型

学识型是指导游人员将景点介绍与游客的需求有机结合起来并具有一定广度和深度的讲解类型。这种类型要求导游人员不仅拥有广博的知识，而且具有某些方面的专门知识，如历史、地理(地质、地形、地貌)、建筑、园林、宗教、文学、艺术等，使讲解不仅生动幽默，而且饱含学识，充满睿智，让游客体验知识的乐趣。尤其是对那些历史积淀深厚、文化内涵丰富的景点，他们往往能引经据典、旁征博引有关典故传说、历史背景、详细史实、诗词歌赋等,如数家珍,娓娓道来,让游客仿佛走进历史的殿堂,遨游知识的海洋,领悟到中国文化的博大精深。甚至是一些只可意会、不可言传的内容,他们也能用深入浅出的语言将其恰如其分地表达出来。这种讲解类型格调高雅,不仅可以满足那些文化层次较高、求知欲强的游客的需要,而且能够起到更好的传播知识和文化的作用。因此,这类导游人员往往被称为"学者型"导游、"增长知识的导游"。西欧游客及国内较高文化层次的游客喜欢这类风格的讲解。属于这种类型的导游人员一般都有较长导游工作的实践,经验丰富;有较强的进取精神,勤于学习,勇于探索,学识渊博;并善于在实践中不断总结提高,逐步形成自己的讲解风格。

(三)主播型

主播型是指导游人员将创作的导游词与有关资料融合起来,运用语言工具及技巧传递给游客的讲解类型。讲解的内容包括景点的主要景观、特色、价值及其历史背景、地理环境等。这种讲解能使游客对景点的情况有基本的了解,可以满足一般游客的需求。属于这种讲解风格的导游人员大多是旅游专业毕业生,受过专业训练,有一定的导游基础和外语水平,能较好地运用语言技巧,讲解起来声情并茂、抑扬顿挫、字正腔圆,使游客在欣赏景点美的同时,亦得到语言美的享受。

二、影响导游讲解风格形成的因素

(一)客观因素

导游人员是游客与旅游景观之间的媒介,通过导游活动,带领游客对景点进行参观游览,通过导游讲解,把旅游景观介绍给游客。因此,对于导游人员来说,影响其讲解风格形成的客观因素无非有两个,即旅游景观和游客。

1. 旅游景观

一位多次来华的外国领队曾说过这样一句话:"北京、西安、苏州等城市一定要有好的导游,因为这些城市是 difficult 城市;而其他城市就 facile 一些。"他把旅游城市分为"困难的"与"容易的"两大类,实际上是从外国人的角度,道出了旅游景点文化内涵理解难易的直观感觉。

事实上的确如此。我们知道,旅游景观包括自然景观和人文景观两大类。人文景观又可分为历史人文景观和现代人文景观。其中自然景观和某些现代人文景观,在导游讲解中相对容易,只需进行一般性介绍和线路引导便可满足多数游客的需要,如山川之秀美、云雾之变幻、灯火之辉煌,游客用自己的眼睛即可捕捉得到,而雨打芭蕉、泉水丁冬之声,游客凭自己的听觉即可欣赏得到,太多的语言反而有画蛇添足之感。这类景观对导游讲解风格的形成影响较小。而历史人文景观和某些现代人文景观如古典园林、博物馆、天文台、航天馆等景点,因文化内涵丰富而深刻,理解困难,讲解的难度较大,讲解的弹性也较大,对于导游讲解风格形成的影响也就大。这是因为：

首先，这类景观或因文化内涵深刻，或因科技含量丰富，使得讲解的伸缩性较大：讲解的时间可长可短，讲解的内容可详可略，讲解的方法可灵活多变，不同的导游人员会有不同的处理，因而会表现出不同的讲解风格。

其次，这类景观尤其是历史文化景观的文化理念同西方国家迥然不同，无论是建筑、园林，还是绘画、戏曲，在哲学思想、艺术风格上都同西方国家的大相径庭。在哲学思想上，中国人的世界观是"人本主义"，讲究"天人合一"，崇尚"人法地，地法天，天法道，道法自然"，追求的是人与自然和谐相处。建筑遵循水、木、金、火、土，"天生五材，民并用之，废之不可"，视五材之外的石头为不吉利，因此建筑物均为砖木结构。在空间处理上不向高处发展，不显山露水，而是贴近大地层层铺开，追求平面布局的艺术效果；而西方人的世界观是"神本主义"，信奉上帝，追求建筑艺术之永恒，故多使用石料，在空间处理上尽量向高处发展，追求建筑的立面效果，被誉为"石头的交响乐"。西方代表性的建筑宗教建筑，外形雄伟高大，直指上苍，人在其中倍感渺小无助，从而不得不乞求上帝的庇护，形成强烈的宗教氛围。园林艺术方面，中国园林属写意自然山水型，讲究师法自然，表现自然而高于自然，追求意境，园林中无论是山水、树木、花草甚至道路的配置，均错落有致，自然和谐；而西方园林则讲究几何对称，园林中树木、花草、道路、喷泉等配置处处显示人工的痕迹，追求人工雕塑之美感。中国的绘画、戏曲艺术追求的是神似、写意、抽象、综合，只可意会不可触摸；而西方人则追求逼真、科学、具象，可触可及。对于西方游客来说，这种文化理念的差异，必然带来中国的历史文化景观与他们所处的环境间形成强烈的视觉上的差异和意境上的距离，理解起来非常困难。要缩小这种差异和距离，要求导游人员要了解游客的文化背景和心理，从游客的角度来看待中国、介绍中国，讲透中国人的文化理念。不同的导游人员在处理方式和讲解技巧上自然会有不同的法宝，因而也会形成不同的讲解风格。

此外，这类景观既是游览中的重点，也是游客最感兴趣的内容，自然提出的问题也较多，五花八门，有的甚至比较刁钻，需要导游人员作出灵敏的反应和妥善的应对，这会反映出导游人员的知识水平、口才、应变能力等的差异，从而表现出不同的讲解风格。

2. 游客

游客的类型、文化背景、文化层次、兴趣爱好等因素也会对导游人员的导游讲解风格的形成产生一定的影响。

对不同类型的游客，导游讲解领域的要求有所不同：如接待观光型游客，导游人员只需掌握一般的景点知识即可，而接待专项游游客，除一般景点知识之外，导游人员还需具有相关的专业知识。对文化背景不同的游客，导游讲解的技巧会有所不同：如对西方游客介绍中国的建筑和园林，因文化背景不同，视觉差异较大，距离感强，需要导游人员灵活运用导游技巧来缩小这种差异和距离，而对东方游客讲解起来则要容易得多。对不同文化层次的游客，导游讲解的深度会有所不同：对文化层次高、地位高、身份高的游客，要多讲、深讲、详讲，而对文化层次低的游客，只需一般性介绍即可。此外，对不同兴趣爱好的游客，讲解时应投其所好，多讲他们感兴趣的话题，讲解的内容应有所差别。综上所述，游客的类型、文化背景、文化层次、兴趣爱好等因素的差异会影响到导游讲解的内容、讲解的深度及讲解的技巧等，因而会影响到导游讲解风格的形成。

（二）主观因素

虽然旅游景观和游客对导游讲解风格的形成有一定的导向作用，但是导游讲解风格毕竟是导游人员自身思想和文化艺术特点的反映，因此决定导游风格形成的主要因素毫无疑问是导游人员的主观因素，即思想文化艺术素养和性格。

1. 思想文化艺术素养

思想文化艺术素养可分思想素养和文化艺术素养两部分。

思想素养是导游人员导游讲解风格形成的前提条件。思想素养包括爱国思想、道德品质、职业道德、情操、法纪观念等。作为一名导游人员，只有具有崇高的爱国思想，才能在导游讲解中始终把握正确的方向，才能作为国家形象的代表，这是一名合格导游人员的首要条件；只有具有优秀的道德品质、全心全意为游客服务的精神，才能赢得游客的尊重、信任，形成导游人员的人格魅力，做好导游服务工作；只有具有良好的职业道德，热爱本职工作，尽职敬业，严谨治学，才能不断进取，不断改进导游讲解的方法技巧，使导游讲解尽善尽美；只有具有高尚的情操，才能自觉抵制形形色色的诱惑和精神污染；只有具有高度的法纪观念，才能自觉做到遵守国家的法律、法令，遵守旅游业的规章制度，严守国家机密，维护国家利益。这一切都是作为一名合格导游人员必不可少的前提条件。

文化艺术素养是导游人员导游讲解风格形成的基础。文化艺术素养包括知识和能力两大方面：一是知识，包括知识的深度和广度。作为导游人员，需“上知天文，下晓地理”，知识面要宽；作为景点导游人员，又应该是“专家”，应具备知识的深度。在景点讲解过程中，只有将这两者结合起来，才能较好地进行导游讲解，并为导游讲解风格的形成奠定基础。二是能力，包括理解能力、思维能力、讲解能力、应变能力、鉴赏能力等。只有具有较高的文化艺术素养，才能深入地理解景点的文化内涵，才能根据不同游客的文化层次和兴趣爱好的差异编写出恰到好处的导游词，才能将景点的文化内涵深入浅出地表达出来；只有具有较高的文化艺术素养，才能随时应对游客提出的各种问题。因此，导游人员必须努力学习，不断汲取知识，培养自己的能力，提高自己的文化艺术素养。只有具备较高的文化艺术素养，才能在实践中不断总结、不断提高，直至形成自己的导游讲解风格。

2. 性格

性格是人们对人、对事、对己的态度和行为方式上所表现出来的具有社会评价意义的心理特点。性格特点在导游工作中的反映往往比其他工作更为突出、更为显著,因为导游工作是与人打交道的工作,整个导游过程是导游人员独立带领游客参观游览的过程,服务时间长,涉及面广,这种情况使得导游服务带有很强的自主性和随意性,导游人员的性格也展示得最为充分:有的主观果断,有的随意顺从,有的开朗活泼,有的少言实干,有的幽默诙谐,有的踏实诚恳,有的热情直言,有的滑头虚浮,等等。

性格的差异会影响到导游讲解的态度和行为方式。在态度上表现为是否热爱导游工作,是否乐意为游客服务,是否精心准备每一次导游讲解,是否认真对待游客提出的问题。事实上在导游过程中良好的性格特点,如待人或真诚热情或幽默诙谐或关心他人等会为你的导游讲解增添光彩;如尴尬时纯真地一笑,往往会弥补知识的不足;旅途中及时送上的关心,可以释去游客的许多不满,为你赢得衷心的称赞。在行为方式上,不同的导游人员,由于个性的差异,在讲解的方法技巧方面会有不同的特点,有的导游人员会结合自己的特长不断探索、不断创新,从而形成不同的讲解风格;有的导游人员则照本宣科,墨守成规,毫无创意,毫无风格可言。

三、导游讲解风格的培养

(一)导游讲解风格的形成

导游讲解风格的形成绝非一日之功。任何人并非从当上导游人员的那一刻起就具有自己的导游风格。一般来说,导游讲解风格的形成都要经过学习模仿、成熟定型、发展创新三个阶段。

1. 学习模仿阶段

初学阶段,通过看导游书,背导游词,跟着老导游人员上团,模仿别人的导游讲解风格,来积累导游讲解经验,这是所有导游人员都要经历的第一步。这一阶段的导游讲解只能是把刚学到的东西照葫芦画瓢卖出去,尚缺乏自己的领悟、无暇顾及游客的心理,故尚未形成自己的特色。

2. 成熟定型阶段

经过导游人员的不断学习,经过无数次的实地导游、一次次的讲解历练,导游人员已经能熟练、灵活自如地运用各种导游方法和技巧,能细心洞悉并抓住游客的各种心理,能与游客进行情感交流,并且不同导游人员的性格、知识水平的差异逐渐显现出来,导游讲解风格基本形成,这是导游讲解风格形成的第二阶段。

3. 发展创新阶段

优秀的导游人员是不断学习、不断积累、不断改进,并不断创新,以发挥自己的特点和优势,力求使自己的导游讲解更上一层楼,达到炉火纯青的完美境界。

(二)导游讲解风格的培养

如何培养自己的导游讲解风格?作为一名导游人员,尤其是初学者,除了有热情、有信心之外，应该从以下几个方面来着手：

1. 注意导游知识的积累

导游知识是导游讲解风格形成的基础。俗话说："巧妇难为无米之炊。"没有丰富的知识作基础，你的导游讲解犹如无本之木、无源之水，就会显得空洞无物，任凭你有一张伶牙俐齿，仅靠几句插科打诨、几句"甜言蜜语"，或几段"黄色笑话"，是满足不了游客的需要、征服不了游客的心的。

作为景点导游人员，对其知识结构的要求又不同于其他导游人员。景点导游人员的知识结构应该是"T"字型，即既要有广度又要有深度。既要广泛涉猎政治、经济和社会知识，自然、历史、地理、文化、民俗知识，政策法规知识，心理学和美学知识，导游业务知识，客源地、客源国知识等，又应成为某些方面的专家。讲佛寺，首先自己就得是个"佛教通"，就应掌握中国博大精深的佛教文化，从建筑、雕塑、绘画、书法、文学、音乐到陈设、法器、饮食、文物、碑刻等都要了然于胸，因为这些无不折射出中国佛教文化的光彩。讲园林，首先自己就应该是一个园林方面的专家，应该掌握中国古典园林的起源、艺术特征、组成要素、构景方法及中西园林的差异等等，这样才能讲出中国古典园林的特色，讲出中国古典园林的文化内涵。

2. 注重导游经验的借鉴

导游经验是导游前辈们在长期实践工作中不断探索、不断总结、不断积累而成的宝贵财富。俗话说得好："他山之石，可以攻玉。"作为初学者，一定要虚心向老导游学习，借鉴导游前辈们的宝贵经验。这样犹如站在巨人的肩膀上，可以更快地掌握各种导游的方法和技巧，更快地积累导游经验，从而更好地做好导游讲解工作。

然而，除了部分导游人员将他们的经验付之笔墨、形成文字外，有相当多的导游经验并不能从书本上找到。这就需要初学者一定要做个有心人，在日常工作中、生活中处处留心观察，用心积累，从那些"大导"、"名导"的言谈举止、一点一滴中寻找答案。

3. 努力培养自己的导游讲解能力

导游讲解是景点导游人员的首要职责。要做好导游讲解工作，仅有丰富的导游知识是远远不够的，仅靠借鉴他人的经验甚至模仿他人的讲解也是远远不够的。要做好导游讲解工作，除具备上述因素外，导游人员还必须勤思苦练，培养自己的导游讲解能力。俗话说："熟能生巧。"通过多看、多听、多练，练就一张巧嘴。既能讲，又善讲。既能出色地驾驭导游语言，语言精练，言辞达意，且幽默机智，回答问题能对答如流，又能自如地驾驭游客的情感，懂游客心理，善察言观色，能随机应变，还能灵活地驾驭导游技巧。这样，导游员的工作才能游刃有余。

4. 努力培养自己的应变能力和创新能力

导游讲解是导游人员与游客面对面的接触与交流。因游客来自不同国度，具有不同的文化层面和社会背景、不同的宗教信仰与爱好，况且随时又受到气候、健康、时间、情绪、环境等各种因素的影响，因此导游讲解的内容、方法、技巧等也应随机而变，这是导游讲解的基本原则。不可墨守成规，而应随时调整，随时改进，不断创新。

5. 发挥个性魅力，培养独特的导游讲解风格

如前所述，导游服务具有极强的自主性和随机性，服务质量的好坏、服务水平的高低，尤其是服务的特色最易受到导游人员个性特征的左右。不同的导游人员，都应根据自己的性格特征，扬长避短，发挥自己的特长和优势，最大限度地展现自己的个性魅力，培养符合自己个性、符合游客需求的导游讲解风格。

总之，导游讲解风格没有固定的模式，没有限死的框框，也没有好坏之分，只有风格特点之差异。能扬长避短、能发挥自己的特点和优势、能满足游客的需要即为好；能察言观色、随机应变、讲得恰到好处即为好；既符合自己的个性又符合游客的需求即为好。作为一名导游人员，在导游实践工作中一定要注意导游讲解风格的培养。只要有心，只要肯学，只要努力，定能形成自己的导游讲解风格，成为一名有风格特点、有人格魅力、深受游客喜爱的导游人员。

本章小结

本章是本书的重点章节之一。主要讲述了景点导游讲解的基本属性、要求、应遵循的原则；重点介绍了景点导游常见的一些讲解方法与讲解风格等。通过本章学习，旨在让学生掌握景点导游讲解的方法与技巧，培养学生的讲解能力。

思考与练习

1. 什么是导游讲解？导游讲解应遵循哪些原则？

2. 景点导游讲解中常用的方法有哪些？

3. 什么是突出重点法、制造悬念法、虚实结合法、问答法、触景生情法？运用这些方法时各应掌握什么要点？

4. 什么是导游讲解风格？作为导游人员应如何培养自己的导游讲解风格？

5. 选一熟悉景点，适当运用一些导游方法与技巧创作一篇导游词。

6. 案例分析：

案例1

大同云冈石窟共保存有历代洞窟53个，石雕造像5万1千多尊。其中以第二十窟露天大佛最为宏伟壮观，是云冈石窟的标志。而第十四窟，自然破坏十分严重，目前窟内所存的，唯几根北魏石柱而已。不少导游人员到此，均领游客一晃而过，有一位导游人员却这样招呼游客：“诸位快来，人们都说第二十窟露天大佛前留

影最好，我却认为这里留影更妙，如果哪位合掌站在该窟中，并将‘第十四窟’的标牌一起拍下的话……”游客听了，先是一愣，随后便爆发出一阵开怀大笑，并争先恐后地跑入洞中拍照留影。

试分析导游人员在此运用了何种导游讲解方法？

案例 2

阅读《走遍中国——中国优秀导游词精选》，每人选其中一篇，分析其采用了哪种导游讲解技巧并对该导游词作出综合评析。

第4章

各类景点的导游技巧

本章导读

学习本章的目的是使景点导游员掌握如何针对不同旅游景观采取不同的讲解方法和一定的导游技巧；希望学习者通过学习学会鉴赏不同的旅游景观，并把这种对景观的正确理解及愉悦之情传达给游客。

第一节　自然景观类景点的导游

自然景观就其形成来说，是自然而然形成的，能给人们带来直观的美感，如桂林山水、长江三峡、青城之幽、峨眉之秀、华山之险、雁荡之奇等。

自然景观是指一切具有美学和科学价值、具有旅游吸引功能和游览观赏价值的自然旅游资源所构成的自然风光景象。简言之，自然景观就是大自然自身形成的自然风景，如地质地貌类、水域风光类及生物景观类等。

一、地质地貌类

地表通常有五种常态地貌：平原、盆地、高原、山地和丘陵。平原、盆地、高原是人类主要聚居地，人类长期的生产活动不同程度地改变了那里的原始生态景观。山地和丘陵不适宜人类聚居，也不适宜传统经济的开发，因而受人类影响较少，较多地保留了原始的生态环境，这在客观上为现代人类的旅游提供了很好的条件：较高的海拔、茂密的植被使得山地的空气清新，负氧离子浓度高，有利于人体健康；登山不仅强身健体，更有益于锻炼人的精神和意志；不同岩性的山石、山体在内外地质引力作用下形成或雄伟或险峻或造型栩栩如生的奇特景致。因此，山地在五种常态地貌中最受旅游者青睐，是旅游度假、回归自然的最佳去处。

(一)山地景观概述

我国是一个多山的国家，山地面积占国土面积的三分之二以上，而且构成山地的岩石类型齐全，在地球内外地质引力的共同作用下，形成了各种类型的山地地貌，其景观千差万别，在旅游活动中发挥着各自的优势和作用。因为现代登山旅游一般分为运动登山和观赏娱乐登山，所以山地自然景观也大致分为体育探险登山旅游地貌和风景观赏山岳旅游地貌两大类。鉴于本书的学习对象是景点导游员，因此在这里只侧重于后者，即本章在这里所讲的山地，不全是普通地理学上的概念，而是专指以具有美感的、典型的山岳自然景观为主体，渗透着人文景观美，环境优良的山地空间综合体，也即以优美的天然山水为基础，与悠久的历史文化相结合而形成的旅游名山。

山体造型　　　　王昆欣摄

我国的旅游名山遍布各地，千姿百态。名山类型的划分应以自然景观为基础，以成因为主要依据，即以山体的宏观形态及岩性特征为基础，综合考虑景观美学与人文特征。现将我国名山分为花岗岩地貌、喀斯特地貌、丹霞地貌、砂岩峰林峡谷地貌和火山地貌及其他地貌景观类型。

1. 花岗岩地貌

花岗岩分布十分广泛，岩体造型丰富，质坚形朴，常形成山地的核心。

花岗岩，是由地幔上部的酸性岩浆，侵入到地壳内部的破裂层，经冷却凝结后而形成的岩石。花岗岩形成后，又受地壳上升运动的影响，使花岗岩地层和它上面原有地层同时上升成为山，当上面的原有地层被全部风化侵蚀掉以后，便成为单一的花岗岩山体。

花岗岩地貌依据海拔高度和造型地貌的尺度，划分为花岗岩山地、花岗岩丘陵和花岗岩石块三种特色迥异的景观。

花岗岩主要成分是由石英、长石、云母等许多坚硬的粒状矿物晶体组成的，但当它被裂隙分割成岩块之后，其棱角部位是最容易被风化、剥落的，因此经年累月之后，其棱角便会逐渐模糊起来，甚至方形石块被风化为球状石块，这种现象就是我们所说的球状风化。球状风化，是花岗岩体最普遍的自然现象。球状风化的结果,常形成馒头状的主峰和各种形态的石块,形成浑圆的石墩、石蛋、石柱、石壁以及许多令人叹为观止的奇景,如黄山的“猴子观海”、“仙人指路”,九华山的“观音峰”等等。球状风化在花岗岩丘陵地区表现得尤为普遍,如厦门的“万石岩”、“鼓浪屿”,海南岛的“南天一柱”和“鹿回头”,千山的“无根石”,普陀山的“二龟听法”和“风鼓石”,鸡公山的“报晓峰”等等,均为我国的花岗岩名丘景观。

2. 喀斯特(Karst)地貌

喀斯特地貌,国内又称岩溶地貌,主要发育在碳酸盐类岩石地区,是由于地下水的溶蚀改造而成的一种特殊的地貌类型。喀斯特地貌的基本特征为:地表山地高度不大,石峰林立或孤峰突起,而且造型丰富。地下溶洞遍布,洞内常有地下湖或地下暗河,以及由石灰岩溶解沉淀而形成的石钟乳、石笋、石花等千姿百态的洞穴景观。在我国,岩溶地貌主要分布在广西和云贵高原,有代表性的是桂林的漓江山水、云南的路南石林、贵州省织金县的织金洞和广东肇庆的星湖等。

3. 丹霞地貌

丹霞地貌多发育于红色砂砾岩地区,是地质历史时期山间盆地在内外地质引力的作用下发育而成的地貌,多由方山、奇峰、赤壁、岩洞等构成。因最早是在广东仁化县的丹霞山发现的,故地质学家将其称为丹霞地貌。

丹霞地貌　　王昆欣摄

丹霞地貌景观特点是丹山青水、精巧玲珑。仁化丹霞山是我国典型的丹霞风景区,二十多座岗丘,临江拔起,色渥如丹,灿若明霞。位于闽北崇安县的武夷山风景区,36座峰峦雄踞于九曲溪畔,形成“曲曲山回转,峰峰水抱流”的丹霞山水和深邃、幽奇的洞穴景观,而且山地动植物种类众多,有许多特有种属。历史上该山是道教活动中心,保留许多寺院、书舍、摩崖石刻。安徽的齐云山是我国丹霞地貌中最高的山地,因“一石插天,直入云汉,谓之齐云”。此外,江西贵溪的龙虎山和圭峰、福建连城县的冠豸山、广东乐昌金岭等都是著名的丹霞风景区。

无论南方或北方的丹霞风光,均具有"色渥如丹,灿若明霞"的共同特点,但在自然景观美的风格上,则具有"北雄"、"南秀"的差异。

4. 砂岩峰林峡谷地貌

砂岩峰林峡谷地貌发育在纯石英砂岩构成的山区,其形成的古地理环境是滨海海滩的沉积经过挤压胶结而成砂岩,因受地壳上升运动而成陆,又经过剧烈的地壳上升运动而进一步抬升成丘陵山地,后来经过长期雨水冲刷切割,高山被不断风化、侵蚀,岩层逐渐崩解剥落,河谷慢慢深切,河流又将被风化而成的泥沙运往遥远的大海,于是便形成了大片的紫红色石英砂岩峰林和一条条纵横深切的沟谷,故称砂岩峰林峡谷地貌。湖南省西北部武陵源风景区,就是最典型的例子。由于它的地层基本上保持了原始水平状态,各岩层之间不易发生重力滑动,所以能形成坡度不大但却能高耸入云的座座山峰,如金鞭岩、梭镖岩、定海神针、五女拜帅、天书宝匣、千里相会、雾海金龟、夫妻岩等造型景观,是世界上罕见的而又规模巨大的砂岩峰林峡谷地貌。

武陵源天子山

砂岩峰林峡谷地貌景观的特点是:奇峰林立,造型生动,沟谷纵横,植被茂密。然而更具有特色的是造型地貌和云雾的配合(如雾海金龟等)、造型地貌和植物的配合(如夫妻岩等)、造型地貌和水的配合(如艺术长廊、金鞭溪等),以及各个造景要素协调地融为一体的综合景观美。张家界的核心风景是雄奇的砂岩峰林峡谷与繁茂的原始次生林所组成的美丽而神奇的天然画卷,因此它成为闻名中外的第一流的风景区。

5. 火山地貌

火山爆发是地壳运动过程中出现的一种最剧烈的表现方式。火山爆发不但破坏自然生态环境,而且也破坏人类的生存环境。但是,火山爆发时所形成的自然景观,是触目惊心而又奇特壮观的。在火山爆发后所造成的地貌景观中,有一些具有重要的旅游价值,主要包括流纹岩和玄武岩两种山地造型地貌。流纹岩地貌主要分布在浙闽一带,以浙江雁荡山为典型;在云南腾冲、山西大同、吉林长白山、黑龙江五大连池和台湾大屯等地,分布有玄武岩类风景地貌。

雁荡风光　　王昆欣摄

6. 其他地貌

(1)冰川地貌

由于冰川运动所塑造的山地地貌及冰川融化过程中所造成的冰体地貌的总称叫冰川地貌。山地地貌包括冰峰上的角峰、刀脊、冰斗和冰川运动途中的冰蚀蘑菇。冰体地貌包括冰漂砾与未融化的冰体构成的冰蘑菇、冰塔林、冰洞和冰瀑等。冰川地貌发育在高纬度地带或高山地区的现代冰川分布区。中国已开发的冰川风景区有四川贡嘎山的海螺沟、新疆阿尔泰山的喀拉斯冰川湖、天山的扎木尔峰,云南的玉龙雪山等。海螺沟有世界第二大冰瀑,落差达 1080 米,仅次于加拿大国家冰川公园的 1100 米的冰瀑。

(2)雅丹地貌

雅丹地貌是干旱区的一种风蚀地貌,指巨厚的湖相沉积层上发育的陡壁的小丘与风蚀沟槽、洼地相间分布的地貌组合。远望这种地貌,很像城市的街道与建筑的结构,然而人迹全无,故俗称鬼城。这种地貌在中国新疆罗布泊附近的雅丹地区最典型,因而命名为雅丹地貌。北疆乌尔禾的魔鬼城名扬全球。

(二)山地景观导游技巧

山地地貌具有主体形象感染力,它以雄、奇、险、秀、幽、旷、奥等美学特征给人以美的享受。但如果是单纯的山地地貌本身,景色就相对比较单调,必须与自然因素以及人文因素配合讲解,才能增加风景层次和风景内涵,以增强美感。

景点导游员在导游讲解山地景观时，应引导游客从不同角度观赏山地景观。

中国风景名胜，讲究气势宏大、意境深远，妙在移步换景，一步一景。山地景观讲解是在流动中完成的，不走不动是不行的，不仅“动”，而且还讲究“仰观”和“俯观”。

这种从不同角度、不同层次、不同高度，从内到外、从远到近、从横到侧……来讲解山地景观的方法，我们称之为“不同角度法”。此法的运用，应首推宋朝大词人苏东坡的《题西林壁》中写的庐山：“横看成岭侧成峰，远近高低各不同。不识庐山真面目，只缘身在此山中。”他告诉我们，从远、近、高、低不同方位、不同角度会看到“各不同”的景观。

例

庐山牯岭景区（一线）

余龙（原创）

【天桥/锦绣谷/仙人洞】

朋友们，我们现在去游览的是庐山锦绣谷景区。自古以来，谷中奇花异草就特别多。每当春天来到的时候，山谷中的花儿竞相开放，争妍斗奇，灿烂似锦绣。故得名“锦绣谷”。

因锦绣谷正处庐山山体北部的断层带上，在庐山经历的多次造山运动中，格外受造物主的宠爱，造就了山谷中峰壑峭拔、参差错落、形态绮丽的景象。当您走进山谷之中，就可看见山谷间林石纵横，一派多变的山中野趣。如遇云雾曼舞的时候，恍如亲临仙境一样，锦绣谷分明就是一幅充满动感的画卷。

这里运用的是激发游客丰富想象力的比喻手法，将“锦绣谷”比喻为“一幅画卷”。

锦绣谷已到了，让我们一同去欣赏这画卷吧！我们现在所走的步行道，是1979～1980年间开辟的游览道路，从这里漫步向前，我们将依次游览天桥、鹰嘴石（好运石）、险峰（石狮峰）人头石、采药石、锦绣门、谈判台、梵音泉、观妙亭、游仙石、仙人洞、仙人洞道院、庐山的标志景观——蟾蜍石、石松、御碑亭等。朋友们请注意啦：走路不看景，看景不走路。游览时要安全第一。在这条路的右边多数是深渊绝壁。如你稍不注意安全，就会上天当神仙的！可是现在天上神仙也实在太多了，他们这会儿也在进行轮岗呢。还是请大家随我来细细品味这里的景色吧。

锦绣谷中怪石相拥，奇石昂立，首先出现在我们眼前的是谷中第一个景观——天桥。请朝左前方看，一块峭立横空而出的巨石，有如悬在半空中的一座桥，这就是“天桥”。这里古称“仙人盘”，曾经是庐山大林寺历代的大和尚们悟道参禅的好地方。大家向下看，这里两边崖壁横空对峙，与谷底的相对高度达六十多米，好险哪！

相传元代末期，吴王朱元璋和南汉王陈友谅的军队大战于鄱阳湖地区。初战的时候，朱元璋失利，竟被陈友谅打得落荒而逃……当朱元璋感觉耳旁没有风声的时候，才发现他骑的战马已在悬崖绝壁的仙人盘上。前面是悬崖没有去路，回头一望，了不得了，陈友谅率兵又紧逼而来，就在这千钧一发之际，只见天空金光闪烁，一条金龙自天而降，变成一座石桥，朱元璋顺势策马奔过。飞奔而至的陈友谅坐骑都快要撞上朱元璋的马尾巴了，一个惊天霹雳，刹那间桥没有了。从此就留下了"天桥"奇观。

庐山一景

这一段的导游讲解采取了"虚实结合法"。所谓"实"是指景观的实体、实物、史实、艺术价值等；而"虚"则指与景观有关的民间传说、神话故事、趣闻轶事等。"虚"与"实"必须有机结合，但以"实"为主，以"虚"为辅，"虚"为"实"服务，以"虚"烘托情节，以"虚"加深"实"的存在，努力将无情的景物变成有情的导游讲解。

景点导游员在讲解时还应注意选择"虚"的内容要"精"、要"活"。所谓"精"，就是所选传说故事是精华，与讲解的景观密切相关；所谓"活"，就是使用时要灵活，见景而用，即兴而发。

在双狮峰的山巅之上，有一块大石头，像一个端坐的侧面人体像。您看他盘腿而坐，双手合十，面朝西方，正在为我们祈祷祝福呢！如我们有机会下到山谷去观看，他又似一位在梳妆的小女子。这就是"观音梳妆"啦！横看成岭侧成峰，远近高低各不同。随观景角度、方向、时间等因素的改变，锦绣谷中的石头会变成不同的景象。游客自会产生各自的感受。告别了观音，我们将穿过这锦绣洞、锦绣门，进入访仙的路了。我们在过锦绣洞的时候，请大家都弯下腰，躬步通过，这就算是给庐山神仙们的见面礼吧！如果您不行礼的话，洞上的石头会在您的头上敲一个大包喔！

……

仙人洞是一座自然天成的砂岩岩洞，洞高7米、深达4米。洞顶的崖石有如一只巨大的手掌倒置，掌上五指参差不齐，错落有致，仿佛在招呼我们到洞中坐坐似的。这不是我们普通人的手唷，这可是“佛”的手哇。自古佛手摩僧顶，这是仙人洞第一奇观。在仙人洞的洞底有一泉水，分左、右两眼，俗称“雌雄泉”。不管洞顶上水珠挂有多少，他始终像有人在调度一样。雌、雄两泉同时一滴一滴往下滴，真是：山高一滴千秋不断，石上清泉万古长流。这便是《后汉书》上记载的“一滴泉”，早已成仙人洞镇洞之宝，它是仙人洞第二奇观。

在这里，导游讲解应用了比拟的手法。在导游讲解中，最常用的是拟人，如这里就把“崖石”比拟为“佛手”。

运用比拟手法时，景点导游员要注意表达恰当、贴切，要符合事物的特征，不能牵强附会；另外，还要注意使用场合。

仙人洞相传是八仙之一——吕洞宾修道成仙的地方。自人们发现此洞以来，长期是佛教徒们拥有的圣地。

这里的灵泉秀水曾留下了许多佛门大师的身影，淡云浓雾让他们悟出了禅机。“佛手岩”石刻上的题字“宝祐三年”，告诉我们已过去的千年岁月里，佛教在这里有许多辉煌。斗转星移，物是人非。至清朝后期，道人到此后，为了冲淡佛教的气氛，经过很大的努力，首先将我们很喜爱的神仙——吕洞宾，又请回洞中供养。汇编出许多故事在民间传诵。“佛手岩”终于变成了“仙人洞”，道教世界中的“第八小洞天”又再显出当年的光彩。

（资料来源：ctsjj.com 百度搜索，高级导游员余龙原创）

除此之外，景点导游员还应该经常提醒游客“回头看”和“高处看”，因为只有“回头看”才能看清“庐山真面目”；而只有“高处看”方会“欲穷千里目，更上一层楼”。

另外，景点导游员应提醒游客在游览山地景观时，“看景不爬山，爬山不看景”。即：看风景时，不要移步爬山，应驻足看景；移步爬山时，不要看风景，应注意脚下留神。

景点导游员在讲解任何自然景观的自然美时，要正确而恰当地使用有关的神话传说，不能为了讲神话而讲神话。一则好的神话传说能够帮助人们加深对自然美的认识，使自然景观经过神话传说的渲染而富有美的魅力，并加深对神秘美的认识和欣赏。

我国的名山很少是纯自然景观的。由于绝大多数拥有悠久的开发历史和文化遗产，因而形成了人工点缀自然美的景色，甚至有一部分山地直接转化为历史文化名山。在导游讲解中，要联系历史、联系宗教等方面的内容。

1. 联系历史因素

需要注意的是在联系历史和文化遗产时，除了“正史”、“史实”之外，还有一些是人们主观编织的“野史”、“掌故”和神话传说。我们应分清“正史”和“野史”，要认真地使用历史掌故，并挖掘其文化内涵。

历史掌故，能够帮助人们加深对自然美的欣赏，丰富自然景观的美的意蕴，使人们从单纯的自然风景中体会到一种诗情画意，不但能看到它的外在的形象美，还能理解到理性美，看到其中的历史文化美，给人以智慧的启迪。不过有些古迹掌故，所体现出来的理性，非景观正面的美，甚至并不美，它只能从反面给人以教训，但在教训中也同样会启迪人的理智（如重庆的渣滓洞、白公馆等）。对于人文景观的讲解，应当在突出弘扬其科学内容的同时，着重发掘其蕴含的史学、艺术和社会学重要意义，切忌不能用神话、传说、迷信和庸俗的说教去愚弄群众、污染社会。这对于历史悠久、文化灿烂、遗存丰富且分布广泛的我国，显得尤为重要。

2. 联系宗教因素

中国多名山，名山多古寺，素有“天下名山僧占多”和“有寺则名”之说。因此，在中国旅游，必要游山；而游山，又往往要游寺。寺因山而雄、险、奇、幽，山因寺而气象高古。这种富有中国山水气韵和文化特色的景致，成了中国传统旅游的一种形式，至今仍吸引着许多游人。历史、文化、艺术和自然山水结合并融为一体，不但是我国旅游资源的一大特色，而且也是我国山水旅游的一大特色。

在联系宗教因素时，需要注意的是，应采用历史唯物主义观点来看待宗教。尽管宗教的哲学基础是唯心主义的，然而其建筑是辉煌的，是一定社会阶段生产力发展水平和人们的科学文化水平的反映，因而具有一定的历史文化价值。在今天，宗教因素已成为旅游资源的一部分，具有一定的历史文化价值，我们必须从旅游审美和发展旅游业的角度来审视它。

二、水域风光类

水是自然环境形成和发展中最活跃的因素之一。它们以江、河、湖、海、泉、瀑以及冰川、地下水等不同形式存在于地球上。水是构景的基本要素，具有形、声、影、色、光、味等形象生动的特点。因“水是山的灵魂”，“山因水而活”，所以水常与山地巧妙结合，或汹涌澎湃，或蜿蜒流淌，或烟波浩渺，或秀丽娇艳，构成优美的山水风光，因而我国自古就把山水作为风景的代名词。

（一）水域风光概述

由于受地形和气候等自然因素的综合影响，水总是以多种形式存在于自然界。它或以水蒸气、云雾等气态形式出现，或以雨、露、泉、湖、江河、瀑布、海洋等液态形式存在，或以霜、雪、雾凇、冰雹、冰川等固态形式出现。在一般情况下，水域就是对江河、湖泊、泉水、瀑布、海洋的总称。

1. 江河景观

(1)长江。长江是我国最大最长的河流。其长度仅次于尼罗河和亚马逊河，发源于青海唐古拉山各拉丹冬雪山，全长6300千米。流经青海、西藏、云南、四川、重庆、湖北、湖南、江西、安徽、江苏和上海等11个省、自治区和直辖市。长江水量丰沛，有"黄金水道"之称。长江在四川盆地以东，浩浩江流劈断巫山，冲破夔门，"青山遮不住，毕竟东流去"，形成风光绮丽的三峡景区。长江三峡，举世闻名。三峡由瞿塘峡、巫峡、西陵峡三个峡谷组成，西起四川奉节白帝城，东至湖北宜昌南津关，在这200千米河道上峡谷与宽谷相间分布。

(2)黄河。黄河是我国第二大河，是中华民族古文化的发祥地。全长5464千米。发源于青海巴颜喀喇山北麓，流经青海、四川、甘肃、宁夏、内蒙古、山西、陕西、河南，在山东注入渤海。沿着黄河线旅游，游客可以观赏到黄河磅礴气势、峡谷平湖的胜景和黄土高原的独特风光。黄河曾哺育了高度发达的中华原始文化，被誉为中华民族的母亲河。历史上黄河流域长期是中国的政治、经济和文化中心，因而保留了众多的古代文化遗存，包括古人类遗址遗迹、古都城遗迹、帝都园林、帝王陵墓、宗教胜迹等等。

黄河壶口瀑布

(3)珠江。珠江是南方重要河流，长2129千米，沿江流域多山地丘陵，景色雄险而清秀。在珠江最大支流西江上有三榕峡、大鼎峡、羚羊峡，这些峡谷层峦叠嶂，地势险要，在河上可开展竹筏、泛舟、游艇等水上旅游活动。

(4)富春江。指钱塘江上游一段，下起富阳，上至淳安。水似碧玉带，山如青罗髻，清秀雅洁，常被作为我国锦绣河山的代表。沿江有鹳山、桐君山、严子陵钓台、谢翱墓等古迹。

此外，浙江南溪江，东北的黑龙江、鸭绿江，云南瑞丽江—大盈江，西藏的雅砻河等风景区都是国家重点风景名胜区。

2. 湖泊景观

作为观赏对象的湖泊，其景观的共性特征是或蔚蓝，或碧绿，或波平如镜，或湖光潋滟，温馨、宁静、安逸。

(1)鄱阳湖。位于江西省北部，为我国第一大淡水湖，面积3583平方千米。湖之西北是避暑游览胜地庐山；登临湖中大孤山，匡庐山色、鄱阳水景尽收眼底，湖出口处水石相击，声若洪钟，故名石钟山。

(2)洞庭湖。位于湖南省北部，为我国第二大淡水湖，面积2820平方千米。登岳阳市岳阳楼俯瞰洞庭湖，可饱览"衔远山，吞长江，浩浩荡荡，横无际涯。朝晖夕阴，气象万千"的湖光胜景。

(3)杭州西湖。位于杭州市西，面积5.6平方千米，三面环山。该风景名胜区以湖面为中心，山为背景，堤岛错落，树木苍翠；在峰岩洞壑之间，穿插着泉池溪涧，又巧妙地组合楼、亭、桥、塔、榭等园林建筑，凝聚了自然美和人文美。历史上自南宋开发以来，先后形成"西湖十景"(平湖秋月、苏堤春晓、断桥残雪、雷锋夕照、南屏晚钟、曲院风荷、花港观鱼、柳浪闻莺、三潭印月、双峰插云)。近年来，又开发了"西湖新十景"(云栖竹径、满陇桂雨、虎跑梦泉、龙井问茶、九溪烟树、吴山天风、阮墩环碧、黄龙吐翠、玉皇飞云、宝石留霞)，真可谓步移景换，美不胜收，有"人间天堂"的美誉。苏轼给后人留下脍炙人口的赞美诗句："水光潋滟晴方好，山色空濛雨亦奇；欲把西湖比西子，淡妆浓抹总相宜。"

(4)滇池、洱海。滇池位于昆明西南，南北狭长，面积340平方千米，海拔2500米，为一高原断层湖。两岸金马、碧鸡二山夹峙，登龙门俯视滇池，提岬岛屿若隐若现，水天一色，气象万千。洱海位于云南大理苍山东麓，状似人耳，故名，与其西之点苍山合之，素有"银苍玉洱"之誉。

(5)青海湖。青海湖是咸水湖景区的代表，也是我国第一大咸水湖，位于青藏高原西宁市西100千米。湖面海拔3196米，景色雄伟而粗犷。湖西北鸟岛面积仅0.11平方千米，每年夏季有十多万只斑头雁、棕头鸥等候鸟栖息，到处是鸟巢鸟蛋，鸟鸣鼎沸，声扬数里，形成一个鸟的王国，也是我国重要的鸟类自然保护区。

此外，我国的湖泊风景区还有无锡太湖、浙江千岛湖、南京玄武湖、扬州瘦西湖、济南大明湖、武汉东湖及黑龙江镜泊湖等。

3. 泉水景观

地下水的天然露头称为泉。泉为人类提供了理想的水源，同时构成许多观赏景观和旅游商品资源，如理疗泉、饮用泉等。我国泉的总数约达十万处，分布相当广泛，种类也十分丰富。从泉水的流出状态划分，由下向上或喷或涌的称上升泉，自上而下滴落的称下降泉。从出水口的出水温度来划分，低于20℃的为冷泉；20~37℃为温泉(狭义)；38℃以上为热泉和高热泉，热泉以上的称为汤。从泉水中矿物质的含量来划分，小于1克/升的为淡水泉，超过此标准的为矿泉。

(1)冷泉。冷泉主要由雨水或地表水渗入地下不太深的透水层后，又沿着岩石裂隙出地表而形成，故冷泉多为浅层地下水的露头。冷泉常以水质清醇甘洌而供饮用或作为酿酒的水源，历史上曾将镇江中泠泉、北京玉泉、济南趵突泉、江西庐山谷帘泉命名为“天下第一泉”。此外，镇江金山泉、无锡惠山泉、杭州虎跑泉等，也均在名泉之列。济南号称有 72 泉，故有泉城之誉。历史上以泉为中心，形成许多茶肆旅游点。中国的茶文化主要是在这些地区形成和发展的。

(2)矿泉。矿泉是含有一定数量的特殊化学成分、有机物或气体，或具有较高水温，能影响人体生理作用的泉水。在中外历史上，温泉沐浴曾是上层社会的一种消遣、休憩行为，随之形成一批世界驰名的温泉度假地。如今随着我国人民生活水平的提高，在我国也兴起了温泉度假旅游。温泉中以热泉和高热泉的洗浴效果和医疗价值最好，故驰名的温泉度假地中以“汤”命名的居多，如北京的小汤山、南京的汤山、辽宁鞍山的汤岗子温泉等。除此之外，我国著名的温泉还有黑龙江的五大连池、内蒙古乌兰浩特的阿尔山温泉、广东的从化温泉、福建的福州温泉以及台湾的北投和阳明山温泉等。

(3)观赏泉。观赏泉是景观奇特、具有观赏价值的泉。例如，云南大理的蝴蝶泉，每年农历四月二十五有幸可观赏到蝴蝶盛会，无数色彩斑斓的蝴蝶首尾相衔，从蝴蝶树上直垂泉水水面。此外，杭州珍珠泉、济南珍珠泉、广州桂平乳泉、甘肃宕昌的潮水泉、四川广元的含羞泉及西藏的水热爆炸泉等也是著名的观赏泉。旅游景区的观赏泉多是涌泉，也是冷水泉。著名的有山东济南“泉城”的趵突泉、江苏镇江的中泠泉、太原晋祠的难老泉等。有的观赏泉不是以涌泉的水景为主，而是与水伴生的奇特景致，如杭州三大名泉之一的“玉泉观鱼”、甘肃“敦煌三绝”的月牙泉、云南大理的蝴蝶泉以及台湾台南县的水火泉等。

4. 瀑布景观

瀑布是河床落差造成的跌水。瀑布多分布于山区河流的中上游地段，它是自然山水结合的产物，由溪流、跌水和深潭组成，具有形、声以及动态的景观特点。瀑布的大小、气势主要取决于地势落差和水量。由于形成原因不同、所在环境各异，瀑布景观各具特色。秦岭淮河以南地区，由于地形的特点及潮湿的气候，因而形成的瀑布较多，特别是在雨季，山区常可见到“山中一夜雨，处处挂飞瀑”的胜景。我国三大瀑布风景区是黄果树瀑布风景区、壶口瀑布风景区和吊水楼瀑布风景区。

认识瀑布景观，首先应了解构成瀑布景观的四大要素：一是造瀑层，即河谷中突然形成急坡地段的坚硬岩层，这个坚硬岩层就是造瀑层，如黄果树的造瀑层是石灰岩，壶口的造瀑层是厚层绿色坚硬砂岩，吊水楼的造瀑层是玄武岩。二是有从造瀑层倾泻下来的水体，亦即瀑布。三是瀑下深潭，一般瀑下有潭，基本结构是一瀑一潭、瀑潭交错分布，形成瀑潭景观。四是瀑前峡谷，它是造瀑层被侵蚀后退的产物，表示瀑布位置仍在向后面移动，峡谷一般不太长，但很幽深狭窄。

黄果树瀑布

瀑布给人以动态的声、色美。它的最大特点是山水完美结合、融为一体。具体表现为瀑布的三态变化：一是瀑布形态，其形态或飞流急泻，或喷珠溅玉；有喷洒百米以上的飞瀑，也有巨涛滚滚的瀑浪，形态万千，各有特色，给人以雄、奇、险、壮之美感。二是瀑布声态，或轰鸣之声，或巨雷之声，令人未见瀑布先闻其声，具有“先声夺人”之趣。三是瀑布色态，即瀑布下落时形成的各种颜色。瀑布一般呈白色，文人笔下多描写为白练、白绢、白纱、堆雪、素练、银河等，如李白的“日照香炉生紫烟，遥看瀑布挂前川。飞流直下三千尺，疑是银河落九天”。当瀑布的三态变化同周围的山石、峰洞、树林、花草、白云、蓝天乃至人文景观等条件协调结合时，常形成千岩竞秀、万壑争流、美若仙境的奇妙景观。

5. *海洋景观*

海洋是地球上广大连续水体的总称，其面积占地球表面的70.9%。海洋的中心部分叫洋；海洋的边缘部分叫海，其面积约占海洋总面积的11%；海和洋很难截然分开，它们彼此沟通，组成统一的世界海洋。

洋的面积虽然是海的9倍多，但作为旅游的重点对象主要不是洋，而是海，并且又多局限于海岸带。海岸带由三个基本单元组成：一是海岸，是指在平均高潮线以上的沿岸陆地部分；二是潮间带，是指介于平均高潮线和平均低潮线之间的地带；三是水下岸坡，是指平均低潮线以下的浅水部分。海岸带的旅游资源是在水、陆、气候、生物及多种人文因素的作用下产生的，特别是海水和陆地相接触地带的海岸、沙滩、岛屿等地，始终是海洋旅游的重中之重，因此海洋旅游中十分重视海滨景观。

我国有北起鸭绿江口，南至北仑河口，长达18000千米的大陆海岸线，除了台湾岛东岸直接濒临太平洋外，还拥有渤海、黄海、东海、南海共四个海域，沿海 12 海里范围内都是我国领海。我国沿海岛屿约有 6500 个，岛屿海岸线就更长了，纵跨温带、亚热带、热带三个气候带。

大连金石滩

我国主要海滨胜地从北往南依次为：大连海滨、北戴河海滨、青岛海滨、普陀山海滨、亚龙湾海滨、天涯海角海滨等。

（二）水域景观导游技巧

景点导游员在介绍水域景观时，常常会用到分段讲解法、制造悬念法、概述法等。

分段讲解法就是对那些规模较大、内容较丰富的景点，景点导游员可将其分为前后衔接的若干部分来逐段进行讲解的导游方法。一般来说，景点导游员可首先在前往景点途中或在景点入口处的示意图前介绍景点概况（包括历史沿革、占地面积、主要景观名称、观赏价值等），使游客对即将游览的景点有个初步印象，达到"见树先见林"的效果。然后带团到景点按次序游览，进行导游讲解。在讲解这一部分的景物时注意不要过多涉及下一部分的景物，但要在快结束这一部分的游览时适当地讲一下下一部分的内容，目的是为了引起游客对下一部分的兴趣，并使导游讲解环环相扣、景景相连。

例 1

在乘船自西向东游览长江三峡时，景点导游员就可将其分为五个部分来讲解。首先在游船观景台上介绍长江三峡概况："长江三峡是瞿塘峡、巫峡和西陵峡三段峡谷的总称，西起四川奉节的白帝城，东至湖北宜昌的南津关，全长约 193 千米。峡谷两岸悬崖绝壁，奇峰林立，江流逶迤湍急，风光绮丽。瞿塘峡素以雄奇险峻著称;巫峡向以幽深秀丽为特色;西陵峡则以滩多水急闻名。这种山环水绕、峡深水急的自然风光系由历次造山运动特别是'燕山运动'使地壳上升、河流深切而成,是大自然的鬼斧神工留下的山水和谐的经典之作,它与峡谷沿岸众多的名胜古迹相互融合,使长江三峡成为闻名遐迩的中国十大风景名胜之一,并被中外游客评为'中国旅游胜地四十佳'之首。"此段运用了"概述法"的导游技巧。"概述法"是景点导游员就景区的地理、历史、社会、经济等情况向游客进行概括性的介绍,使其对即将参观游览的景区有一个大致的了解和轮廓性认识的一种导游方法。

船进瞿塘峡时,景点导游员介绍:"瞿塘峡是长江三峡第一峡,从四川奉节的白帝城到巫山的大溪镇,全长约8千米,是长江三峡中最短也最雄奇险峻的大峡谷。瞿塘峡中,高达1300多米的赤甲山、白盐山耸峙峡口两岸,形成一陡峭的峡门,称为夔门,素有'夔门天下雄'之称……"

船过巫峡时,景点导游员再讲解:"巫峡是长江三峡第二峡,从四川巫山县大宁河口到湖北巴东县官渡口,绵延42千米。巫峡口的长江支流大宁河全长300千米,著名的'小三峡'就位于其中。'放舟下巫峡,心在十二峰',巫峡中景致最秀丽、神话传说最多的是十二峰,其中最为挺拔秀丽的是神女峰,峰顶有一突兀石柱,恰似亭亭玉立的少女……"在这里运用比拟手法,把"一突兀石柱"拟人化为"亭亭玉立的少女"。

船到西陵峡时,景点导游员进一步介绍:"西陵峡为长江三峡第三峡,西起湖北秭归县的香溪口,东至湖北宜昌的南津关,全长76千米,历来以滩多水急著称。西陵峡西段自西向东依次为兵书宝剑峡、牛肝马肺峡和崆岭峡三个峡谷;西陵峡东段由灯影峡和黄牛峡组成……"

最后再向游客讲解举世闻名的三峡工程:"我们今天参观举世闻名的长江三峡水利枢纽工程,即我们通常简称的'三峡大坝'。三峡大坝位于长江三峡西陵峡中段,湖北省宜昌市境内的三斗坪。三峡大坝为钢筋混凝土重力坝,全长2335米,坝高185米,正常蓄水位175米,总库容393亿立方米,防洪库容221.5亿立方米,相当于4个分洪区的库容。电站装机26台,单机热量70万千瓦,总容量1820万千瓦,年均发电量847亿千瓦时。电厂一年上缴的利税可以建一座葛洲坝枢纽工程。大坝通航建筑物年单向通过能力为5000万吨,双向五级船闸可通过万吨级船队,单向一级垂直升船机可快速通过3000吨级客货轮。三峡大坝建成后形成的三峡水库将淹没陆地面积632平方公里,范围涉及湖北的四个县,重庆市的16个县市区,共计20个县(市、区)。须迁移的总人口将达113.18万人,称为'百万大移民',任务十分繁重。长江三峡工程采用'一级开发、一次建成、分期蓄水、连续移民'的方案,主体工程总工期17年,分3个阶段进行,一期工程5年,二期工程和三期工程均为6年。1997年实现大江截流,2003年启用永久通航建筑物和首批机组发电,2009年工程全部竣工。"

例 2

朋友们：

我们将去游览美丽的泸沽湖，去领略摩梭人奇特的风情。

泸沽湖位于宁蒗县北部滇川交界的地方，距县城69公里，距丽江290公里，距昆明700公里。泸沽湖水面面积约50余平方公里，水面海拔2685米，是云南海拔较高的湖泊，湖水平均深度40余米，最深处达73.2米，仅次于澄江抚仙湖，是云南第二深水湖。整个湖泊呈马蹄形状，南北长，东西窄。由于坐落在滇西北横断山区的万山丛中，水质纯净，清澈透明，是人间难得的一汪净水。湖东，有条山梁蜿蜒而下直伸湖心，如苍龙俯卧湖中汲引甘泉，形成泸沽湖上一个美丽的半岛，它几乎将广阔的湖面一分为二。半岛前端为山之余脉，似龙头，湖水淹没脖颈，形成小岛，称为永宁土司岛。岛高出水面36米，长约5000米，宽约200米，旧时为永宁土司消闲游乐之处，现存有戛木女神庙、土司塔，为毁后重建。时常有人乘猪槽船来岛上烧香敬佛，参拜女神，观赏湖光山色。湖内还有另外四个岛，两个属云南，两个属四川。属云南的两个岛，一个叫里格岛，位于狮子山下，紧靠湖的北岸，岛北面坡下地势平缓，居住着几户摩梭人家，全是木楞房，木房沿岛而建，大门面对湖水，景色迷人。另一个岛名叫里无比岛，又名大堡岛，距土司岛3公里，岛高出水面43.4米，长450米，宽200米。里无比岛西南坡平缓，藤树生长茂盛，东北方向山坡成台，湖边有小沙滩。里无比岛上曾建有喇嘛寺，今尚存遗迹。在这里仍然运用概述法。

展现在人们面前的泸沽湖是一幅迷人的天然画图。湖水波光粼粼，猪槽船星星点点，摩梭姑娘稳坐船上，摇动木桨，小船如梭。男歌女唱，湖光山色，浑然一体，怎不令人陶醉？

泸沽湖中水产资源丰富，湖里盛产的裂腹鱼，是云南省重点保护的鱼种，厚唇裂腹鱼鳞细体肥肉嫩，味道极为鲜美。这里还有稀有保护禽黑颈鹤、斑头雁等，湖边小洛水一带，还是天鹅的乐园。

泸沽湖周围青山逶迤、树木葱郁。戛姆神山，雄伟高峻，状如雄狮，蹲伏湖边，面向湖水，脚搭横岭，鼻、眼、耳惟妙惟肖，越看越像。

下面运用“虚实结合法”介绍泸沽湖的儿女。

戛姆山是戛姆女神的化身。传说因心爱的人离她而去，她悲伤不已，发下誓愿，变成戛姆女神山，保护泸沽湖畔的摩梭儿女世世代代地真诚相爱，世世代代和平美好地共同生活。她保护四周的摩梭姑娘健壮美丽、摩梭小伙勤劳勇敢，她保护这里庄稼茁壮、牛羊兴旺。或许是戛姆女神的感化，这里的摩梭姑娘个个健壮娇美，能歌善舞。这里的摩梭小伙英俊高大，气质豪迈。古老的摩梭人感激戛姆女神的护佑，推她为众神之首，他们曾在戛姆山下建寺立庙，顶礼膜拜。至今每年农历七月二十五，摩梭人还要举行盛大的祭祀活动。这一天无论男女老少，都要身着节日盛装，从四面八方拥到戛姆神山，朝拜女神，他们对歌、跳舞、转山、赛马、野炊、露宿，青年男女在这里寻找阿夏，挑选意中人。

此地的摩梭人至今仍保留着以母系为中心的“阿夏”婚姻，人们称这里为“神州大地女儿国”。

……

（摘自《走遍中国——中国优秀导游词精选》）

三、生物景观类

世界上生物种类繁多，而目前为旅游者所利用的只是其中的一小部分。我们把所有生物资源中具有旅游利用价值、能吸引旅游者、能为旅游业所利用并由此产生经济和社会效益的部分称为生物旅游资源，其中主要包括以树林、古树名木、奇花异草为主的植物景观类和以野生动物栖息地为主的动物景观类。

（一）植物景观概述

世界上植物种类繁多，而且植物本身往往成为一个地区地带性的主要标志。植物的生长受气候及土壤等因素的影响，世界各地都有其代表性的植物景观。植物景观的构景要素较多，常以其“幽”、“翠”、“形”、“色”、“香”、“古”、“奇”及保健作用——“森林浴”对旅游者产生吸引力。从目前世界地表植被分布来看，植物景观可分为：热带雨林、热带季雨林、稀树草原、落叶林、硬叶常绿林、夏绿林、针叶林、草原、荒漠植被、地衣苔藓等地带性植被。我国植物种类繁多，据调查，目前有高等植物32000多种，而且还保留了一些被称为“化石植物”的物种。

例

●活化石植物

孑遗动植物是指地质时期曾广泛分布、现仅残存在局部地区的古老物种，有“活化石”之称。这些稀有古老的生物对了解地球的历史和动植物的演化阶段有很强的直观性，因此对旅游者的吸引力极大。

●常见的树木

(1)荫木：苍松、桧柏、银杏、梧桐。

(2)叶木：翠竹、芭蕉、红枫、垂柳。

(3)果木：枇杷、柑橘、枣树、柿树。

(4)蔓木：紫藤、忍冬、葡萄、凌霄。

●传统名花名草

(1)花中二绝——牡丹和芍药

牡丹和芍药称花中二绝。牡丹别名花王、木芍药，属毛茛科毛茛属落叶灌木，花单生，花色有红、白、黄、紫等色。河南洛阳、山东菏泽为赏牡丹最佳地。芍药系多年生宿根草木，茎丛生。叶为二回三出复叶。花草生，花期在4月至5月间，晚于牡丹,多在春末开花,故名“殿春”。芍药与牡丹的花形十分相似,主要是草本与木本之分。我国芍药原产北方,晋代已有重瓣品种出现,山东菏泽为芍药重要产地;扬州芍药最为有名,早在公元5世纪的南朝已成为扬州园林主要花卉。

(2)花木五果

桃、杏、李、梨、石榴。

(3)四季传统花卉

春花:春梅、桃花、海棠、牡丹;

夏花:石榴、荷花、紫薇、百合;

秋花:菊花、芙蓉、桂花、玉簪;

冬花:腊梅、天竹、瑞香、迎春。

(4)花中四君子

①梅花。花白色至水红,于早春前开放。不畏严寒,故被文人墨客作为咏诗作画题材。我国著名赏梅胜地有杭州孤山和超山、苏州邓尉香雪海、无锡梅园、南京梅花山、上海淀山湖梅园、武汉东湖梅园等。

②兰花。按照“中国兰”的花期来分,兰花春季开花的叫春兰,夏季开花的叫蕙兰,秋季开花的叫建兰、漳兰,冬季开花的叫墨兰、寒兰。兰花终年常绿,花色淡雅,姿态端秀,称为“花中君子”、“天下第一香”。兰花四清,即气清(清而不浊)、色清(色泽淡雅)、姿清(端庄挺秀)、韵清(意蕴含蓄)。兰花多盆植于室内。我国兰花以台湾居多,兰屿岛上兰花品种多而有名。

③竹。我国竹的种类繁多,约250余种。以江西奉新的大毛竹、广西花坪的方竹、湖南君山的湘妃竹、四川重庆的慈竹、安徽池州的罗汉竹最具特色。竹系禾本科多年生植物,中空有节、常绿。古代读书人,将竹子人格化比喻为“君子”,正所谓“未曾出土先有节,即使凌云也虚心”。清代画家郑板桥一生爱竹,曾云:“宁可食无肉,不可居无竹;无肉使人瘦,无竹使人俗。”

④菊。花型多样,品种繁多。花期一般在10月至12月。菊花在我国有2500多年的栽培历史。在上海举办的“十大名花”竞选中,梅花名列第一,牡丹第二,菊花名列第三。菊花高洁清雅,秋季百花凋谢,唯有菊花盛开,傲霜挺立,深受文人喜爱,陶渊明的“采菊东篱下,悠然见南山”的名句脍炙人口。一般来说,9月至10月开花的是早菊,11月开花的是秋菊,12月开花的是晚菊。

植物极富形态变化,形态美表现在植物整体造型、树冠造型及枝、叶、花、果等的造型方面。松柏挺拔傲然,姿态厚重,为各地风景树;竹子潇洒风流而清丽;杨柳婀娜多姿;芭蕉洒脱大度。叶花果实的形态更是变化多端。风韵美亦即象征美,即将植物人格化,赋予某种涵义。例如,松、竹、梅誉为“岁寒三友”,松象征坚强不屈,竹子象征清雅高洁,梅象征忠烈;红豆象征着思慕和依恋;荷花象征着出污泥而不染;柳枝有送别之意;梅兰竹菊并称“花中四君子”;牡丹更有“国色天香”之誉。我国春夏秋冬都有不同的观赏花卉,而且长期以来形成一些树木和花卉的最佳观赏地,如黄山观松,北京香山观红叶,洛阳、山东菏泽观牡丹,苏州桃花坞赏桃花等。

(二)植物景观导游技巧

例

万石植物园位于狮山山麓,建于1960年,占地面积2.27平方公里,园区东起将军祠,西至虎溪岩,南达五老峰,北接虎园路。1988年,经国务院批准,园区被列为“鼓浪屿—万石山”国家级重点风景区的主要组成部分。至2000年11月12日,建园已整整40年历史。建园之初,仅作花圃经营,1961年,厦门市园林处派人从广州引回了数百种植物品种,这是第一批大规模的引种。这时,得到了福建省林业厅的重视和支持,合作建立“福建省厦门树木园”。其后,由于“文革”期间受到彻底破坏,至20世纪60年代末,该园一直处于停顿、观望和混乱的状态中。至20世纪70年代,才恢复引种。根据国家城建局局长丁秀的意见,将植物园定名为“厦门园林植物园”,并请著名文学家茅盾题写园名。厦门园林植物园也是建省第一个植物园。这里运用的是概述法。

植物园,顾名思义为种植植物之园,但它不同于一般的公园。这里的植物是为了研究和普及植物科学而种植的,它具有“科学内容、公园外貌”的双重功能。一个具有丰富内容的植物园,包含两个范畴:一是园林艺术;二是园艺技术。40年来,植物园引种各种植物达5000余种,在23个专类园区中分别定植。与此同时,还增建曲桥、亭榭、荫棚、新碑林等一系列风景点。人们在这个植物宝库里,不仅可以学到植物学知识,而且可以享受千姿百态的植物所形成的美丽景观,成为人们休闲旅游、陶冶情操的好去处。

……

厦门市市花“三角梅”。古称“九重葛”,亦名“南美紫茉莉”,北方多称为“叶子花”、“三角花”,广州、深圳则称为“簕杜鹃”,香港则用译名“宝巾”称之。

1872年由马偕博士从英国引种到我国台湾,后传入大陆,至今已有120多年历史。三角梅种类繁多,花色鲜艳,有紫、红、橙、黄、白等,又分单花瓣、重花瓣和斑叶多种。三角梅是一种不发生虫害的植物。

1986年10月23日,三角梅被选为厦门市市花,成为厦门城市景观的又一特色,给中外游客留下深刻印象。

本例导游词主要是以时间线索来进行导游讲解的。

(资料来源:《厦门导游词》)

(三)动物景观概述

我国动物种类多、数量大,包括兽、禽、鱼、虫等。它们有不同的形态外貌、生活习性、活动特点、鸣叫声音,可供观赏娱乐,同时还可开发狩猎、垂钓等旅游活动。

一些体形奇异、罕见或不宜接触的动物,如象、虎、豹、狮、河马、长颈鹿等都已成为某些景区或动物园的观赏对象。鸟类、蛇类以观色态为主;孔雀、猴子、八哥等主要观其活动或听其鸣叫。我国不少旅游区都有其特有的动物,如峨眉山的猴群、西双版纳的大象、扎龙的丹顶鹤、长白山的梅花鹿、海南的长臂猿等。有一些旅游区养殖特有的动物,制作出地方风味的食品以飨游客,如北京烤鸭、西湖醋鱼、太湖蟹、武昌鱼、深圳龙虾以及广州蛇餐等。

为保护我国的珍禽异兽,国家将大熊猫、金丝猴、长臂猿、白唇鹿、丹顶鹤、褐马鸡、牛羚、高鼻羚、野骆驼、亚洲象、绿孔雀、白鳍豚、扬子鳄、大鲵等古老而稀有或濒临灭绝的动物划定为国家一类或二类保护动物,采取措施重点保护。

大熊猫

(四)动物景观导游技巧

例

中国四川境内著名风景区峨眉山,除了怡人的自然风光外,山上的一群猴子也是别有特色,成为游客们去峨眉山的另一旅行目的。

峨眉灵猴被当地人称为“山儿”,说它们是峨眉山的儿子。也许是环境的灵气所致,也许是多年来游人的潜移默化,灵猴显得灵气十足,常摆出见多识广的派头。

灵猴一眼就能分辨出哪些是游客,哪些是本地人。对于携带吃食的游客,总能抢先一步迎上前去,索讨食物。

灵猴有三怕:一怕抬滑竿的,二怕背夫,三怕发放猴粮的。这些人都是每天必须与之打交道的,它们仅从服装上就能判别出不同的职业,很能“察言观色”、随机应变。

一到冬天,食物稀少,猴子们常到寺庙偷尝供果。管理人员照例定期发放猴粮时,猴子们就排列整齐,像幼儿园的小朋友一样乖巧。

在这里本文运用拟人的手法,把“猴子”比拟成“幼儿园的小朋友” 。

1. 时尚减肥风吹遍世界每个角落,峨眉山的猴子也开始减肥运动

灵猴十分爱美,猴妃、猴妹常对着水面照镜子、看仪容。猴哥们则很喜欢穿裙子的女性,特别是穿红裙子的,总爱凑上去亲热撒娇,更有甚者要撩起裙子看个究竟。

在这里，不仅运用拟人的手法，而且导游语言风趣幽默。

近年来，游客以戏猴为趣，施食成风，不劳而获的生活和丰富的食物，使灵猴体重日增，严重超标。为恢复灵巧的本来面目，杜绝"猴将不猴"的现象发生，一场追求时尚美的"集体瘦身运动"在峨眉山猴群中全面展开。

景区制定了四套瘦猴方案：一是禁止游客自带食物喂猴，猴区的食品限量供应；二是科学搭配，多吃粗粮；三是抽样体检，对症用药；四是强行敦促猴子运动瘦身。

2. 猴子也"朝九晚五"

在旅游黄金季节，猴子们为配合游客到来，也实行人类社会的"朝九晚五"工作制。

过去，猴子出现在猴区的时间无规律可循，饿了上班、饱了下班。现在结合旅游团队游程安排，游人抵达时间大多在上午9点至下午5点之间，于是，在管理员的训练下，猴儿们近年来也逐渐养成了"朝九晚五"的工作习惯。

猴倌们根据猴王的毛色和相貌特征，将猴区的猴群分别命名为"黄将军"、"黑炭头"、"豁嘴儿"，采用吹口哨、敲锣等方式，召唤猴儿们"上班"。

以上运用"跟上时代法"。语言和人们的思维是随时代前进而发展变化的，所以我们必须跟上时代，才能当好景点导游员。

作为景点导游员，应当经常读些国内外报刊，常听广播，并注重在导游讲解中学会运用生动形象的语言。

第二节 人文景观类景点的导游

在我国的旅游资源中，除了令人赏心悦目的自然的山山水水外，还有展现我国悠久历史与古老文化的人文景观。

一、历史古迹类

历史古迹是指人类活动留下的遗迹和遗物。当代游客的普遍心态是：求知、求新、求奇、求异与求乐。人们旅游的目的，已经不仅仅局限在陶醉于大自然壮丽的怀抱中，他们中的许多人开始喜欢追溯历史和回首往事，而历史古迹形象地记录着人类的功绩，且最能引发人们对往事的追忆。古迹类旅游资源包括古代人类遗址、古都、古战场遗址、名人遗迹、近现代重要史迹等。

(一)古人类遗址

古人类文化遗址包括古人类栖居的洞穴、住房、文化层等。我国古人类文化遗址遍布全国各地，但以黄河流域最为集中。目前已发现和发掘的著名古人类文化遗址有：旧石器时代的云南"元谋人"遗址、陕西"蓝田猿人"遗址、北京周口店"北京

“北京猿人”头像

猿人”遗址；新石器时代的河南渑池“仰韶文化”遗址、山东泰安“大汶口文化”遗址、陕西西安“半坡”遗址、浙江余姚“河姆渡文化”遗址等。按其栖居形态有岩洞式的周口店龙骨山岩洞、干阑式的河姆渡遗址、穴居式的河南偃师汤泉沟遗址、地面间架式的半坡遗址等。其中，北京周口店是我国境内发现最早、世界古人类遗址中化石材料最全、人类文化层最多的一处古人类文化遗址。

古人类文化遗址所展示的是人类起源的最古老的景观形态，令人产生奇妙、神秘的亲切感，是珍贵的旅游景观。

(二)古都

人类进入奴隶社会，国家出现了，首都就成为当时国家的政治、经济、文化中心。一个朝代、一段历史所发生的重大历史事件、人物活动和美丽的传说故事，大都同当时的首都有联系。著名的古都遗址有：河南偃师尸乡沟商城遗址、二里头遗址、郑州商城遗址、安阳殷墟，西周时陕西岐山、扶凤两县间的周原遗址，西安附近丰、镐遗址，春秋战国时洛阳东周城遗址，曲阜鲁故城遗址，楚纪南故城遗址，郑韩城遗址，赵邯郸故城遗址，燕都遗址，秦阿房宫遗址，汉未央宫遗址，邺城曹魏遗址，鄂城东吴遗址，唐长安城遗址，宋东京和临安遗址，金中都、元大都、明清北京遗址等。

(三)古战场遗址

古战场，一般都有险要据守的地形，并留下一些战争遗迹。在一场战争中，形形色色的人物先后粉墨登场，既有惊心动魄的事件，又有动人的、令人深思的故事。例如，宜昌、江陵和武汉一带，历史上曾是赤壁之战和夷陵大战的古战场。这里有诸葛亮的隆中茅庐、张飞的擂鼓台、庞统献连环计的凤雏庵与赤壁山、曹操败走的乌林、诸葛亮借东风的七星台、当阳桥和“长坂雄风”古碑，还有关公败走的麦城、被生擒的回马坡、玉泉的关陵，以及后人怀古的东坡赤壁等。此外，还有像晋楚城濮之战、齐魏马陵之战、楚汉成皋之战、曹袁官渡之战、东晋淝水之战、中日甲午海战等古战场遗迹。

(四)名人遗迹

历史名人，指对政治、经济、文化作出贡献并有影响的人物。他们的事迹在历史上有记载，在人民群众中广为流传，并在其诞生地、活动地有纪念性建筑，如故居、碑刻、祠堂等，供后人瞻仰凭吊。历史人物有以下几种：帝王、政治家、学问家、文人、英雄人物、宗教人士、科学家等。景点导游员在介绍这些名人时,应该熟知这些名人的传记。

杭州岳王庙忠烈祠

(五)近现代重要史迹

从鸦片战争以来,中国人民为争取独立、自由和民主,同封建主义、帝国主义和官僚资本主义进行了不屈不挠的斗争,留下了许多革命遗址、遗迹和文物,对怀念先烈、教育后人、增强爱国主义教育,争取尽快把我国建成社会主义强国有重要作用。近现代重要史迹大体包括下列几类:革命遗址、革命遗迹、革命地址、革命旧址、革命领导人活动旧址、重要会议旧址、墓葬、陵园、纪念碑、纪念塔、纪念性建筑等。特别是近年来"红色旅游"活动的开展,要求我们景点导游员要尽快熟悉近现代史实,做到讲解的准确性和趣味性相结合。

二、宫廷与礼制建筑类

(一)宫廷建筑类

宫殿是古建筑中最高级、最豪华的类型,是帝王专有、专用的居所。它以建筑艺术烘托出皇权至高无上的权威。宫,在秦以前是居住建筑的通用名;殿,原指大房屋。秦汉以后宫殿成为帝王居所中重要建筑的专用名。宫殿是国家权力的中心,外有宫城,驻军防守。

西方古代宫殿建筑的规模主要体现在单体建筑的雄伟高大,以立面景观最为突出。中国古代建筑不仅有单体规模的体现,更突出的是平面上的建筑组规模。层层院落的有序排列,时宽时窄的空间变化,高低错落的建筑组合,更增加了皇帝居所的恢宏、尊严与神秘。

1. 宫殿布局

(1)中轴对称。为表现君权受命于天和以皇权为核心的等级观念,宫殿建筑采取严格的中轴对称的布局方式。中轴线上的宫殿高大华丽，轴线两侧建筑低小简单，这种明显的反差，体现了皇权的至高无上；中轴线纵长深远，更显示了帝王宫殿的尊严华贵。

(2)左祖右社。中国的礼制思想，有一个重要内容，就是崇敬祖先，提倡孝道，祭祀土地神和粮食神。古代都城的布局规制即祭祀祖先的庙宇建在皇城外的东边，祭祀土神、谷神的祭坛建在皇城外的西边。明朝永乐皇帝朱棣在营建皇宫时，把祖庙与社稷坛建在皇城内，位于皇城前方的中轴线两侧。在宫殿左前方设祖庙，祖庙是帝王祭祀祖先的地方，因为是天子的祖庙，故称太庙；所谓“右社”，指在宫殿右前方设社稷坛，“社”为土地，“稷”为粮食，社稷坛，即帝王祭祀土地神、粮食神的地方。古代以左为上，所以左在前、右在后。

(3)三朝五门。中国古代帝王的朝事活动依其不同的内容，分别在不同规模的殿堂内举行，于是确立了三种朝事活动的殿堂，名为“三朝制”。所谓“三朝”指大朝、内朝、外朝。与大朝、内朝、外朝制相对应的建筑，则有奉天殿(太和殿)、华盖殿(中和殿)、谨身殿(保和殿)三座大殿。所谓五门制，就是在举行大型朝事活动的宫殿庭院前，沿中线以五道门及辅助建筑构成四座庭院，作为大朝宫殿前的前导空间。这五道门由内向外依次为：朝门、宫门、宫城前导门、皇城门和皇城前导门。

(4)前朝后寝。中国古代宫殿是帝王处理国家大事与日常生活的地方。这两种不同行为的活动空间，在宫殿建筑组群布局中有着严格的规定。前朝后寝就是这种布局的规制。凡用于各种朝会的建筑位于整座建筑群的前部，称为“前朝”；帝、后及其子女们生活起居的建筑位于后部，称为“后寝”。

2. 宫殿外陈设

(1)华表。古代设在宫殿、城垣、桥梁、陵墓前作为标志和装饰用的大柱。设在陵墓前的又名墓表。一般为石制，柱身通常雕有蟠龙等纹饰，上为方板和蹲兽。华表高高耸立，既体现了皇家的尊严，又给人以美的享受。竖立于皇宫或帝王陵园之前的华表，是皇家建筑的特殊标志。皇城门前各设有象征皇权的华表。

(2)石狮。宫殿门前都有一对石狮(或铜狮)。石狮(或铜狮)有辟邪的作用。又因为狮子是兽中之王，所以又有显示“尊贵”和“威严”的作用。按照中国文化的传统习俗成对石狮系左雄右雌。还可以从狮爪所踩之物来辨别雄、雌：爪下为球，象征着统一环宇和无上权力，必为雄狮；爪下踩着幼狮，象征着子孙绵延，必定是雌狮。在中华大地还有北狮、南狮之分。北狮雄壮威严，南狮活泼有趣。还有所谓“三王狮”的称呼，那是因为狮子是兽中之王，而狮子所蹲之石刻着凤凰和牡丹，凤凰是鸟中之王，牡丹是花中之王。

(3)日晷。即日影，它利用太阳的投影和地球自转的原理，借指针所生阴影的位置来显示时间。

南京六朝石刻

(4)嘉量。我国古代的标准量器。全套量器从大到小依次为:斛、斗、升、合、龠。含有统一度量衡的意义,象征着国家的统一和强盛。

(5)吉祥缸。即置于宫殿前盛满清水以防火灾的水缸,有的是铜铸的。古代称之为“门海”,比喻缸中水似海可以扑灭火灾,故又被誉为吉祥缸,古时每年冬天在缸外套上棉套,覆上缸盖,下边石座内燃炭火,以防冰冻,直到天气回暖时才撤火。

(6)鼎式香炉。有盖为鼎,无盖为炉。是古代的一种礼器,燃起檀香和松枝,既可辟邪,又可求吉祥。鼎式香炉,有三足而无盖。

(7)铜龟、铜鹤。龟和鹤是中国文化中的神灵动物,用来象征长寿,庆贺享受天年。最有名的被称之为龙头龟、仙鹤。在道教文化中的“福、禄、寿”,也常用仙鹤表示长寿。

(8)太平有象。皇帝御座旁陈设高大的象,用以象征国泰民安、社会稳定,因为大象躯体厚实、四肢粗壮、性情温柔、稳如泰山;又象征着五谷丰登、吉庆有余,因为大象身上驮一宝瓶,上盛五谷和吉祥之物。

(二)礼制建筑类

中国古代传统文化思想中,包含着浓重的对祖先的崇敬,对土地、粮食、天地、日月的感恩,对各种文神、武神以及其他神的崇拜。为了寄托这种崇敬和感恩的心情,产生和形成了许多坛庙建筑。

1. 祖庙与社稷坛

(1)太庙。位于天安门左侧。太庙是帝王祭奠祖先的建筑群。目前保存完整的是明清两代的太庙。其位于天安门东侧,平面呈长方形,四周有三重围墙。主体建筑为三进大殿及配殿,前面有琉璃门、戟门各1座,两门间有7座石桥。前殿坐落在三级汉白玉基座上,为面阔11间、进深4间、重檐庑殿顶的大殿。太庙以古柏著名,树龄数百年。1924年辟为和平公园,1950年改名北京市劳动人民文化宫。

(2)社稷坛。中国传统的治国思想是"以农为本",因为"民以食为天"。发展农业生产与土地密切相关,所以祭祀土地神和粮食神。古代就是以"社稷"代称国家的。社稷坛是帝王祭祀土神与谷神的地方,位于天安门西侧,与太庙左右对称。主体建筑为坐落在中轴线上的社稷坛和拜殿。社稷坛位于全园的中心,为汉白玉砌成的三层方坛。自上而下每层边长分别为16米、16.8米和17.8米。上层台面铺五色土,为中黄、东青、西白、南红、北黑。坛四周矮墙顶上分别覆以四色琉璃瓦,各边有一白色石制棂星门。拜殿原为皇帝祭祀时休息和求雨时行祭的地方,为面阔5间、单檐歇山顶的大殿。1925年孙中山逝世后,曾在此停放灵柩,故于1928年改名中山堂。为纪念孙中山,社稷坛同期改名为中山公园。

2. 天、地等坛

祭祀天、地、日、月、泰山等的活动,是历代帝王登基后的重要活动。

因为君权"受命于天",且要秉承"天意"治理国家,所以皇帝必须亲自去天坛祭天。祭天在南郊,时间在冬至日。因为土地是国家的根本,所以皇帝必须亲自或派人前往地坛祭地,祭地在北郊,时间在夏至日。因为万物生长靠太阳,因此必须到日坛祭日,祭日于东郊。因为月亮是夜明之神,因此又必须到月坛祭月,祭月于西郊。因为祭天、地、日、月等活动都在郊外进行,所以统称为郊祭。

历史上许多皇帝,如秦始皇、汉武帝等,都要登五岳之首泰山祭泰山神,称为封禅大典。

反映上述中国文化思想的旅游胜地主要有:

(1)天坛。位于北京老城区以南。始建于明永乐十八年(公元1420年)。其建筑由内、外两城墙环绕,南边围墙左、右两角成方形,北边围墙左、右两角成弧形,以象征古人"天圆地方"的观念。天坛由四组建筑组成:祭天的圜丘(坛呈圆形,以象征天,故名),祈求丰收的祈年殿,皇帝斋宿的斋宫,为祭祀服务的神乐署、牺牲所。这些建筑以圜丘坛、祈年殿为主体,前者在南,后者在北,中间以大道相连,大道宽约30米、长360米、高2.5米。斋宫、神乐署在主轴线以西。周围广种柏树,有一种肃穆的氛围。天坛是中国礼制建筑中地位最高、规模最大、等级最高、艺术成就最突出、保存最完好的建筑群。1998年被列入《世界遗产名录》。

(2)地坛。位于北京老城区以北。始建于明嘉靖九年(公元1530年)。地坛与天坛相对应,坛呈正方形,以象征古人"天圆地方"的观念,所以又名方泽坛。主体建筑为两层方台,尚有皇祇室、神库、神府、斋宫等建筑。

(3)孔庙。孔庙又称文庙、夫子庙、孔圣庙等。孔庙是祭祀我国古代著名的思想家、教育家、儒家学派的创始人孔子的场所。目前全国各地保存的历代孔庙甚多,尤以孔子故乡山东曲阜的孔庙规模最大、时代最早。由于孔子创建的"儒家学说"为中国封建社会的正统思想和统治阶级的精神支柱,因此孔子受到历代帝王的推崇,被追封为先师、先圣、文宣王、至圣、大成至圣等,并为其制定了设庙规制。曲阜孔庙原为孔子故宅,鲁哀公时立庙,历代增修,至明代扩至现存规模,占地327.5亩,房屋460多间。主要建筑有大成殿、奎文阁、碑亭等。整个建筑群以中轴线贯穿,左右对称、布局严谨。历代许多皇帝均在此举行隆重的祭孔活动。孔府是历代孔子嫡裔衍圣公的官署和私邸,又称衍圣公府。建于宋宝元年间,明嘉靖年间重修。后屡经扩建,遂成今日规模。孔府占地200余亩,包括厅、堂、轩等400余间,有院落九进。孔林是孔子及后代的墓地,因柏树成林,故名。1994年,有曲阜三孔之称的孔庙、孔府、孔林被载入《世界文化遗产名录》。

曲阜孔林

(4)岱庙。岱庙位于山东泰安泰山脚下。岱是泰山的别称,所以称东岳庙为岱庙。它是祭泰山神的地方,也是泰山规模最大、布局最完整的古建筑群。中国历代帝王常在这里举行封禅大典。

除了上述坛庙外,中国还有许多名人祠庙,如四川成都的武侯祠,是奉祀三国时蜀汉丞相诸葛亮的地方;成都杜甫草堂是为祭祀杜甫而建的;浙江杭州的岳王庙,是为祭祀中国历史上著名抗金英雄岳飞而建的;福建莆田的妈祖庙,是为祭祀人们敬仰的海神林默娘而建的;湖南汨罗的屈子祠,是为祭祀中国第一位伟大爱国诗人屈原而建的;陕西韩城的太史公祠,是为祭祀伟大的史学家司马迁而建的……无数的名人祠庙,反映了中华民族为礼仪之邦,现已成了著名的旅游胜地。

三、陵墓类

古人以为,人死以后,肉体已殁,但灵魂永存。帝王不同凡民,死了以后,更需要筑陵墓,以祈求祖宗保佑,社稷才得以永存。中国帝王陵墓的演变,呈现形式多样的特点,陵园建筑十分完整,珍藏着许多珍贵的历史文物,已成为举世闻名的旅游胜地。

清东陵

(一)陵墓封土的沿革

自产生灵魂观念以后,人们开始产生筑坟的思想。大约从周代开始,出现“封土为坟”的做法。根据《周礼·春官》记载,“以爵以封丘之度”,即按照官吏级别大小以决定封土的大小,当然天子、诸侯死了以后,其陵墓封土无疑是最大的。

1. 秦汉两代的“方上”

早期帝王的陵墓,是在地宫之上用黄土层层夯筑而成的,外形上是一个上小下大的方形锥体。因为陵墓的上部是方形平顶,犹如被截去顶部,故名“方上”。现存秦代秦始皇陵以及汉代帝王陵墓,都取“方上”的形式,其中尤以秦始皇陵为典型。

2. 唐代改为“以山为陵”

到了唐代,李世民认为平地筑起高坡太劳民伤财,同时为了防止水土流失和盗墓,即改为“以山为陵”的形式。唐乾陵即为典型例子。

3. 宋代恢复“方上”的形式

宋代恢复“方上”的形式,但不是简单的重复。宋代的“方上”规模比秦汉时代小得多。

4. 明清两代的“宝城宝顶”形式

一般形式为:在地宫上砌筑高大的圆形砖城,于砖城内填上土,使之高出城墙成一圆顶,这一圆顶即为宝顶;城墙上设垛口和女儿墙,犹如一座小城,即为宝城。宝城上建有明楼,楼内立石碑,刻着皇帝的庙号、谥号。

(二)陵园的建筑布局

帝王陵园的主要标志,就是上述的“封土”、“方上”或“宝城宝顶”。除此之外,因为帝王在幽冥世界也要享受在现实世界时的至高无上的荣耀，所以陵园范围极大，陵园建筑也很多。其布局一般依次为：

1. 护陵监

明清时代又称陵监，系专门设置的保护陵园的机构。为了防止被盗掘和破坏，每个皇帝的陵都有护陵监。监的外面有城墙围绕，里面有衙署、市衙、住宅等建筑。

2. 神道

又称作“御路”或“俑路”，系通向祭祀区和墓区的导向大道。神道两侧置有众多石俑、石兽。石俑、石兽宛如仪仗队。唐以前，神道并不长，在道旁置少数石刻，墓道的入口设阙门。到了唐朝，陵前的神道石刻有了很大的发展，大型的“石像生”仪仗队石刻已经形成。例如，唐乾陵的神道，全长约1公里，神道入口处有华表1对，华表之后依次为翼兽1对、鸵鸟1对、石马及牵马人5对、石人10对，还有无字碑、述圣记碑和61个“蕃酋”像。到明清时期，帝王陵神道发展到了高峰。明十三陵神路中央有“大明长陵神功圣德碑”，碑周围有4个石华表。神路两侧除神道石柱外，又有石兽24个，都是两卧两立；石人12个，内有武臣、文臣、勋臣各4个。

3. 祭祀区

为陵园建筑的重要部分，供祭祀帝王之用。主要建筑物是祭殿。早期曾称作享殿、献殿、寝殿、陵殿等。秦始皇陵陵园的北部设有寝殿，开帝陵设寝的先例。唐乾陵曾有房屋378间。明代帝王陵园的祭祀建筑区由祾恩殿、配殿、廊庑、祭坛、朝房、值房等建筑组成。

例

我国现存著名的帝陵有：

1. 黄帝陵

黄帝陵是中原各族共同的祖先轩辕黄帝的陵墓，是中国保留至今最古老的帝陵，始建于春秋。《史记》载：“黄帝崩，葬桥山。”桥山位于陕西黄陵县城北，总面积8500余亩，生长柏树8600余株，多数树龄在千年以上，是我国最大的柏树群。黄帝陵位于桥山之巅，山下有轩辕庙与之相呼应。

黄帝陵封土为丘冢，据说为衣冠冢，高3.6米，周长48米，占地200平方米，周围环以1.78米高的砖砌花墙。陵前立一石碑，上书“桥山龙驭”，为明朝嘉靖年间所立，碑前为一八柱祭亭，内立郭沫若手书“黄帝陵”碑。

2. 秦始皇陵

秦始皇陵是中国古代最大的帝王陵墓，也是世界上最大的陵墓。位于陕西省临潼县城东5千米骊山脚下，距西安市35千米，冢高77.6米，周长2000米，地下室、内城周长2500米，外城周长6200米，修建时间长30余年。1974年发现三个兵马俑坑。一号坑东西长230米，南北阔62米，武士俑和车马俑多达6000余个，精良的青铜武器，精致的艺术雕塑，震撼了考古界，继埃及金字塔、希腊宙斯神像、幕佐勒陵墓、巴比伦空中花园、土耳其狄安娜女神庙、罗得岛太阳神像、亚历山大港灯塔之后，被称为“世界第八大奇迹”。1987年被联合国教科文组织列入《世界文化遗产名录》。1994年二号坑又开发成功。这不但是中国文化史上的奇迹，也是世界文化史上的奇迹。

秦始皇陵兵马俑

3. 汉茂陵

汉茂陵是汉武帝刘彻(公元前156至前87年)的陵墓，位于陕西兴平县东15千米处，距西安西北40千米。因茂陵在西汉时属槐里县茂乡，故名。这是西汉帝王陵中规模最大的一座，形似覆斗，高46.5米，顶部东西长39.5米，南北宽35.5米，冢基边长240米。陵园呈方形，东西城垣430.87米，墙基5.8米。为了管理陵园，当时有5000人在此洒扫浇树，茂陵周围还有霍去病、卫青等20余个陪葬墓。在茂陵陈列16块珍贵西汉石雕，具有珍贵的历史价值和艺术价值，是文物中的瑰宝。

4. 唐乾陵

唐乾陵是唐代第三个皇帝高宗李治和女皇武则天的合葬墓。位于陕西乾县县城北6千米的梁山上，距西安约80千米，修建于高宗死后第二年(公元684年)。“依山为陵”，海拔1047.9米，占地面积约30余万亩。乾陵“头枕梁山、脚踏渭河”，非常壮观。

乾陵三峰耸立，南端二峰是人工修的两阙。北峰雄伟，是陵墓的主体。陵园原有内、外两重城墙，据《唐会要》记载，当初地面建筑378间。陵东南有17座王公大臣的陪葬陵墓，如永泰公主墓、章怀太子墓、懿德太子墓等。陵园内现尚存有丰富精美的大型石刻群，从南往北有八棱柱形华表1对、翼马和朱雀(鸵鸟)各1对、石马5对、戴冠着袍持剑的直阁将军石人10对，并有两幢高达6.3米的《述圣记碑》和

《无字碑》,以及参加高宗葬礼的中国少数民族首领或友好国家特使的石刻像61尊;内城四门外各有石狮1对。这些石刻,造型逼真,神态生动。

5. 宋陵

宋陵位于河南巩义市。北宋九个皇帝,除徽、钦二帝被金虏后囚死漠北外,均葬于此,共七帝八陵。陪葬宗室及王公大臣如寇准、包拯等墓300座。南宋帝陵多位于浙江绍兴。

6. 明十三陵

明十三陵位于北京昌平区,距市中心约50余千米处,巍然耸立着苍翠无比的天寿山。天寿山前壑谷幽深,绿树成阴。在陵区方圆约40平方千米的小盆地里,错落有致地埋葬着明代的十三座陵墓。从明成祖朱棣永乐7年(公元1409年)开始在这里营造陵墓,以后明代有十三朝皇帝及其皇后都埋葬在这里。碑亭华表、石兽石人、陵门宫殿、明楼宝城,皆掩映在苍松翠柏之中。

十三陵以长陵的建筑最为宏伟。陵墓前面是祾恩殿,它建筑在三重白石台基上,形制与故宫的太和殿差不多,但建筑年代却比太和殿早。最惊人的是大殿里60根10米高、两人不能合抱的大柱子,都用独株的金丝楠木做成。殿后有两层楼城堡,叫明楼,上有墓碑。再后面是宝城,宝城城墙长达一千多米。

在长陵西南的大峪山下,有着明神宗朱翊钧的陵墓。这是十三陵中最早被发掘的陵墓,发掘出来的地下建筑被誉为富丽堂皇的地下宫殿。地宫距地面27米,由前、中、后、左、右五殿组成,面积1195平方米,全部为石结构,没有梁柱。石门为汉白玉雕的宝座和三个“龙缸”。缸内盛有植物油,作为点长明灯用的。后殿放着朱翊钧和他两个皇后的棺材。地宫出土的随葬器物包括金、银、玉、瓷、漆器及纺织品、衣物等共三千多件,分别在展览室展出。

长陵位居陵区正中,东侧是景陵、永陵、德陵;西侧是献陵、庆陵、裕陵、茂陵、泰陵、康陵;西南有定陵、昭陵、思陵,各陵共设一个神道与牌坊,整体布局由神道和陵园两部分组成。石牌坊为神道的起点,向北依次是大宫门、碑亭、龙凤门等。这组建筑两侧是以巨石雕琢的24座石兽和12座石人。

各陵园建筑除面积大小、建筑繁简有异外,布局、规制基本相同。陵园平面呈长方形,中轴线上依次为陵门、碑亭、祾恩门、明楼、宝城等。

7. 清陵

清代帝王陵墓主要集中在四个地区:永陵在今辽宁新宾,为清太祖以前的肇、兴、景、显四帝陵墓;清太祖福陵与太宗昭陵在今辽宁沈阳附近;清东陵位于河北遵化,包括孝陵、景陵、裕陵、定陵、惠陵及诸后妃之陵;清西陵位于河北易县,有泰陵、昌陵、慕陵、崇陵及诸后妃之陵。清东陵及清西陵的平面布置沿袭了明代诸陵的旧制,只是在其坟丘上部增设了月牙城。清东陵陵区内各陵的建筑规制和布局大致相同,均依照孝陵而建,孝陵在关内诸陵中最为壮观。2000年被列入《世界遗产名录》。

(三)墓室结构

1. 土穴墓

在原始社会早期,墓穴形式很简单,只在地下挖一土坑,墓坑一般都小而浅,仅能容纳尸体,无棺椁,尸体也无特殊东西加以包裹。到新石器时代晚期开始出现葬具。在大汶口文化后期,少数墓坑面积很大,坑内沿四壁用天然木材垒筑,上面又用天然木材铺盖,木椁底部还涂了红漆。

2. 木椁墓及“黄肠题凑”

进入阶级社会以后,墓葬制度中存在着严格的阶级和等级的差别,统治阶级的陵墓有着十分宏大的规模。王和各级贵族的墓,都用木材筑成椁室。椁是盛放棺木的“宫室”,即棺外的套棺,将砍伐整齐的大木枋子或厚板用榫卯构成一个扁平的大套箱,下有底盘,上有大盖,在棺内分成数格,正中放棺,两旁和上下围绕着几个方格,称之为东厢、西厢(或左厢、右厢)、头厢、脚厢。东厢和西厢是存放殉葬品的。

“黄肠题凑”是西汉帝王陵寝椁室四周用柏木枋堆成的框形结构。“黄肠”是指柏木黄心,即椁室外堆垒所用的柏木枋,木心色黄。“题凑”是指木头皆指向内,即四壁所垒筑的枋木全与同侧椁室壁板呈垂直方向,若从内侧看,四壁都只见枋木的端头。黄肠题凑是木椁墓的一个重大发展。根据文献记载,这种葬制最迟在战国时已经出现,目前所知年代最早的木构题凑是西汉初年的墓中发现的。此外,还发现了西汉中期、晚期的黄肠题凑。其中西汉中期的北京大葆台汉墓一号墓,是用15000多根柏木椽叠垒成的宏大题凑,高达3米,直抵墓室顶部,其内设回廊及前、后室,为黄肠题凑的成熟形式。

河南打虎亭石墓

3. 砖石墓

从汉代开始,普遍采用砖石筑墓室,木椁墓室逐渐被取代。这是中国古代墓葬制度的一次划时代的大变化。这种变化主要是从西汉中期开始的,逐渐普及到各地。西汉中期,中原一带流行空心砖墓。西汉晚期开始出现石室墓,墓室中雕刻着画像,故称“画像石墓”。墓室的结构和布局,也是仿照现实生活中的住宅。从汉到隋、唐、宋、元、明、清各代,砖石砌筑的墓室和地宫一直在不断发展。这种地下宫殿的规模更大,这是与后代砖石建筑技术的发展密切相关的。最著名的地下宫殿即明万历皇帝的定陵,位于北京市昌平区。

四、园林类

园林,是指在一定地域运用工程技术手段,通过改造地形如筑山、理水、叠石、种植花草、放养动物、营造建筑、布置园径等途径创作而成的优美的自然环境和游憩境域。中国是世界上园林艺术起源较早的国家之一,至今已有三千年的历史。中国的造园艺术以其独特的空间艺术体现了中华民族崇尚平和谐调、淡泊宁静的精神。造园艺术的本质特征,就是对大自然的山水加以整治,或者在清静的市郊或喧嚣的闹市营造一片模山范水,以再现一个充满诗情画意的大自然生活环境。它的最高境界就是明代计成在《园冶》一书中所指出的"虽由人作,宛自天开",这也是中国园林建筑的最高法则。

(一)中国造园的基本法则

中国园林历经数千年的发展,逐渐形成了具有中国特色的造园理论体系和艺术特色。归纳起来,大体具有以下基本法则:

1. 自然美的艺术法则

中国人自古热爱大自然、崇尚大自然,以天地之美为美,主张"天人合一"。因此,在造园时,最求自然野致、旷达风流、师法自然,强调自然、古朴、旷达、开涧植林、聚石引泉,以最大限度再现自然山水。

2. 意境美的艺术法则

中国园林除了表现真山真水及其野趣自然美的"生境"外,往往还要表现出高于自然美的"画境",以寄托诗情画意理想美的"意境"。例如,杭州的一些园林,多是绕湖建造,集芳园位于西湖之北的葛岭山下,前有西湖,后有葛岭,建筑物皆雕梁画栋,富丽堂皇。园中还有小园,延祥园在孤山西侧,内有瀛山屿、六一泉、挹翠、清新堂、香月等,这些园林都充分体现出"疏影横斜水清浅,暗香浮动月黄昏"的美好意境。

3. 含蓄美的艺术法则

受中国诗、书、画的影响,中国古典园林也十分重视含蓄美的艺术准则。例如,中国古典园林常用的抑景、框景、借景、漏景等手段,实际上都是为了制造含蓄的意蕴,使园林空间分割、延伸、交替、流动,创造出千变万化的生动气氛。到过苏州园林的游客都普遍有一种感觉,那就是它的含蓄美。例如,苏州的环秀山庄,面积很小,园内有一屋一亭,假如显露在外,必然索然无味,但独具匠心的造园者把屋、亭建在山石树木之后,从前面看去,只见山石叠立、乔木参天,再加上飞檐翘角掩映其间,使人感到悠远深邃。

中国园林追求含蓄美,还往往体现在利用象征和暗喻手法上,园中一景一物、

苏州网师园

一山一石都有象征之趣,只有细细品味之后才能领悟其意。例如,扬州个园,门口种了几丛竹子,“个”是“竹”的一半,园名隐晦曲折地说出了坚贞不屈的竹子只在此处有一根了,含蓄地表达了园主的孤高情怀。

4. 空间美的艺术法则

园林是一种四度空间的艺术,而不是平面图案,是一种能让人身临其境的真实环境,它的每一处构思,都是令人可感可触的立体景观。因此,园林艺术的空间美具有特别的永久魅力。

园林布局中,叠山、理水、竖亭、筑墙、架桥、种植花木等,都要遵循美学原则,进行多变的空间组合,使园林既有空旷开朗的景区,又有精妙的可供人细细观赏的景区,使园林富有生气。例如,北京颐和园,全园以万寿山为中心,分前山和后山两大景区,前山水面浩渺,昆明湖碧波荡漾,拱桥卧波,远处西山的倒影映入湖面,远远望去,令人心旷神怡。昆明湖又以长堤划分湖面,湖中设岛,景深而开阔。后山湖北曲折,山谷幽深。园内建筑景观大都集中在万寿山南麓,佛香阁成为全园的最高点和景观的构图中心。正中主轴线一组建筑为大报恩延寿寺。位于昆明湖中的南湖岛与西面另外两个小岛,又构成蓬莱三岛的传统模式。后山一带又有“须弥灵境”、“万宝塔”等建筑遗址。后山后湖景区最有趣的是沿河两边的苏州街,从苏州街东去,则是霁青轩和谐趣园。湖北岸又有迂回长廊,廊顶梁枋、彩绘美不胜收。整个园林布局灵活多变、气象万千,可谓体现园林空间美的典范。

(二)园林的景点导游

1. 移步换景导游

景点导游员带领游客游览园林,一般都要采用移步换景导游讲解,即边走边看导游讲解。这种讲解法，要求景点导游员在入园处先概括地介绍一些园林的基本情况、基本要点，如名称由来、背景、面积、主要景点、欣赏价值、园林特点等等。然后带领游客顺次参观游览，边看边讲；但移步换景不仅是循序渐进的游览，更重要的是要产生步移景异之感，讲究的是游览讲解中"起承转合"的章法，像音乐或戏剧一样，有开端、发展、高潮、结局。

2. 变换角度导游

在园林导游中，就某一景物，还要善于从不同的角度对游客进行导游讲解。对同一景点，可引导游客远眺、近看、仰观、俯视，然后从不同的角度讲解。正所谓"横看成岭侧成峰，远近高低各不同"。

同一处景点、同一处山水还会因四季之分而不同。景点导游员也要注意引导游客想象四季不同的景色，带领游客进入不同的艺术境界。北宋画家郭熙在《山川训》中说："山水之烟岚，四时不同。春山淡冶而如笑，夏山苍翠而如滴，秋山明净而如妆，冬山惨淡而如睡。"四季景色不同，带给游客的感受乃至情绪也就不同。

扬州何园

3. 分门别类导游

中国园林的物质构成大体可分为水景、山石景、植物景和建筑景，要素虽基本相同，但南北风格不同，各园之间的特色相异。在园林导游中，景点导游员可根据所游园林的具体情况和特点，分门别类地加以讲解。

(1)水景。水景被称为中国园林的命脉。园林中的泉、溪、瀑、池、湖都是根据不同的组景需要设造的。北京芍园的水景可谓千姿百态，游后给人以"到门唯见水，入室尽疑舟"的感觉。游过浙江绍兴沈园水景后，文人则写出了"伤心桥下春波绿，曾是惊鸿照影来"的诗句。

(2)山石景。堆石叠山是中国园林的独特创造。园林中的假山，有的深厚，有的瘦削，有的刚劲，有的精巧，千姿百态，不一而足。园林除假山外，另一种表现形式则为置石，即以单块奇石立于院中，或玲珑剔透，或棱角分明，或纹理苍老，或关窍相通；或阴柔，或阳刚，或奇突，或浑朴。"透、瘦、皱、漏、清、丑、顽、拙"八字是古人对园林假山、置石的审美评价概括。

(3)植物景。园林没有花木，就没有色彩，没有生气，也就不成其为园林，所以植物景是园林的重要组成部分。园林植物讲求配置，木有高低，杆有粗细，枝有疏

苏州拙政园　小飞虹

密,叶有阔窄,色有浓淡,造园者经过不同方位不同品种的配置,用来增强园景的变化。例如,殿前立松,墙根种竹;水边植柳,间种红花;篱畔栽菊,配以芳草。这就增添了园林的诗情画意。

(4)建筑景。园林建筑是园林的“眼睛”,又是园林山水与游人之间的连接纽带,有它独特的审美价值和游览效应。园林建筑一般散布在山景、水景、植物景之中,单体建筑之间多用曲径、曲廊、曲桥相连,使园林建筑能和周围风景和谐融合。

4. 造园手段导游

为深化了解中国园林的艺术魅力,介绍一些造园手段也是常用的导游讲解方法。

(1)借景。借景是借用景点以外的景色,有远借、邻借、仰借、俯借等,用以扩大园林空间,丰富园林景色,达“纳千顷之汪洋,收四时之浪漫”之目的。

(2)引景。引景是为增强游人游兴和好奇心,鼓励和吸引游人继续攀登,往往在曲折的山径尽头或山顶建造一座亭子或塔,秀出天际,非常醒目,对游人具有很大吸引力。

(3)点景。主要是为增添园林风景魅力和色彩。

(4)藏景。就是藏景于园,形成园中有园的境界。

(5)对景。一是指人与景的相对关系,不管身处园中什么位置,对面有景可看;二是指景与景的相对关系,不论园中的任何景点,都有相得益彰的景点相对应。

(6)框景。是指园林中建筑的门、窗、洞,或树木树枝抱合而成的景框,往往把远处的山水景观或人文景观框在其中。

(7)漏景。是指园林围墙或走廊墙上常常设以漏窗,或雕以带有民族特色的各种几何图形,或雕以令人喜闻乐见的花木、动物等,透过漏窗的窗隙,可见园内或园外的美景。

(8)抑景。园林造景不会让游人一进门就看到最好的景色,往往要卖几个“关子”,先藏后露,给人以“山重水复疑无路,柳暗花明又一村”的惊喜,这种方法就叫抑景。

(9)夹景。景点在远方时,视线两侧若空空荡荡,景点就显得单调乏味;若景点两侧用花木或相应的建筑物屏障起来,景点就显得富有生气,这种手法就叫夹景。

5. 将知识融入导游

在园林导游讲解中,往往会涉及一些建园背景、历史事件、历史人物及园中一些楹联等知识内容,这种讲解方法即知识融入讲解法。文化层次较高的游人,很看重这种讲解方法。

有的园林的建园背景不仅富有知识性,而且还有故事性,如穿插加以讲解,往往会起到引人入胜的效果。

例

北宋庆历年间,在朝廷做官的苏舜钦因遭诬陷被削职为民,退隐苏州。有一天,他独自到南园一带散心,只见此处有一大块荒地,三面环水,有些杂乱树木,还有些残败的池台亭阁,原来是一处废园。苏舜钦喜欢这个地方,回头见河边有一船,船上有一老翁在钓鱼,苏便上前和老翁攀谈起来,得知此处曾是吴越国广陵王近戚孙承佑的别墅,后来人败园废,可谓荣华富贵、过眼云烟。这正与他不顾高官厚禄愿过清贫自在生活的思想相近,于是,他花了四万铜钿买下这个废园。他雇工理水叠山,广植花木,建屋造园。苏舜钦望着浩渺烟波,心旷神怡,忽然记起《孟子·离娄》所说:“沧浪之水清兮,可以濯吾缨;沧浪之水浊兮,可以濯吾足。”喻皇上英明,则洗净帽缨为其理政;皇上昏聩,且隐居山林之中,洗足自娱。于是苏舜钦把园中最高的亭子叫沧浪亭,并以亭名为园名。园中有亭,不可无联。苏就给正在酴州做官的好友欧阳修写信求联,欧写好后托人带给苏,此联为:“清风明月本无价,可惜只卖四万钱。”苏觉得上联还好,下联粗俗且不对偶,于是他只将上联先挂起来,下联空着。苏的亲朋好友前来游园,看到只有上联,均不解其意。一日苏邀请老渔翁在石亭饮酒,望着眼前好景,情不自禁吟诵起诗来:“东出盘门刮眼明,萧萧疏雨更阴晴;绿杨白鹭俱自得,近水远山皆有情。”这时,老渔翁突然喊道:“下联有了,这最后一句正合其意。”于是天然巧合了一副很好的对联:“清风明月本无价,近水远山皆有情。”

通过这样的导游讲解,不但了解了园林景点的设置用意,还使游人增长了许多知识,加深了文化修养。另外,在讲解中,还应注意触景生情和寓情于景等导游方法，力求生动活泼，使游人得到启示和教益。

五、宗教建筑类

宗教建筑是反映宗教信仰和文化的有力表现形式。中国的宗教建筑往往建于名山之中。一是山岳的清净悠远能够体现宗教的超凡脱俗；二是山的自然地势、自然景物有利于宗教建筑增加气势，营造一种虚幻境界从而增强宗教建筑的崇高感、神秘感。

（一）佛教建筑

佛教产生于公元前6世纪的古代印度，于西汉哀帝元寿元年（公元前2年）开始传入中国。佛教传入中国后，对中国的政治、思想、文化都产生了广泛、深远的影响。由于佛教这种异域文化的传播，使中国的文化更加多元化，表现在建筑艺术方面，则是在各地兴起了建塔造寺的热潮，涌现了很多佛寺、佛塔、佛教龛窟建筑。寺院、佛塔、石窟合称佛教三大建筑。

1．佛教寺院

寺，本为汉代从事某项具体工作的中高级官署的通称，如太常寺、太仆寺等。中国第一个佛教寺院白马寺，最初也不过是安置外国僧人的地方。佛教寺院后来逐步变为僧人居所的专称，成为僧人修持佛法和弘扬佛教教义的场所。

自从有了洛阳白马寺后，全国便开始了建寺造宇之风。到了东汉末年，已经有了规模相当宏大的佛寺了。经过唐朝这个佛教的鼎盛时期，在中国的大地上可谓寺宇林立，晚唐诗人杜牧曾有诗句描绘佛寺的盛况："南朝四百八十寺，多少楼台烟雨中。"诗里的数字只是一个虚数而已，实际上佛寺的数目远远不止这些。

四川乐山大佛

在佛教寺院中，"殿"是供奉佛和菩萨像以供礼拜祈祷的地方，如大雄宝殿、天王殿等。"堂"是供僧众说法行道和日常生活起居的地方，如法堂、斋堂等。一般来说，殿堂的名称或者根据所设佛像而定，或者根据其用途而定。宋代以后，寺院盛行"伽蓝七堂制"，七堂为：山门、佛殿、法堂、僧堂、厨房、浴室、西净或东净。

游览寺院，必须要了解寺院的布局。我国寺院的布局是按照中国传统的营造法则，把主要建筑放在了南北中轴线上，次要或附属的建筑则分列在中轴线的两侧。具体地说，中轴线上由南往北，主要建筑是：山门、天王殿、大雄宝殿（大殿）、法堂、藏经楼。寺院的东侧（左侧）是僧人生活

西藏拉萨布达拉宫

区，有僧房、香积厨（厨房）、斋堂、茶楼（方丈接待室）、寝堂、职事堂等。西侧（右侧）可谓旅馆区或接待区，主要是云会堂，以接待云游四海的僧人们而得名。

前面提到，佛寺大多建于名山之中。这是为什么呢？因为佛家认为，修行必须要远离喧嚣的市井场所，名山之中自然幽静无比，是再好不过的修身养性之所了。印度佛寺在传进中国后，受到中国宫殿、官署等传统建筑的影响，形成了中国化的佛寺建筑。佛寺建筑有以下特点：

(1)多为木结构建筑。

(2)斗拱是木架构的关键，大屋顶、飞檐与其他木构古建相同。

(3)中心定位，均衡设计，以中轴线为主，成四合院布局，向纵深扩展。以正殿为中心，前后二殿烘托，左右有配殿，多数是一正两厢，钟、鼓楼列于两边。

(4)注意自身美和寺院周边环境，多有园林景观。

(5)重色彩和装饰，屋顶流丹溢彩，花墙、门窗非雕即画，藻井彩绘与诸佛菩萨相得益彰。

2. 佛教石窟

在岩石表面雕刻出来、浅凹进去的阁称龛，在洞内雕塑的称窟，在岩石表层直接雕刻的称摩崖石刻。石窟是佛教三大建筑之一，起源于印度。它大多开凿于悬崖峭壁，有礼拜窟和禅窟两种。当初，佛教徒为了便于苦修，想要寻找幽静的场所，于是离开了世俗之地，到了偏远的山中，在山崖的陡壁上开凿了洞窟形的佛寺建筑，供修行之用。

中国的石窟建筑文化，是印度石窟寺文化的中国化。

我们在观赏石窟的过程中会欣赏到不同的石窟寺，游客可能会有这样一个问题：为什么有的石窟看起来粗糙简陋，而有的则精致大气呢？这是因为中国石窟的建筑艺术和技术也有一个逐渐提高的过程。在建造之初,其建筑技术与艺术都比较粗糙,石窟看起来简陋、狭小。随着凿窟之风日盛,各地都开始了大规模的开凿工程,凿窟的技术和艺术也相应有了很大的提高和进步。

河南龙门石窟

人们热情高涨的主要原因是佛经上讲的一段话,大意是假如能把过去世、现在世、将来世的佛都供养起来,就会功德无量,德行圆满后,就会进入佛所说的超越时空、超越生死轮回的清净世界。而且,中国古代建筑中"尚大"的观念在石窟寺的建造中再一次得到了印证,如四川的乐山大佛的高度达到了71米,花了90年才完成。另外,各地千佛、万佛的开凿也很普及。现存最著名的石窟遗迹当属甘肃敦煌莫高窟、山西大同云冈石窟、河南洛阳龙门石窟了。

我们可以简单地从两个方面去欣赏石窟或者去鉴别石窟的凿刻朝代,一个是佛像,一个是壁画。我们先从佛像来看吧。不同时期的石窟内佛像在造型上还是有很大的区别的,北魏时期的佛像看起来就比较清瘦、飘逸,而唐代石窟中的佛像则比较丰腴、高大。这大概和不同时期审美观的不同有着一定的关系吧。

石窟内的壁画内容有着不同的主题,非常丰富,这和每一个时代的社会背景及人们的心态有着一定关系。例如,南北朝时期战争不断,老百姓流离失所,苦不堪言,他们希望今世能够修行功德,死后进入天国。于是在壁画上的主题大多是表现一种自我牺牲精神。到了太平盛世,国泰民安,人们的所思所想自然与战争年代不同,人们更想看一看佛经中宣扬的西方极乐世界的模样,于是这时壁画的主题就是以表现这个内容为主了。我们在这样的壁画中会看到,四周亭台楼阁,佛正在为他的弟子们说法,歌舞优美,飞天散花,充满了欢腾气氛。其中,飞天的优美形象最引人注目。飞天在佛教艺术中称为"香音之神",据说能奏乐、善歌舞。唐代的飞天总是配合佛说法而存在。她既不像汉画中的羽人,又不像古希腊插翅的天使及古印度腾云驾雾的天女,唐代艺术家只用简练的线条就勾勒出香音女神优美的舞姿,使飞女漫天飞舞起来。这让游客无不赞叹古人的技术之精湛、石窟壁画艺术之神奇。

3. 佛塔

塔是佛教建筑的一种类型,起源于印度,梵文名 STUPA,巴利文名 TOPES。我国古代译作俘图、浮屠或佛图。印度的 STUPA 原来是供藏佛骨舍利的,带有坟墓的性质。它的形式是在台基之上置一圆形覆钵,上立刹杆(刹是塔顶上的立柱,原来内藏舍利子,后来对塔顶上的立柱也称刹杆)。因内有佛的舍利子,成为佛教徒礼拜的对象。发展到后来,以局部借代全体,所以佛寺也有叫"刹"的。

我国古塔的种类有很多。从外观形式上看,可分为楼阁式、密檐式、金刚宝座式等;从层数上分,可分为三层、五层、七层、九层等;从建筑材料上分,又分为木塔、砖塔、铁塔、金塔、银塔、铜塔等;从平面形状上分,有四方形、六角形、八角形、十二角形及圆形等。

汉传佛教的塔,主要包括地宫、塔身(含基座)和塔刹三个部分。

山西应县木塔

(1)地宫

地宫是中国式佛塔特有的结构,又称"龙宫"或"龙窟"。它与我国古代帝王陵寝的地下宫殿相似,但形制不大。地宫是用砖石砌成的不同形状的地穴,大都建在地面以下,也有一半在地下、一半在塔内的。地宫主要用来埋葬佛舍利,还常埋有佛经、珍宝及其他器物。地宫埋在地下,和中国坟墓的地穴犯同一个毛病:积水。积水多了就往外渗,往上泛。所以过去民间常讹传塔下地宫是"海眼",说这些塔是为镇海(镇妖)而建,是防止发大水的。

(2)塔身

塔身包括塔基和塔身两部分。塔基是整个塔的基础,覆盖在地宫上。早期塔基一般较低。唐代以后,塔基明显地分为基台和基座两部分。基台就是早期的塔基，基台上承托塔身的底座叫基座。由于后来塔建得越来越高大、越来越华美，塔基的发展保证了建筑物的稳固，也使塔显得庄严雄伟。

塔身是塔的主体，内部分实心和空心的两种。中空的，一般能登临远眺。

塔的层数也颇有讲究，但各佛经所说也并不统一。最多的是十三层，象征释迦涅槃后的是七宝塔，以下大抵是菩萨七层，缘觉六层（“缘觉”是指凭自力而获致成佛的人），罗汉五层，“不还果”果位者三层（“不还果”为小乘佛教罗汉果的第三果，即第三阶位），“一来果”两层，“预流果”一层（“一来果”指小乘的圣者已断灭了预界九种烦恼中的六种，“预流果”则更低）。

中国汉地佛塔的层数多为单数。这和中国古人崇尚奇数有关。在中国文化中，奇数是天数、阳数、生数，偶数是地数、阴数、成数。塔向上朝向天，为圆、为奇；向下平面展开朝向地，为方、为偶。佛塔顶天立地，一阴一阳，天地之合，阴阳之和！

塔的平面边与角多为偶数，从四面四角到十二面十二角。塔的平面边与角的数，具有明显的佛教教义的象征意义：四方塔表示四圣谛（苦、集、灭、道），六角形塔表示六道轮回，八角形塔喻八正道，十二面塔喻十二因缘。

(3)塔刹

塔刹就是塔的顶子，有尖的、圆的，有用砖石砌的，也有用金属制作的，形式多样。作为塔的最崇高的部分，冠表全塔，极为重要。塔刹本身也是一座小塔，它的结构分为刹座、刹身（刹杆）和刹顶三部分。内用刹杆直贯串联。

刹杆是直立到顶串联诸物的一根直杆，代表佛寺幡杆立于塔顶的“刹座”之上。有的竟穿过刹座而进入塔内几层，以保证牢固。

刹座常为收束塔尖的一个小平台。大型的刹座有作覆钵形的，也有作须弥座或作莲花座形的。远望如大塔之上又有一座小塔。这种大型刹座中常藏有另一个“地宫”，有人戏称为“天宫”，因为“宫”在空中，宫内也藏有舍利、经卷等。

刹身的主要形象是套贯在刹杆上的圆环，称为“相轮”，也有称为金盘或承露盘的。它作为塔的一种标志，起敬佛礼佛的作用。一般是九个，称为“九轮”。相轮上置华盖，称宝盖，作为相轮刹身的冠饰。

刹顶是全塔的顶尖，在宝盖之上，一般由仰月、宝珠所组成。刹上圆盘代表诸佛菩萨头顶上放射的圆形光轮；仰月代表密宗“金刚界”的月轮。宝盖为平顶有沿伞状，象征佛座上的七宝华盖。有时塔顶上还塑成宝瓶样，这是印度佛教徒的一种水瓶，作为日常用具，灌顶、浴佛都用它。观音菩萨手持的净瓶便是由此变化而来。有的匠人按汉俗发挥，把它建成了中国式的宝葫芦样。

宝珠就是佛教盛传的“摩尼珠”，又名“如意珠”。传说诸佛涅槃时，留下碎身舍利，这种舍利后来就变化为摩尼珠。宝珠常置于塔刹之顶，下面常呈火焰形，故又名火焰宝珠，简称“火珠”。为避讳说“火”字，近代匠人就改称为“水烟(焰)”了。宝珠一般为一个，其变式有串联的三至九个，大小不等，一直到顶，形状略似北方的冰糖葫芦。

塔院是僧人的公墓。入塔的一般都是高级僧尼，根据功德的高低和影响的大小而决定塔的高低大小。因为老寺塔院的塔多，故又称为塔林。有塔林者必是大寺、古寺，如北京的潭柘寺、山东长清的灵岩寺、河南嵩山的少林寺等。佛门乃清净之地，塔林内尤其应当保持宁静，景点导游员应劝阻游客不可在那儿嬉闹。

（二）道教建筑

道教是东汉晚期形成的，创始人是东汉顺帝时的张道陵，他奉老子为教主，因为入道者必须交五斗米，所以也被称为“五斗米道”。道教是汉民族固有的宗教，是土生土长的中国宗教，因而在道教的宗教建筑上，具有中华民族风格和民俗特色。

宫观是道宫和道观的合称，是道士修道、祭神、举行宗教仪式以及储藏经典的处所。其中规模较大、供奉“天尊、帝君”的称为宫观，规模较小的称为道院，部分祭祀民俗神的小规模建筑也有被称为庙或庵的。

福建泉州老君岩

几乎所有的宫观都选择在一些名山大川中，这是为什么呢？因为以长生成仙为核心、崇拜神仙的道教，也接受了古代神话中对于仙境的描述，他们想象中的仙境近似名山大川；道教将宫观建于山巅之上还受到风水观念的影响，因为山巅与天更接近，利于成仙。

从总体上讲，宫观的布局吸收了我国古代的阴阳五行学说，根据八卦乾南坤北、天南地北方位，以阴阳子午线为中轴，坐北朝南，讲究对称。两侧日东月西，取坎离对称之意。其选址重视风水，以便于“聚气迎神”。其结构多为中国传统的木结构体系，其组合原理和建筑艺术，与宫殿、佛寺、宅第大体相同。

宫观建筑群一般由神殿、膳堂、宿舍、园林四部分组成。神殿是宫观的主要宗教活动场所，一般由山门殿、灵官殿、三清殿、玉皇殿、三官殿等几部分组成，并依次排列在南北向的中轴线上。山门殿,一般供奉青龙神和白虎神,相当于佛寺的哼哈二将;灵官殿,相当于佛教的天王殿,供奉王灵官;三清殿,相当于佛教的大雄宝殿,供奉道教最高神“三清”;玉皇殿,供奉玉皇大帝,有的供奉“四御”;三官殿,供奉天官、地官和水官。宫观前面大多建有影壁,用来表示藏风聚气或辟邪之意。正殿两侧为东、西配殿,供奉次要的道教尊神。由于道教的神体系复杂不一,而且各宗派供奉的对象不同,所以每座宫观配殿的名称也不一样。正殿两侧的配殿除供神外,还设置有客堂、斋堂、厨房、仓库等生活用房。道士的宿舍区和园林区比较灵活,多散建在宫观的静僻处或在附近单独设院。有些规模比较大的宫观在中庭的两旁还单独建有东、西两座道院,用来供奉一般尊神,道士的生活区亦建于其中。

与佛教寺院所供奉的神像相比较,道教宫观殿堂的设置与布局没有那样固定和严格,但其整体建筑大致相仿,区别在于宫观门前多建有华表和幡杆,宫观院内还建有突出清修成仙意味的园林。

(三)伊斯兰教建筑

伊斯兰教大约在唐永徽二年(公元 651 年)传入中国,公元 13 世纪由于成吉思汗西征,大批波斯人和阿拉伯人被迫迁入中国,使伊斯兰教在元朝进一步传到中国的内地,于是在中国的通商口岸城市及新疆、甘肃、宁夏、青海、陕西等地都建起了礼拜寺。元延祐二年(公元 1315 年),咸阳王奉敕重修陕西长安寺,奏请皇帝赐名“清真”,以表示称颂清净无污染的真主,从此清真寺成了伊斯兰教礼拜寺在中国的通称。

我国境内的清真寺建筑,大体可分为两类:一类是阿拉伯式建筑。新疆地区清真寺、泉州清净寺,建筑风格均为阿拉伯式。高耸的尖塔(或圆柱形或多边形)、尖拱形洞式门窗、大圆拱顶等为其主要特色。另一类为中国殿堂式。由于回族大量接受汉文化,清真寺结构体系和布局以及形制,出现了中阿交融的形式,从而形成了中国内地清真寺的独特风格。

1. 中国早期清真寺建筑特点

广州怀圣寺(又名“光塔寺”)、泉州清净寺是这类清真寺的典型,从建筑材料上来看,大多用砖石。从平面布局看,不注意中轴线的使用,大多数清真寺的布局都不是左右对称的。从外观造型看,大体上是阿拉伯式风格。

2. 中国传统建筑风格清真寺建筑特点

首先,具有完整的布局,有明显的中轴线,建筑物布局井然有序,注意突出主体建筑的高大雄伟,充分显示了中国传统建筑注重总体艺术形象的特点,如北京东四清真寺、北京牛街礼拜寺就是如此。其次,中国传统建筑清真寺遵守伊斯兰教的基本要求,一般都有礼拜大殿、邦克楼、望月楼、沐浴室,并且无论清真寺的方向如何,其礼拜殿都必须坐西朝东,圣龛必须背向正西,这是因为麦加位于中国的西方。

3. 新疆维吾尔族地区清真寺建筑特点

首先,与大多数地区不同,维吾尔族地区清真寺有自己的民族特点,这一地区的穆斯林较多，因此清真寺分布密集，在某些大城市，几乎每条街巷都有清真寺。其次，平面布局和建筑形制都有所不同，这一地区的清真寺不注重中轴线和左右对称，进门迎面就是大殿，附属建筑很少。在建筑形制上，极具阿拉伯风貌，注重寺门的装饰，门楼高大，尖塔往往有五六层高，标志显著。这一地区的清真寺在装饰风格上不拘一格，彩绘色调鲜明强烈，具有浓郁的新疆风格。

艾提尕尔清真寺

4. 当代新建清真寺的阿拉伯建筑风格

这一类的清真寺在平面布局上不再使用中国传统的四合院形制，也不再强调平面的中轴线，而是体现一种阿拉伯风格，在外观造型上也不再仿效传统庙宇建筑的形式，而是仿效阿拉伯形式的风格。

(四)基督教建筑

基督教于公元1世纪脱胎于犹太教。教堂是基督教徒举行宗教仪式的场所。在基督教的初期阶段，教会只是利用犹太教会堂或信徒家庭举行宗教聚会。到了公元4世纪初期，基督教已被罗马帝国宣布为国教，才开始建筑了专门教堂。因此，这时候的教堂在风格上呈现着浓郁的古罗马建筑风格。基督教第一次传入中国是在公元7世纪，其建筑艺术也随着基督教而传入中国，使得西方文化与中国传统文化相结合。中国的基督教教堂有的表现为较多的西方特色，有的表现为较多的中国特色，有的合二为一。中国的教堂建筑形式主要有：

1. 罗马式教堂

因其模仿古罗马凯旋门、城墙、古堡等建筑形式，采用古罗马式的券、拱等而得名。其主要特征为教堂建筑空间宏大，在建筑结构上运用厚实的石墙、狭小的窗户、半圆形拱门、低矮的圆屋顶、逐层挑出的门框，上部饰以圆弧形拱环、交叉的拱顶结以及层叠相重的连拱柱廊等。因为大量使用立柱和各种拱券，而形成敦实厚重、均衡安稳、力度饱满、结构完整的美学效果。例如,位于上海松江县佘山的圣母大教堂,素有“远东之冠”之称,即为罗马式教堂建筑。

2. 哥特式教堂

它是罗马式建筑的一种发展,约在 12 世纪后半叶,由法国开始兴起的教堂形式。在建筑时为追求教堂神秘的氛围而突出表现“光”(增大窗户,扩大采光面)、“高”(建筑向高处延伸)、“数”(为达到前两项的要求,要改变各种比例)。它以墩柱、薄围护墙和尖形肋骨交叉拱顶、飞扶壁、彩色镶嵌玻璃和高耸的尖塔为主要特征。例如,上海的徐家汇天主教堂以及北京的天主教西什库教堂就是哥特式建筑。

3. 拜占庭式教堂

拜占庭建筑因东罗马帝国的首都拜占庭而得名,其主要特征是采用“集中式”和“希腊十字形平面式”布局,屋顶作穹隆形,有独立的支柱加帆拱来构成。例如,位于上海徐汇区的东正教堂的建筑风格就源于拜占庭教堂建筑艺术,它把罗马晚期的艺术形式和以小亚细亚、叙利亚、埃及为中心的东方艺术结合了起来,具有浓厚的东方色彩。

4. 中国宫殿式教堂

在建筑形式上采用了中国传统的宫殿式建筑形制风格,具有中国特色。例如,建于明崇祯十三年(公元 1640 年)、位于上海梧桐路的“老天主教堂”就是这种风格的教堂建筑。

六、古镇民居类

良好的居住条件是人类对美的追求。各地人民在长期生产、生活实践中,创造

福建华安二宜楼

了适合于本地区、本民族特点的居室类型。例如,汉族分布地区多为上栋宇式木构架结构的院落住宅。但北方多为坐北朝南的四合院;江南水乡为封闭式院落住宅;南方丘陵山区多为高低错落的台基式院落住宅;闽西南和粤东北的客家人为城堡式土楼院落或围垅屋住宅;云南为"一颗印"住宅;黄土高原地区广泛使用窑洞式住宅等。各少数民族地区的居住形式更为多样。例如,南方壮、傣、布依、黎等民族至今保留着干栏式住宅建筑,主要形式有傣族竹楼、拉祜族正方形掌楼、独龙族竹木结构矮楼、海南岛黎族船形屋和纳西族的木楞房等;北方游牧民族多居住拆迁方便的帐幕式住宅,主要形式有蒙古族的圆形毡房(蒙古包)、鄂温克族的伴型住宅"希楞柱"、鄂伦春族的圆锥形住宅"仙人柱"等。此外,还有羌族的寨子、渔家居住的船楼舟舍、林区猎户的棚屋和毛棚等。

七、博物馆类

博物馆是搜求研究、陈列展出、保护收藏物质文化和精神文化的实物、标本和模型的一种文化教育事业机构。依据搜藏内容,博物馆可分为综合型、自然科学、人文科学三大类。每一类又可分作许多专题博物馆。一般地区性博物馆属于综合型,主要收藏与当地有关的各种文物,包括地方历史、地方文化、地方民俗等文物。我国各省市博物馆多属此类。

我国一般的博物馆都收藏了丰富多彩、极其珍贵的古器物,如陶器、瓷器、青铜器等。

(一)陶器

中国是世界上著名的陶瓷古国,早在8000年前的新石器时代初期,我们的祖先就已经在制造和使用陶器了。

原始陶器从时间上分有早期、中期和晚期。早期是始于公元前4300年前的大汶口文化时期,主要有红陶、灰陶和灰白陶,均为烧制品。中期有仰韶文化的各类彩陶,其特点是分布面广、制造使用时期长。晚期是山东龙山文化时期,这时的制陶业已非常发达,已经普遍采用了快轮制陶术,漆黑光亮的黑陶器是典型代表。黑陶器质地坚硬、厚薄均匀。特别是"蛋壳陶",造型美观、表面光滑、器壁极薄,说明陶工们已有了丰富的经验,在制作工艺上进入了一个新阶段,对后世的陶瓷工业产生了深远影响。

(二)瓷器

中国是世界瓷器的发源地,远在新石器时代晚期,我们的祖先就已在江南沿海一带用含杂质较少的黏土经高温烧制成了不透水的硬陶,这为发明瓷器创造了重要条件。中国的瓷器始于商代,商周时的青釉瓷器、白陶和硬胎釉陶就是最原始的瓷器,也是陶器向瓷器过渡的第一步。东汉时,人们开始将釉料涂饰在陶器表层,等于给陶器穿上了华丽的外衣,从外观上看与陶器不同,就不再叫"陶"而叫"瓷"。

三国魏晋南北朝时期，在中国文字史上，第一次出现了“瓷”字，这是瓷器正式出现的时期，白瓷、黑瓷、青瓷出现并发展，完成了由陶向瓷的过渡。

（三）青铜器

青铜是铜锡的合金或是铜与铅锡的合金。青铜器是用青铜铸造成的器皿和用具。青铜器的产生是社会生产和文化进步的表现，标志着人类社会走进一个历史时期——青铜时代。我国是世界上最早进入青铜器时代的国家之一。青铜的冶炼和铸造技术在我国起源很早，可上溯到公元前3000年左右。

商代司母戊大方鼎

青铜器的造型和纹饰所反映出来的青铜文化，完全不同于新石器时代的陶器文化。陶器的装饰图案没有阶级压迫的痕迹，都是些温驯可爱的动物和吉祥祝福的画面，呈现出乐观和谐的氛围，而殷商时代的青铜纹饰多取材于神怪异兽，给人阴森、神秘和恐怖之感，所有这些都是为了表现统治者的威严和力量，从而也形成了商周时代青铜器独特的文化特征。

（四）古器物导游讲解

1. 讲解制作工艺，表现出人类的智慧才能

陶器、瓷器和青铜器都是中国古代的伟大发明创造，代表着中国古代生产水平、科学技术和文化艺术的成就，表明中国在人类文明发展史上作出的巨大贡献。景点导游员在讲解古器物时，要给游客介绍古代先民的创造发明，让游客了解数千年前我国所达到的技术水平和工艺成就。

例

在讲解明丽如霞的唐三彩时，游客一定会问到：唐三彩那色彩斑斓、绚丽夺目的釉彩是怎样形成的呢？景点导游员应作详细的讲解：唐三彩是用白色黏土作胎烧成型后，挂铅釉入窑再经过800℃温度烧制成的。唐三彩所用的釉料，配入适量的氧化铜可烧成绿色，配入氧化铁呈黄褐色，配入氧化钴可以得到蓝色。以这几种颜色为基础，又可调配烧制出深绿、浅绿、浅黄、褐黄、天蓝、茄紫、褐红等多种色彩。用在器物上，可一彩，也可二彩、三彩或多彩，可以随心所欲地配制。由于铅釉流动性强，在烧制时釉中着色剂向四方扩散流动。各种彩色相互浸润，就形成了这种斑斓陆离、妙不可言的特有色彩，并且是自然天成的艺术效果。从中可以看到唐代工

匠的审美趣味和工艺水平是相当高的。

2. 讲解艺术特点,表现丰富的文化意蕴

陶器、瓷器和青铜器都是中华民族艺术宝库中的瑰宝,有着极高的艺术欣赏价值。面对丰富多彩、神秘而富有美感的古器物,景点导游员可以从游客观赏的角度切入,抓住其艺术特点讲解,欣赏其外在美和内在美的和谐统一。

例 1

世界奇观——曾侯乙钟

各位来宾:

你们好!我叫××,是湖北省博物馆的景点导游员。今天我能为大家导游和讲解感到非常荣幸!下面,大家请随我去参观。现在我们来到了编钟馆,但是在讲解之前我先介绍一下曾侯乙墓。

湖北地处长江中游,这里土地肥沃,历史悠久,早在100万年前,我们的祖先就在这里生息、繁衍并创造着自己的古代文明。曾侯乙墓就是我国古代文化遗产的见证。

1978年,我省考古工作者在湖北省随县,就是现在的随州市,挖掘了一座大型的战国古墓,即曾侯乙墓。曾即曾国,侯为爵位、诸侯,乙就是名字。经考证,曾国是当时与周天子同姓的姬姓国,也是历史上有记载的随国。曾侯乙墓内出土了数以万计的珍贵文物,许多都是前所未有的珍品,其中有规模庞大的古代乐器、铸造精美的青铜器、造型美观的漆木器和制作精良的古代兵器。它是我国考古史上、音乐史上、青铜铸造史上的一次空前的发现,有着深远的历史意义和学术研究价值。

下面,我就为各位朋友详细讲解一下"曾侯乙青铜编钟"。

以上运用的是"导入意境"的导游方法。意境,大多是靠人们的想象而呈现的,所以都是美丽的、壮观的,比现实要好得多。如果景点导游员能使游客进入意境,那么导游工作就是成功的。"导入意境法"就是通过生动的导游,激发游客的想象力,使他们的情绪、联想进入导游安排的特定的意境中,达到探索美、追求美的境界,产生比现实更美好的感觉。

我们带游客看一些历史古迹、园林或文物,不一定都吸引人。有些出土文物,不了解历史背景的游客还以为是一堆破铜烂铁呢。如果景点导游员不说明、不描绘历史的意境,这些古迹、文物就一文不值了。这就是景点导游员"点石成金"的作用。

什么是编钟呢?编钟就是这类成组成套的青铜钟。由于这些钟的大小不同,敲击发出的乐音也就不同,因此可以演奏出不同的乐曲。考古发掘材料证明,在中国,早在五千年前就已出现了编钟的雏形。在商朝中晚期,编钟进入了它的鼎盛时期。曾侯乙编钟正是中国鼎盛时期的经典之作。

以上运用了“问答法”导游技巧中的“自问自答法”。“问答法”就是景点导游员在讲解时,向游客提问题或启发他们提问题的导游技巧。使用问答法的目的是为了活跃游览气氛,激发游客的想象思维,促使游客和景点导游员之间产生思想交流,使游客获得参与感或自我成就感。同时,还可避免景点导游员唱“独角戏”,加深游客对所游览景点的印象。

“问答法”包括自问自答法、我问客答法、客问我答法和客问客答法等四种形式。其中“自问自答法”是景点导游员自己提出问题并作适当停顿,让游客猜想,但并不期待他们回答,只是为了吸引他们的注意力,促使他们思考,激起兴趣,然后作简洁明了的回答或作生动形象的介绍,还可借题发挥,给游客留下深刻的印象。

全套曾侯乙编钟共65件,分成三层八组,悬挂在由六名青铜佩剑武士用双手承托的曲尺形钟架上。其中最大的一件是左边下层第一口甬钟,高153.4厘米,重203.6千克。而最小的一层是上层第三组的第一口纽钟,只有2.4千克。全套编钟总重量为2500千克,再加上钟架上的铜套、铜立柱、铜座,总共铜量达5吨之多,是世界上使用金属最多的一套乐器。

以上运用了“突出重点法”的导游技巧。“突出重点法”就是在导游讲解中不面面俱到,而是突出某一方面的导游技巧。一处景点,要讲解的内容很多,景点导游员必须根据不同的时空条件和对象区别对待,有的放矢地做到轻重搭配、重点突出、详略得当、疏密有致。景点导游员讲解时一般要突出以下四个方面:(1)突出景点的独特之处;(2)突出具有代表性的景观;(3)突出游客感兴趣的内容;(4)突出“……之最”。面对某一景点,景点导游员可根据实际情况,介绍这是世界或中国最大(最小、最长、最古老、最高、最多……)的,因为这也是在介绍景点的特征,很能引起游客的兴致。

曾侯乙编钟在钟体、钟架及钟的挂钩上都刻有铭文,共3755字,是中国目前所知保存文字资料最为丰富的一套乐器。其中编钟钟体铭文加以错金,灿烂夺目。铭文的主要内容包括三个方面:一是纪事。如编钟下层中央是一口博钟,上面刻有引字的铭文,记载了楚惠王在公元前433年,铸造了这一口钟送给曾侯乙,作为宗庙祭器。二是标音。在钟体上标出了敲击部位的音度。三是有关乐律方面的丰富内容。这些珍贵的文字资料,不仅使我们清楚地了解到曾侯乙编钟高超的音乐成就、良好的音乐性能,也极大地丰富了我们的认识,一些在音乐史上悬而未决的问题也就迎刃而解了。

过去有些人认为在中国先秦时期没有七声音阶,也有人说中国的七声音阶是后来由西方传入的。经过科学测定和演奏实践证明,曾侯乙编钟,不仅具有七声音阶和完整的十二个半音体系,而且音域宽广可跨五个半八度。它的音阶结构与现今通行的C大调相同,可以旋宫转调,演奏古今中外的各种乐曲。

曾侯乙编钟最为奇特的是,一口钟可以敲击出两个不同的乐音。根据编钟铭文所示,敲击钟体下部的正中和侧部可以分别发出两个不同的乐音,而且这两个乐音之间成三度关系。例如,正鼓音为Do,侧鼓音便为Mi,或降Mi;正鼓音为Ler,侧鼓音为Fa或升Fa。这一现象早在曾侯乙编钟出现之前,在检测其他先秦编钟时已经有所发现。但由于一种双音所必须具有的高超的声学、乐律学、材料学水平及高超的冶铸技术超出了人们的想象,长期以来未能得到确认。由于曾侯乙编钟上刻有明确的标示音高的铭文,使这一猜想得到了无可辩驳的证实。

为什么曾侯乙编钟能够一钟"双音"呢?北宋科学家沈括在《梦溪笔谈》里说先秦最显著的特征是"合瓦形",也就是说钟的形状像两片瓦合在一起。由于合瓦形的钟两边有棱,这就与一般我们在寺庙里常见的圆口钟或西方教堂的钟迥然不同。圆口钟,在敲击部位时振动部位模式不会改变,只能发出一个乐音,而且尾音很长,如著名的北京永乐大钟,尾音长达两分钟。这样绵长的钟声由于合瓦形钟棱的作用,一方面能够加速钟声的衰减,使钟声短促,能够用于演奏乐曲;另一方面,在敲击钟的不同部位时,钟的振动模式也各不相同,这样就为"一钟双音"提供了可能。当然,要使双音乐成为音乐纯美的乐音,并保持三度关系,远非如此简单。我国古代的铸钟师、调音师还必须严格掌握其调音、调律技术。

以上运用的是"类比法"导游技巧。景点导游员用游客熟悉的事物与眼前景物进行比较,既便于游客理解,又使他们感到亲切,从而达到事半功倍的导游效果。在这里,多处引用"类比法"。例如:"七声音界"与"C大调"、"湖北的编钟"与"北京的永乐大钟",前者属于"同类相似类比",后者属于"同类相异类比"。"同类相似类比"是将相似的两物进行比较,便于游客理解并使其产生亲切感。"同类相异类比"则是将两种同类但有明显差异的风物进行比较,比出规模、质量、风格、水平、价值等方面的不同,以加深游客的印象。

因此可以说,曾侯乙编钟是我国古代劳动人民聪明才智和高超技艺的结晶,也是对世界文化作出的杰出贡献。

曾侯乙编钟出土后,立刻闪耀出夺目的光彩。它以磅礴的气势、雄伟壮观的场面及悠扬动听的乐音轰动了海内外。曾侯乙编钟的复制件曾应邀到日本、新加坡、卢森堡、美国、法国以及我国香港、台湾等地进行演奏,受到了世界各国人民的广泛赞誉。1997年7月1日,在香港回归祖国的庆典上,曾侯乙编钟的复制件与香港的交响乐团和香港的童声合唱团,合作演出了由著名华人音乐家为香港回归特别创作的交响乐——《天·地·人》,受到了热烈的欢迎。1999年5月29日,江泽民总书记亲临我馆参观了曾侯乙编钟,在听到了曾侯乙编钟的介绍与演奏时,曾三次说:"绝了,绝了!"

这里运用"名人效应法"从而激起游客去聆听编钟乐曲的动机。

编钟以其珍贵的历史价值,无可辩驳地展示出中华民族光辉灿烂的古代文化,并将永远激励我们为创造更加光辉美好的未来而奋斗。

大家想亲眼看看那博大精深的曾侯乙编钟吗？想不想亲耳聆听那悠扬动听的天籁之声呢？那么，就请随我去观赏独具楚风楚韵特点的2400余年前的美妙音乐吧！

我的讲解到此结束。欢迎大家再次光临湖北省博物馆。谢谢各位！

例2

上海豫园导游词（节选）

陶昌宇

为了节省时间，在没到豫园之前我先讲些中国园林和豫园的情况。

在中国，园林被分为三大类：皇家园林、私家园林和寺庙园林。豫园属于私家园林。中国园林有许多技巧，比如借景、障景等等。不过它们都由四个基本因素组成。这四个因素是水、植物、建筑和假山。大多数的私家花园是在江南，就是因为这儿多水源和适宜做假山的石。豫园是四百多年前明朝时建。园主姓潘，是个大官。他建此园是取悦于双亲，让他们安享晚年，所以豫园的“豫”字就取其豫悦之意。可惜的是他父母未能眼见豫园落成就去世了。清末，潘家衰落，其后代变卖此园于当地行会。豫园之所以成为名胜，还有另一个原因。1853年，上海爆发小刀会起义，园内一厅堂曾被用作指挥部。今天豫园是个旅游之地。所以我建议到了那儿，我们千万不要走散，最好大家寸步不离，好吗？

这儿是停车场。万一有人走散，请记车号最后三个数是121。我想最好不要发生这类事。我会举着小红旗，你们全陪张先生会殿后，大家准备好了没有？我们上路吧，下车时请注意来往自行车。

女士们、先生们，这座就是著名的九曲桥。为什么是九曲呢？因为九是阳数最高的数。走在桥上，逗留时间就长，还可以从不同角度观赏风景。还有，据说鬼怪只能走直线，所以你不必为遇到鬼怪而担心。

在桥的中间，有座亭子，始建于清朝，大约在80多年前改作一茶馆。老人们喜欢在早晨来此，会会朋友，沏上一壶茶，聊聊天儿。一般他们喝的都是一种绿茶，叫做“龙井”。这个茶馆也是外国首脑常来之地。比如在1986年英国女王伊丽莎白二世来上海，也亲临茶馆喝了茶。

你们也想喝一壶吗？对不起，我还是不能让你们去，等我们看完豫园再作决定，行不行？

这儿就是豫园的入口。当你走进一座私家花园，视线总会被什么东西挡住，有时是假山，有时是这样的照壁。这是园林之一技巧，称之为障景。不让你一目了然，却让你看到一部分，然后才达到“步移景异”的效果。

在假山之后，有一座用五条龙装饰的围墙，这是本园的特色。这边走，我要带你们去个地方，那儿能更清楚地看见龙墙。

女士们、先生们,这就是我刚才说的龙墙。龙实际上是想象出来的动物。我们称自己为龙的传人。不知道大家是否读过赛珍珠的《龙籽》。如果读过的话,这儿很多东西令你觉得熟悉。请看这条龙,你会发觉这是个多种动物的综合体。你看它头似牛,眼似虾,角似……什么?牛?不……我看不太像牛。我们通常说角似鹿、身似蛇、鳞似鱼、爪似鸡或者鹰。请告诉我,你们看见几个趾。三个,对。但一般龙应有五趾。为什么是三个呢?其中有一个故事。以前,只有皇帝和皇室人员才配有龙的图案。园主潘允端用了龙做墙,他有野心。不知怎么,皇帝得知此事,便派人前来调查。潘园主得悉后,立即令人敲下龙的两趾。当朝廷官吏一到,园主说:"瞧,这本不是龙,只有三趾。"真是个聪明人,不然他性命难保。

豫园之游就到此结束,希望你们喜欢它。最后,大家必须作出选择:是喝茶还是购物。我看,还是举手表决。有多少人想品茶?哈,全都想去?!什么,我愿不愿去,说实话,这正合我意。那么我们还等什么呢?大家走吧!

主持人(王连义)点评:

在介绍英国女王伊丽莎白二世在豫园品茗的情节,运用了"名人效应"手法。这里还运用了"有问有答"的导游手法,使人虽听其导游词,却如身临其境,"什么,你们想购物?对不起","你们也想喝一壶?对不起……"导游员就是这样地逗着大家,挑起游客一个一个的游兴。最后,他甩出了包袱,"喝茶还是购物,我看还是举手表决,有多少人想品茶?哈,全都想去?什么?我愿意不愿意去?说实话,这正合我意。那么我们还等什么呢?大家去吧!"就这样,他把游客带入神游境界!

(摘自:《中国旅游报》2002.1.7)

例3

泉州开元寺紫云大殿

吴巧凌

女士们、先生们!

你们好!今天我们所到的泉州市是国务院首批公布的历史文化名城,又是中国优秀旅游城市。有人说"地下的文物看西安,地上的文物看泉州"。福建省有29处全国重点文物保护单位,其中将近一半分布在泉州地区。现在我们要去的开元寺就是古城最灿烂的一道风景。开元寺不但是福建十佳风景区,更是我省八个国家级4A风景区之一。

各位,我们现在已经来到泉州开元寺的拜庭。眼前这座重檐歇山顶的建筑就是开元寺的主体建筑——大雄宝殿。根据《温陵开元寺志》记载,大唐垂拱二年(公元686年),寺院兴建之时,忽然从空中降下一股紫色云状物体笼罩在我们现在所站的地方,紫云过处,庭中所有的植被都不见了。古人认为"有紫云盖地之瑞",因

福建泉州开元寺塔

此把这座大殿称为“紫云大殿”。相关资料表明紫云盖地之后的三百年内，不但影响了这里的生态，还影响了福建的一大宗族。这是怎么一回事呢？请听我慢慢道来。

大家先抬头看，“桑莲法界”这四个大字是明代开元寺僧人的墨宝。这四个大字指的是“桑开白莲，佛法无边”。1300多年以前这里是一片郁郁葱葱的桑园，园主名叫黄守恭。一天，一位游方僧人请求用他家的宅子建寺，黄守恭提出一个条件：“要能让桑树开出莲花。”谁知三天内所有的桑树上开满了圣洁的白莲花，于是黄守恭就捐出了我们脚下的这片土地。寺院最初被命名为“莲花寺”，到了大唐开元盛世才改为现在的名称。本来，黄姓从河南迁入福建，郡望是“江夏”，当黄守恭献宅建寺、发生“紫云盖地”的现象后，整个闽南地区的黄姓郡望改成了“紫云”。福建是许多港澳台同胞、海外侨胞的故乡。我们每年要接待许多寻根访祖的团体，其中黄氏宗亲一定会到这里来拜谒先祖。

宋朝与元朝时期，泉州拥有仅次于埃及亚历山大港的世界第二大贸易港口，往来的商船带来了外国的货物，也带来了各国的宗教，泉州享有“宗教博物馆”的美称，而佛教又以其包容万象的气度，在开元古寺内容纳了其他一些教派的神祇。在我们的附近就有人面狮身刻像，就在这月台的束腰部位。这72方的青石刻像是印度婆罗教的遗存。

20世纪70年代，当柬埔寨西哈努克亲王向我国提出要看一下东方“百柱殿”时，周总理指出：百柱殿在福建，在泉州。这“百柱殿”指的正是我们面前的紫云大殿。这座大殿是福建最大的佛教建筑之一。您看，它的规制特别大，面宽9间，进深6间，通高20米，面积达1387平方米。横竖各有10排石头柱子，这些柱子有的方，有的圆，有的蛟龙盘绕，有的朴实无华。1983年，西哈努克亲王终于来到百柱殿前，深为它的非凡气派惊叹不已。现在请随我进殿看一下吧！请大家注意进入大殿请勿大声喧哗，不要随便触摸法器。谢谢大家的配合。我们眼前一字排开了众多的佛像。这五尊是密宗的五方佛，分管东西南北中五个方位，象征佛祖的光辉普照天下。

这个大殿在明代有过一次大规模的修缮，郑成功的父亲郑芝龙是主办人之一。

佛前的这一尊铁制的香炉就是他所捐。修缮的一大举动就是把原来的木头柱子换成了石头的。我们看到柱子只有86根。明代的建筑师又巧妙地将大殿当中原有的石柱换成了木头横梁。这样，不但给眼前的众佛像腾出了立身之地，而且让僧侣、信众的朝拜、法事有了充足的活动空间。

泉州是"海上丝路"的起点。一提到"丝绸之路"，可能很多人脑海中就浮现出茫茫戈壁，漫漫黄沙，悠悠驼铃。而900多年前一艘泉州产200吨海船的货运量抵得上一支由几百只骆驼组成的商队装载货物的总和，穿越河西走廊的丝路日渐萧条，可是古丝路创造的文明是永恒的。至今，我们提到敦煌，就想到漫天的花雨，起舞的飞天。有人叫她们"迦凌频伽"或者是"妙音鸟"。也有人说她们原是佛教天龙八部众多天神中乾达婆和紧那罗的化身。乾闼婆意译为天歌神，她的任务是在佛前散发香气，为佛献花、供宝，她们栖身于花丛，飞翔于天宫。紧那罗意译为天乐神，负责在佛国奏乐。敦煌壁画中的飞天，是无名画师用流畅的线条描绘出她们美丽的身姿，用身上飘舞的彩带来表现她们飞翔的姿势。受西方宗教的影响，泉州的飞天索性像西方的安琪儿一样，直接在背上生出了翅膀。看，她们正在我们头顶翩翩起舞呢！这24尊飞天象征24个节气，她们的翅膀也各有不同。这12尊飞天长着大鹏鸟的翅膀，大鹏负日而升腾，象征着白天，她们手捧文房四宝；这几尊略小的飞天长着蝙蝠的翅膀，象征着黑夜，她们手持南音的乐器。从艺术的角度来看，这24尊飞天体态婀娜多姿，她们身穿短衣，项挂璎珞，臂带金钏，面如满月，唇似樱桃；斗拱单一的朱红色衬托着彩绘的人物，是那么自然，让人感到这24个妙龄少女是那么的仪态万千。从建筑的角度看，飞天起的是雀替斗拱的作用，他们成双成对，隔梁相望。她们头上顶着的不但是一顶美丽的花冠，这里承载着的是整个紫云大殿屋顶的重量。这样一来，不但减短了横梁的跨度，而且起到了支撑减力的作用，是古建筑艺术中力学与美学的统一。从世俗的角度来看，建筑师为佛祖设想的真是很周到，您看，不论白天黑夜，一年24节气，飞天都殷勤伺奉。白天，佛祖办公时飞天要奉上笔墨纸砚。佛祖下了班以后，飞天就弹奏音乐。这提供的可是五星级的服务啊！

好，请随我来。这是十八罗汉，中间供奉的观世音菩萨。观世音菩萨在闽南地区拥有大量的信众，她以慈悲为怀的形象深入人心。她的道场在浙江普陀山。离泉州最近的晋江青阳机场，每天都有一趟满载闽南香客的班机往返于舟山机场。

各位，我们面前这两根石柱造型别致。它高2.7米，这两段则琢成16角形，上中下部琢成方形，每个方形的上下部都雕着含苞待放的莲花蕊。每个圆盘里雕着印度古代民间神话故事。这些故事的中心内容都和印度古代著名的文学史诗《摩钶婆罗多》和《罗摩衍那》有关。请看这一幅：说的是"象鳄互斗"的故事。大象和鳄鱼是背信婆罗门教的两个神变成的。大象下河饮水，被河中的鳄鱼咬住后腿，彼此争斗，千年不分胜负。后来，大象猛然想起以前所信仰的神主毘湿纽，以长鼻卷起河中的莲花向毘湿纽求救,上面这幅描绘的就是神主毘湿纽骑着金丝鸟前来了,刺死了鳄鱼,拯救了大象。后来两个动物都现出了原形,永远信奉婆罗门教。石柱与我们前面看到的人面狮身像一样,是明代时从倒塌的婆罗门教遗址搬迁到这里的。这两根石柱不但是中印友好交流的见证,也丰富了紫云大殿的建筑风格,更是中国佛教寺院绝无仅有的构件。

各位,紫云大殿就为大家介绍到这里,左手边是当年开过莲花的桑树,已经1300多岁了。现在留10分钟给大家拍照。谢谢……

点评(王连义):

开元寺的建筑格局,和大多数寺庙都一样,国内导游们导游寺庙,都有了定式。但该篇导游词不落俗套,一不讲天王殿的“四大金刚”,二不说迎客僧弥勒佛和他背后的护法神韦驮,而是上来就讲泉州的地位“地下文物看西安,地上文物看泉州”。大家都知道,西安能在世上闻名,是因为它是闻名于世的“丝绸之路”的起点,这为以后讲“海上丝路”的起点泉州埋下伏笔。泉州是这般重要,而“开元寺就是古城最灿烂的一道风景”,而这风景的“主体建筑”就是大雄宝殿。就是在这庄重的大殿里,导游讲了为什么大殿又叫“紫云大殿”,又为什么紫云盖地之后三百年内,影响了生态,还影响了一大宗教,我们在导游的“慢慢道来”中,抖出了包袱,明白了事理,享受到导游给我们带来的愉快和幽默。

接着又介绍泉州的地位——“世界第二大贸易港口”,又为“海上丝路”设下包袱,而为西哈努克亲王“惊叹不已”,更感到泉州的重要。一谈“丝路”人们自然想起敦煌的“丝路花雨”,想起美丽的“飞天”。泉州毕竟不是内地敦煌,它在海上,完全受“西方文化”的影响,所以“泉州的飞天索性像西方的安琪儿一样”,既然有来自西方的“安琪儿”,便有了“国际式、西方的服务”了,于是我们等来了,作者久已设计的幽默一下子就抖了出来:“从世俗的角度来看……一年24节气,飞天都殷勤侍奉,白天,佛祖办公时飞天要奉上笔墨纸砚,佛祖下班以后,飞天就弹奏音乐,这提供的可是五星级的服务呀!”大家听听,这位导游幽默得多么高明,人们听了这样的导游词能不笑吗?能不享受愉悦吗?

(摘自:《中国旅游报》2002.8.9)

本章小结

本章介绍了自然景观类和人文景观类景点的导游讲解技巧。在自然景观类,通过对地质地貌类、水域风光类、生物景观类的景点导游讲解,给人们带来美的享受;在人文景观类,通过对历史古迹类、宫廷与礼制建筑类、陵墓类、园林类、宗教建筑类、古镇民居类及博物馆类的景点导游讲解,希望能对景点导游人员的导游讲解起到指导性作用。

思考与练习

1. 何谓花岗岩、喀斯特、丹霞地貌,并各举一例。
2. 谈谈瀑布的形成。
3. 请拟写一段动植物景点导游词。
4. 说说我国宫殿的布局。
5. 你知道我国陵墓建筑的布局吗?
6. 说明我国园林格局有哪些造园手段?
7. 中国的宗教建筑为什么建于名山大川之中?
8. 道教为什么又被称为“五斗米道”呢?
9. 陶器与瓷器有什么不同?

第5章

景点导游服务的程序和规范

本章导读

在景点(区)导游服务过程中,景点(区)导游员自始至终应按中华人民共和国国家标准——《导游服务质量》标准去接待来自全国和世界各地的朋友。本章的编写目的即是学习并掌握景点导游服务程序及其要求,熟练掌握运用程序并解决实际问题。

景点(区)导游是旅游行业中导游员队伍的一个重要组成部分。导游员是导游服务工作人员的总称,各类导游员的工作范围、接待对象、使用的语言、工作方式和性质、资格条件都不尽相同。一般来说,根据导游员的业务范围或工作区域的特点,他们可以分为领队、全陪(全称为全程陪同导游员)、地陪(全称为地方陪同导游员)和景点(区)导游员。他们的分工各有不同:

领队(也称国际导游员、团长或随员)是指受雇于派出方旅行社,负责陪同国际旅游团的全程旅游活动并协调与接待方旅行社关系的旅游工作人员。

全陪是指受组团旅行社委派,作为组团社的代表,在领队和地方陪同导游员的配合下实施接待计划,为旅游团(者)提供全旅程陪同服务的导游人员。

地陪是指受接待旅行社委派,代表接待社实施接待计划,为旅游团(者)提供当地旅游活动安排、讲解、翻译等服务的导游人员。

景点(区)导游员则是指受旅游景点(区)的委派,在重要景点或参观场所一定范围内为旅游者进行导游讲解的人员。一般来说,他们只负责讲解,而不涉及其他事务。所以,在我国的许多专业书籍里,并没有将景点(区)导游员列于导游员的团队之中。

其实,一个标准的、规范的、完整的旅游接待过程应该是由全陪、地陪、领队和景点(区)导游员四方共同参与、共同配合才能完成的。四者之间的配合、协作和相互体谅,是顺利完成旅游接待计划,使旅游者愉快、安全地度过旅游生活的重要条件。领队是旅游者及他们所属国利益的代言人,全陪是东道国组团社利益的代表,地陪是东道国接待社利益的代表,而旅游景点(区)导游员则是东道国(地)各个具体景点(区)利益的代表,四者代表着四个方面,维护着各自的利益。共同的目标,相同的工作对象,使他们走到了一起,也使得他们的工作有一个特点,即我中有你、你中有我。随着旅游业的不断发展,旅游景点(区)的开发日益朝着多样化的方向展开,所以各个旅游景点(区)导游员的工作范围也各有不同。在有的景点(区),他们的工作已经远远超出了“只负责讲解”的范围,而已经具备与地陪工作类似的服务特征。

景点(区)导游服务程序虽然没有全陪和地陪导游服务程序那么繁琐严格,但同样也有相应的程序和规范,归纳起来可分为服务准备、导游服务、总结提高三个阶段,每一阶段都有相应的操作规范。

第一节　服务准备

“好的开端是成功的一半。”做好准备工作,是景点(区)导游员提供良好服务的重要前提,景点(区)导游员应认真对待,并做到仔细、周密。景点(区)导游服务的准备工作应包括以下四个方面:

一、自身准备

(一)身体的准备

良好的身体是做好导游工作的基础和条件。这里所说的身体因素包括健康、形象、态度和言谈。景点(区)导游人员直接面对游客,一个健康热情的导游,会给游客留下良好的第一印象。景点(区)导游人员的体力、脑力消耗都较大,因此要做好导游工作必须有一个健康的身体。健康既包括身体的健康又包含心理的健康。导游人员在日常的生活和工作中要做到劳逸结合。为保持身体健康应做到:充分休息,经常放松,注意饮食,经常锻炼身体,保持健康的思想和头脑。每次工作前要检查自己的形象、衣着、发型是否符合导游人员的形象要求。调整自己的心态,以热情饱满的态度去迎接每一位游客。培养自己良好的气质和风度,在工作中做到待客有礼、诚恳、乐于助人。对待每一位游客都应做到热情、体贴。训练表达能力,力求在讲解中做到语法正确、材料详实、用词准确、音量适度、声调悦耳。

(二)心理准备

心理准备就是对到景点(区)游览的游客的批评、挑剔和反驳,能有正确的态度。要敢于面对和接受各种挑战,善于处理各种突发事件和问题。做好和全陪、地陪合作的准备。

(三)情绪准备

人都会有情绪,景点(区)导游人员也不例外。在实际工作中,导游人员要有好的情绪,并且要善于利用情绪。同时,注意工作生活中自我角色的转变,不能把自己生活中不愉快的情绪带到工作中。在工作中要积极观察游客的反应,并根据其反应调整自己的导游技巧。

二、知识准备

景点(区)导游的工作相对固定在一个景区或景区的几个景点。这就要求导游人员对景区的情况全面掌握,而且要不断地更新、储备新的知识,同时也要不断地扩展知识面。凡是与景点(区)相关的知识都需要不断地积累,以便更好地为游客提供有效的服务。同时还要不断地学习游客心理知识、导游技巧、旅游美学、讲解艺术和语言艺术。知识是靠不断的积累而得到的,因此作为景点(区)导游人员,必须不断地学习。靠一两天的突击不可能掌握作为一个优秀景点导游员所具备的知识。

知识的准备主要包括以下三个方面:

(一)了解景点(区)

具体的知识准备,要根据所工作的景点(区)的类型、结构、特色而定,收集并学习与景区(点)相关的资料。

(二)了解自己

在做知识准备的过程中,要善于发现自己的知识缺陷,及时补充自己的知识。

(三)了解游客

(1)了解客源地的相关知识,如地理、历史、人口、经济、城市建设、民俗等等。

(2)若是国外游客,还应了解政体、对外关系、民族宗教等。

(3)了解当前的热门话题、国内外重大新闻、游客感兴趣的话题等。

(4)分析游客的心理,根据游客的组合(包括游客的职业、身份、性别、年龄等)了解游客的爱好,做到有针对性地进行知识准备。

从学习积累的途径来看,导游人员首先要向书本学;其次,通过参加各种学习培训向老师学;第三,向有经验的前辈学;第四,向带团来景点(区)参观的全陪、地陪学;第五,向游客学,在来景点(区)游览的游客当中,不乏一些专家、学者,导游人员可以在工作过程中,注意观察,虚心请教;第六,从实践中学,不断地检验自己的知识及运用的技巧。

三、计划准备

景点(区)导游的接待工作具有及时性的特点,不可能像全陪、地陪那样为每一个旅游团队作出详细的书面计划,但仍要尽可能地制定相应的简单的书面或非书面的计划,对事先预订的旅游团队也可提前制定详细的接待计划,这样才能使导游人员做到心中有数,增强工作的主动性、计划性和针对性;同时,也可使游客感到导游工作的正规及专业化,从而更信任导游及导游所工作的旅游单位。

接到接待通知,导游人员要及时了解和分析情况,并做好接待计划。

了解所接待游客,要根据具体情况分析。如果是旅行社的团队,绝大部分都有全陪和地陪;如果是入境旅游团队,还有领队。景点(区)导游人员应尽快与地陪联系,了解游客的基本情况,以便做好游览接待计划。如果没有其他陪同人员,特别是散客,景点(区)导游人员应尽快与游客接触,通过观察和简单的交谈,了解该游客群体的基本情况。

通常需要了解的信息有:

(1)联络人的姓名和联系方式。如果是旅游团队,还需掌握旅行社的名称、团队编号等。

(2)游客的人数、性别、年龄、职业、民族等,有无需要特殊照顾的游客。

(3)客源地概况,基本的旅游动机。

(4)游客有无特殊要求和注意事项。

(5)收费问题,有无可减免对象。

(6)游客的其他行程安排等。

四、物质准备

景点导游人员应准备好导游图册或导游资料、导游讲解的工具或器材,携带导游证和胸卡。

第二节 导游服务

一、欢迎

在导游服务开始时,景点(区)导游人员应向旅游团致欢迎词。致欢迎词是给游客留下第一印象的好机会,导游人员应当重视。

景点(区)导游人员致欢迎词应当在景点(区)的入口处或景点(区)讲解的开场白之首,对于重要客人一般在接待室。

欢迎词的内容应根据游客的国籍、团队人数、年龄、具体的时间、地点、成员的身份等有所区别,不可千篇一律。致欢迎词应注意适度、真挚,说话符合自己的身份,不能让对方感到不真实、做作,以免产生不良效果。

一般情况下,景点(区)导游人员所致欢迎词的内容应包括:

(1)问候语:各位朋友、各位来宾,大家好;

(2)欢迎语:代表旅游景点(区)及本人欢迎游客光临;

(3)介绍语:介绍自己的姓名及所属单位;

(4)希望语:表示提供服务的诚挚愿望;

(5)祝愿语:预祝旅游愉快顺利。

例

各位朋友：

大家好！首先让我代表××旅游景点(区)欢迎各位来此旅游观光。我姓王，是××旅游景点(区)导游，大家也可以叫我“王导”，在参观游览过程中，大家有什么问题和要求请尽量提出，我将竭力满足，希望大家玩得开心、玩得尽兴。谢谢大家！

二、商定游览行程及线路

商定游览行程事宜主要发生在较大的游览景区；而在一般的旅游点如博物馆等，除了旅行社组织的团队和某些特殊团队之外，其他游客一般愿意听从导游推荐的游览行程安排。商定游览行程不仅表明导游人员对游客的尊重和欢迎，而且还可以从商议安排过程中了解游客的主要兴趣，以使游览计划安排更符合游客的需要，这是保证景点(区)导游工作顺利进行的重要一环。不同的游客对同一个景点(区)所感兴趣的内容是不同的。因此，了解游客的需求是非常必要的。

景点(区)导游人员在与游客商议安排游览行程和线路时，应注意以下几个问题：

(一)商议的时间

与游客商议的时间愈早愈好。愈早了解游客的要求，愈能尽早有的放矢地安排好游览的程序、线路与节目，调整导游人员的讲解内容。所以，游客一旦到达，景点(区)导游人员就应安排时间与游客商议。若有可能，在游客到达前通过电话等通讯工具谈妥更好。

(二)商议对象

(1)接待散客时，原则上应与所有游客商议。

(2)对一般的参观团，与团长或领队商谈就可以了；若领队希望团内某些人士参加，也可以考虑并表示欢迎。

(3)对较正式的代表团，若负责人说话有权威性，那么主要与代表团选定的负责人商议即可。

(4)对于学术团、专业团，由于这样的团队学者较多，个人意见也很重要，因此，若可能，应与全体团员共同商议。

(5)对于旅行社组织的旅游团，由于有地陪引领，因此主要与地陪、全陪商议，必要时可以邀请海外领队参与。

(6)对于贵宾团，特别是有一定级别领导(如省级及以上领导)人员参加时，他们的行程应早已定好。在商定行程时，导游人员往往不参加，只须听从本单位领导的安排、指示就可以了。

(三)商议行程、线路时应掌握的原则

(1)尽量使景点(区)已有的安排不作太大的变动。

(2)尽力满足游客的合理而可能的要求,特别是重点游客的个别要求,尽量照顾一般游客的特殊要求。

(3)当出现异议时,本着少数服从多数的原则进行。景点(区)导游人员不要介入旅游团的内部矛盾,不能将团队分裂或分组。

(4)对变动内容确有困难、游客要求不能满足时,导游员要耐心解释。婉言拒绝要留有余地,要让游客感到,自己的要求虽然没有得到满足,但导游员确已尽最大努力了。

(5)对记者、作家的要求应尽可能满足,“满足一位记者要求,便满足成千上万的读者要求”。

(6)对旅行代理商和旅游界知名人士,要努力满足他们的要求,因为接待好他们,可能会带来更多的客源。

(四)商议的方法

在一般情况下,应尽力引导游客按景点(区)原有的方案进行游览。在商谈的时候,可以先请游客提要求。导游人员发现和已有的安排差不多时,便可顺水推舟,表示按大家的要求安排。若意见有一定差距时,导游人员要学会引导,通过讲解的艺术技巧,把游客的思路引到既定的安排上来。

三、导游讲解

景点导游讲解是景点(区)导游人员工作的核心内容。在景点(区)导游过程中,导游人员先应对参观的旅游景点(区)的简况向游客作介绍。景点(区)讲解内容应包括:

(1)历史背景或成因,即景点(区)何年所建,当时的历史背景是什么。对于自然景观还需要说明其自然的成因。

(2)景点(区)用途,就是为什么而建,或者说当时的建造目的,这主要针对人文景观而言。

(3)景点(区)的特色,即景观上有何独特之处,景观观赏点的分布、建筑结构布局有何特点,观察意义何在,美学价值如何。

(4)景点(区)的地位,即该游览景区在世界、全国、省内、市内处于何种地位。

(5)景点的价值,包括历史价值、文物价值、学术价值、旅游价值、美学价值、教育功能等。

(6)名人的评论,也即利用“名人效应法”介绍景点(区)受人赞颂的情况。

在带领游客按参观游览线路进行分段讲解时,应适当注意:

(1)根据游客的不同类型和兴趣爱好有所侧重,积极引导游客参观和观赏。

(2)讲解时应结合有关景物或展品相机宣传环境、生态系统或文物保护知识,并解答游客的问讯。参观游览中要注意游客的动向和安全。

四、送别

参观游览活动结束后，景点导游人员要向游客作简短的欢送词，在欢送词中先要对游客参观中的合作表示感谢，征询游客对导游讲解以及旅游景点（区）的建设和保护的意见和建议，欢迎游客再度光临指导。

例

各位朋友：

我们的参观活动到此结束了。在这里，我非常感谢大家对我工作的支持，也谢谢你们带给我的快乐！如果导游讲解中有不足之处请多提宝贵意见，希望我们能再相会。最后祝愿大家一路平安！合家欢乐！身体健康！谢谢大家！

第三节　总结提高

送走游客，并不意味着导游工作结束，还要做好总结工作。

总结工作十分重要，不仅是提高导游服务效率和导游服务质量的必要手段，而且还可以帮助导游人员提高写作水平，填补导游人员只动口、不动手的缺憾。

一、写好接待总结

景点导游人员完成接待服务后，要认真、按时写好接待总结，实事求是地汇报接待情况。接待总结的内容包括：

(1)接待游客的人数、抵离时间。若是旅游团队，还需记录团队的名称及旅行社的名称。

(2)游客成员的基本情况、背景及特点。

(3)重点游客的反映，尽量引用原文，并注明游客的姓名和身份。

(4)游客对景点（区）景观及建设情况的感受和建议。

(5)对接待工作的反映。

(6)尚需办理的事情。

(7)自己的体会及对今后工作的建议。

(8)若发生重大问题，需另附专题报告。

二、查漏补缺

景点导游人员在总结工作中，应及时找出工作中的不足或存在的问题，如导游人员不清楚的知识、回答不准确的地方甚至有些回答不出的问题。根据这些问题进行有针对性的补课，请教有经验的同行，以提高今后的导游水平，真正作一个学者型的景点(区)导游员。

三、总结提高

在导游服务中,游客提出的意见和建议涉及景点导游人员的,景点导游人员应认真检查,吸取教训,不断改进,以提高自己的导游水平和服务质量;涉及其他接待部门的应及时反馈到所在单位,以便改进工作。

本章小结

本章我们系统学习了景点导游服务程序,整个程序包括服务准备、导游服务、总结提高等。景点导游人员在接待旅游团前要做好各项准备,为游客提供景点导游服务时要认真做好讲解服务,注意游客动向并做好提醒事项工作,送团(游客)后要及时做好总结工作。

思考与练习

1. 景点导游服务程序是怎样的?
2. 进行导游服务之前,景点导游人员应从哪些方面做好准备工作?
3. 试拟一份欢迎词。
4. 景点(区)导游工作中,与游客商定游览行程及线路时应注意哪些问题?
5. 案例分析:

景点导游员小陈接到通知:第二天早上8点接待外地来的某专业学术团。第二天早上8点旅游团已在景点门口等候,景点导游员小陈才匆匆忙忙赶到,接着说:"各位游客,你们好!今天由我给各位进行景点讲解,在景点内请大家随我一起游览,不要走失,注意安全。好了,我们开始参观吧。"进入景点内,景点导游员小陈同往常一样对景点作了一般讲解,其余时间让游客自行参观,她自己回到景点休息室休息。

试分析:景点导游员小陈在工作中的不足。

分析与提示:

(1)景点导游员小陈未提前到达景点做好准备工作。

(2)参观前,没有介绍景点概况、游览线路、参观时间等。

(3)没有作自我介绍。

(4)景点讲解没有依据旅游团的特点进行安排。

(5)没有进行送别服务和总结工作。

第6章

景点导游中特殊问题的预防与处理

本章导读

本章着重介绍景点导游中对特殊问题的预防和处理方法。处理各种特殊问题和事件是对导游人员应变能力和独立处理问题能力的实际检验。对游客提出的个别要求,导游人员应及时、合情合理地予以处理;景点导游人员在引导游客游览欣赏自然景观和人文景观的过程中,由于种种原因会出现一些意想不到的问题,导游人员应临阵不乱、相互协助,冷静应付并正确地处理,圆满完成接待任务。

第一节　游客个别要求的处理

游客个别要求是指旅游团游客在到达旅游目的地的旅游中,个别游客或少数游客因旅游生活需要所提出的各种计划外的特殊需求。旅游目的地可以指一个城市或一个国家,在这里则指旅游景点(区)。

游客的个别要求是多种多样的,有的要求合情合理,有的故意挑剔,有个别的是无理取闹,面对游客提出的各种要求导游员应坚持原则,根据游客要求的不同情况,分别采取不同的方法,合情合理地予以处理。

一、个别要求处理的原则

(一)坚持导游服务宗旨的原则

导游工作是一项服务工作,其宗旨就是"宾客至上"、"服务至上"。在人生地不熟的异地他乡旅游,游客在很大程度上要依赖导游人员,其要求和意见一般只能向导游人员提出,期待导游人员的帮助和照顾,使自己的要求都能得到满足。如果导游人员不能使游客感到"宾至如归",我们就很难期望他们再次前来旅游。在导游服务中,"宾客至上"不仅要贯穿于工作的始终,而且要作为处理游客个别要求的出发点。在许多情况下,导游人员的优质服务和"服务至上"的原则可以赢得游客的信赖、尊重和谅解;反之,游客如对导游服务已经感到不满,再出现合理的个别要求不能满足,无疑会使接待工作陷入僵局。

(二)坚持"合理而可能"的原则

游客一般都有求全心理,希望自己的旅游既愉快又圆满,对旅游活动的一切都要求甚高。游客这种求全心理和过高愿望常常与客观实际相矛盾,因此往往提出一些合理和不尽合理的要求,甚至进行投诉。面对这种情况,导游人员应冷静仔细地分析游客的各种意见和要求。导游人员可按各种具体情况对各类要求分别处理:对合理而可能满足的要求首先作出安排并告知游客,使他们在一定程度上得到满足,并能取得他们进一步的信赖;然后就那些不可能实现或不合理的要求一一向游客解释,要特别有耐心,不要以"办不到"一口拒绝或与客人争吵。总之,对游客的合理而可能的要求要尽可能满足;对于游客的苛求和挑剔,则应耐心解释。

(三)沉着冷静、不卑不亢的原则

尽管导游人员热忱周到、尽职尽责,但可能有个别游客仍不满意,甚至无理取闹。对这类人及其行为,导游人员始终要沉着冷静,或一笑了之,或不予理睬。处理这类问题的尺度是:不伤主人之雅,不损客人之尊,理明则让。若个别人的无理取闹影响了旅游团的正常活动,导游人员可请领队出面解决,也可请全体旅游团成员发表意见,主持公道,在客观上孤立一味苛求和无理取闹者。如仍不能解决,导游人员应向领导汇报,请其协助。对无理取闹者,导游人员要有主人的度量,对客人礼让三分,始终保持冷静,坚持有理、有利、有节及不卑不亢的原则,事后仍要坚持"服务至上"的原则,为其提供热情服务。对于合理而可能的要求,仍要设法予以满足。

二、常见个别要求的处理

(一)餐饮方面

在功能较为单一的景点(区),一般不会涉及餐饮活动问题,如博物馆。即使在景点(区)内涉及餐饮活动,如果该活动是由旅行社方面直接与餐饮部门联系的,在该活动中出现的相关问题一般由旅行社的导游直接处理;如果该活动是由景点(区)直接安排,那么在处理餐饮方面的相关问题时,景点(区)导游则起着非常重要的作用。

(1)特殊餐饮要求的处理:如果事先在旅游协议中有明文规定(如由于生活习惯、宗教信仰、身体状况等方面的原因,游客不吃猪肉或牛肉,食物要全熟或半熟等),应协助接团社导游人员严格按照协议执行;如果旅游团抵达后临时提出特殊要求,需视具体情况而定,在可能的情况下导游人员应帮助与餐厅联系,若确有困难,要说明情况,也可协助其自行解决。

(2)提出换餐的处理:如游客要求将中餐换成西餐、更换用餐地点、改变餐饮档次规格,导游人员可与餐厅联系,按有关规定办理,由此造成的损失或差价及有关费用要向客人以及旅行社导游说明,由客人自己承担。客人要求退餐,一般不予接受;若客人坚持,损失费自理。

(3)要求单独用餐的处理:个别游客不愿与大家一起用餐,要求餐厅让其单独用餐，导游人员要加以劝阻，并告诉地陪，让其出面与相关人士调解；如客人坚持，餐厅可予以满足，但餐费自付。

(4)要求提前或推迟用餐的处理：游客因生活习惯或有关活动的安排等原因要求提早或推迟用餐时间，他(她)可能会请旅行社导游转告景点(区)导游人员。这时景点(区)导游人员应尽量提前与餐厅联系，视餐厅的具体情况办理。一般情况下，导游人员要向旅游团说明餐厅有固定的用餐时间，并告知过时用餐是否需另付服务费。

例

一游客提出吃素食，导游人员应如何对待这一要求？

游客提出吃素食的要求时，导游人员的正确处理办法是：(1)游客的这一要求若在旅游协议上有明确规定，导游人员在接团之前应做好准备，不折不扣地兑现。(2)游客这一要求若在抵达旅游点(区)后提出，导游人员应同餐厅联系尽量予以满足；若确有困难，导游人员可协助其自行解决。

老年游客要求将早餐送至客房是合理的，但能否办到需视下榻饭店的条件和规定而定。如果饭店餐厅提供此项服务，可满足其要求，但应告知送餐服务费需自理。

(资料来源：《导游实务》)

(二)文娱方面

如果出现这种情况：在大型的旅游景区，由于游览线路复杂以及旅游活动或表演场地众多，一部分游客想观看一种演出；另一部分游客要求观看另一种演出。此时，若他们所去的地方在同一线路，导游人员可与司机商量，尽量用同一辆车送达或接返；若不在同一线路，可为少数人另行安排车辆，但车费由他们自理。

京剧人物形象

如果在演出过程中,个别游客坚持要求中途退场:此时,导游人员可予以安排,让其自费要车返回,以免影响演出组织者和其他游客。

如果游客提出自费观看旅游景点(区)以外的文娱节目或参加某项娱乐活动,景点(区)导游人员应礼貌地请其与旅行社导游协商。若此事是由旅行社导游提出的,在不影响正常接待工作的前提下,可协助地陪买票、联系、叫车等。

例

旅游团中有部分游客不愿去观看计划内的文艺演出,而要求去观看另一场文艺演出,导游人员将如何处理?

如果旅游团中部分游客不愿去观看计划内的文艺演出,而要求去看另一场文艺演出,导游人员应首先对游客进行说服工作,告知文娱票已订好,必要时请领队协助调解。若游客坚持观看另一场演出,导游人员应予协助。如两处演出地点同路,导游人员在与司机商量后,可先后将两部分游客送到演出地点,但观看计划外演出的游客费用需自理;若两个演出地点相距甚远,导游人员可为观看计划外演出的部分游客安排车辆,所有费用需自理。

(资料来源:《导游实务》)

撒尼族歌舞

(三)购物方面

在大型游览景点(区),购物活动往往也交织其中,有的购物场所可能是景点(区)企业的一部分,有的可能是当地居民由历史所形成的特色购物中心。

(1)要求单独外出购物的处理:若有的客人在集体购物时间之外,还希望导游人员陪其个人或几个人去购物,当购物参谋,导游人员在可能情况下可陪同前往。若不能陪同,应为他们指引路线,以免客人迷路,但旅游团即将离开景点(区)时,导游人员要劝阻游客外出购物。

(2)要求代办托运的处理：游客欲购买某件商品，当时无货，临走时委托导游人员代为购买并托运，对这类要求，导游人员一般不应接受；实在推托不掉时，导游人员要请示领导。领导同意后，需收取足够的钱款，办妥之后将余款、发票、托运单及运费收据一并寄给委托人，旅行社和景点(区)应保存影印件，以备查验。

购物

(四)要求自由活动的处理

在游览景点(区)的过程中，应根据旅游团在本景点(区)逗留的时间给予游客适量的自由活动时间，这样可以缓解集体活动带来的紧张节奏，使游客做到有张有弛，更好地达到自己旅游的目的，并且也符合游客的心理要求。当游客要求自由活动或单独活动时，导游人员应按合理而可能的原则妥善处理，并认真回答游客的咨询，提出建议，尽量满足他们的要求。但在以下情况下则应劝阻游客自由活动：

(1)要求去的地方存在安全问题或隐患：此时，导游人员可向游客说明情况，劝阻他们前往该处，以免游客产生误会。

(2)要求去不对外开放的区域参观游览：导游人员应婉言拒绝，不得自作主张答应游客的这种要求，必要时可提醒对方尊重中国方面或本企业的有关规定。

(3)在即将离开旅游景点(区)之前，为了避免误机(车、船)，一般应提醒游客不要自由活动，特别是需要较长时间的活动，以免影响整个团队准时抵达机场(车站、码头)。

例

一海外游客在游览点地摊上看中了一幅中国古代字画正与摊主讨价还价，见导游人员过来便征求意见，此时导游人员应如何表态？

海外游客在地摊上购买我国古代字画之类的文物时，导游人员应当劝阻，并告知我国海关的有关规定：凡携带我国出口的文物（包括古旧图书、字画等），须向海关递交中国文物管理部门的鉴定证明，否则不准携出。

如果游客要买古代字画之类的中国文物，导游人员应带其到文物商店购买，买妥物品后要提醒游客保存好发票，不要将物品上的火漆印（如果有的话）去掉，以便海关查验。

（资料来源：《导游实务》）

古玩市场

第二节 游客走失的预防和处理

参观游览中游客走失的情况时有发生，原因主要有两方面：一是导游人员对游览线路或集合的时间、地点和停车位置未讲清，或未做好必要的提醒工作；二是游客自己忘记了导游人员的提示或因对某种现象、事物或摄影感兴趣而自行走散。无论何种原因导致游客走失，都会对游客造成心理上的压力，严重的会影响旅游活动的顺利进行，甚至游客的生命财物安全。因此，景点导游人员在带团中要加强责任心做好各种预防工作。

一、游客走失的预防

(1)景点导游人员每次都要向游客报告当天的行程安排、游览地点、就餐地点和餐厅的名称。

(2)当旅游团在景点下车之后,若有景点(区)导游人员迎接,景点(区)导游应及时告知游客旅游车的停车地点、车的型号和车号。

(3)导游人员应在游览点示意图前向游客介绍游览路线、游览所需时间、集合时间和地点。

(4)在参观游览中导游人员应以丰富的讲解内容和高超的讲解技巧吸引游客,同时注意游客的动向并与其他导游人员配合照顾好游客。

二、游客走失的处理

如果游客在游览中走失,景点导游人员应暂停导游活动,立即就地寻找。先向其他游客了解走失的有关情况,分析推测走失的时间和地点,然后安排人力寻找。如果有其他导游人员在场,可让一名导游人员和领队一起寻找,还可通知本单位后勤人员协助查找。在查找的同时,应迅速与游览点管理部门联系,请他们在那些人多的地方、进出口处等地点协助寻找。寻找工作分工明确后,景点(区)导游应带领其他游客继续游览。寻找活动不应影响团队的正常游览计划,不影响团内其他游客的情绪和要求,景点导游人员要注意二者兼顾。

例 1

在参观游览时,导游人员要防止游客走失,为什么?

在参观游览时,游客走失的情况时有发生,虽然不一定都是导游人员的责任,但导游人员应高度重视,因为在旅游全过程中,维护游客的人身和财产安全是导游人员义不容辞的职责。一旦游客走失,不仅会给游客的情绪带来影响,而且严重时会影响旅游计划的完成,甚至会危及游客的生命和财产安全。

例 2

游客自由活动时,导游人员将如何防止游客走失?

安排游客自由活动时,为防止游客走失,导游人员要做好提醒或建议工作,即提醒游客接待社的名称,与导游人员联系的方法,下榻饭店的名称、地址及电话号码等。建议游客外出最好结伴同行,不要走得太远,不要回饭店太晚,不要去秩序混乱的地方等。

(资料来源:《导游实务》)

第三节 游客遗失物品的预防和处理

游客在游览期间遗失物品是一个常见的问题。造成物品遗失的原因大致有：一是因游客自己疏忽大意；二是被窃。对游客来说，物品遗失会给其精神带来压力，使其情绪低落，甚至会对其旅行生活带来困难。

一、游客遗失物品的预防

(1)多做提醒工作。参观游览时提醒游客随时携带好自己的物品和提包，尤其是在热闹拥挤的场所，更应注意保管好。盗窃犯罪是全世界都面临的一个社会问题，所以景点(区)导游人员不要因为狭隘的想法(如怕影响当地形象)而回避提醒客人提高警惕，以做好相应的防范准备。

(2)游客到达景点下车后，导游人员要提醒司机清车、关好车窗和锁好车门。

(3)用餐完毕后，要提醒游客带好自己的随身物品。

(4)不为游客保管证件。在工作中，要用到游客的证件时，应由旅行社导游(领队)收取并当面清点并检查是否夹带其他物品。用完后要立即当面清点，交还领队，由领队交还游客，并提醒游客保管好自己的证件。

二、游客遗失物品的处理

(一)外国游客遗失物品的处理

如果该事件发生在景点(区)，景点(区)导游应积极协助旅行社导游做好如下工作：

(1)稳定失主的情绪，让其仔细回忆丢失的经过，丢失的时间、地点；了解丢失物品的数量、形状、特征、价值；仔细分析丢失的原因和性质，是不慎丢失还是被盗，若是不慎丢失，景点导游人员应积极帮助寻找。

(2)立即向公安部门报案，保过险的物品还须立即向保险公司报案。

(3)及时向接待社领导汇报，听取领导指示。

(4)接待社出具遗失证明。

(5)若丢失的是贵重物品，失主持旅行社证明、本人护照或有效身份证件到公安机关出入境管理部门填写《失物经过说明》，列出失物清单。

(6)若所丢失物品是入境时向海关申报的物品，要出示“中国海关行李申报单”。

(7)若将“中国海关行李申报单”遗失，要在出入境管理处申请办理《中国海关行李申报单遗失证明》。

(8)若遗失物品已在国外保险公司办理了财产保险，领取保险时需要证明。可在公安机关出入境管理处申请办理《财物报失证明》。

(9)若遗失的是旅行支票、信用卡等票证,在向公安机关报案的同时要及时向有关银行挂失。

失主持以上公安机关开具的所有证明,可供出海关时查验或向保险公司索赔。

发生证件、财物,特别是贵重物品被盗是治安事故,导游员应立即向公安机关及有关部门报案,并积极配合有关部门早日破案,挽回不良影响和损失。若不能尽早破案,导游人员要尽力安慰失主,按上述程序办理。

(二)国内游客遗失物品的处理

如果该事件发生在旅游景点(区),景点(区)导游应积极协助旅行社导游做好如下工作:

(1)立即向公安局或有关保安部门或保险公司报案。

(2)及时向旅游景点(区)或旅行社报告。

(3)若旅游活动结束时仍未找到或破案,可根据丢失的时间、地点和责任方的具体情况作善后处理。

三、游客证件丢失的处理

(一)一般处理过程

由于游客在旅游期间必须持有证件,因此证件一旦丢失,不但游客自己会非常着急,还会影响各项活动的进行。中国公民身份证遗失就会影响乘机。海外游客丢失证件,就会影响其出境、回国。

当游客丢失证件时,景点(区)导游应积极协助旅行社导游做好如下工作:

(1)请失主冷静,帮助其回忆最后一次使用证件的时间、地点,详细了解证件丢失的经过,找出线索,尽量协助其寻找。

(2)如果实在无法找到,确认丢失后,提醒旅行社导游人员立即上报地接社和组团社。在旅行社的指示下上报公安部门,并留下丢失证件游客的详细地址、电话。

(3)根据领导或接待社有关人员的安排,协助失主办理补办手续,所需费用由失主自己承担。若由于其他人丢失,则费用由责任人承担。

(二)补办证件的具体程序

1. 补办外国护照

(1)由接待社开具遗失证明。

(2)请失主准备照片。

(3)失主持证明和准备好的照片到省级公安机关(公安厅、局)出入境管理处或授权的公安机关报失,申请领取《护照遗失证明》。

(4)失主持证明立即到其所在国驻华使、领馆申请补办新护照。

(5)失主持新护照再到公安机关办理有关签证手续。

2. 补办团体签证

(1)由接待社开具遗失公函。

(2)带原团体签证复印件(副本)。

(3)重新打印与原团体签证格式、内容相同的团员名单。

(4)收齐该团全体成员护照。

(5)持以上证明材料到省级公安机关(公安厅、局)出入境管理处或授权的公安机关报失并填写有关申请表(可由一名成员填写,其他成员附名单)。

3. 补办华侨丢失的护照和签证

(1)接待社开具证明。

(2)失主准备照片。

(3)失主持证明和照片到省级公安机关(公安厅、局)出入境管理处或授权的公安机关报失并申请补办新护照。

(4)失主持新护照到其侨居国的驻华使、领馆办理入境签证手续。

4. 补办港、澳居民来往内地通行证

(1)向公安机关报失并取得报失证明,或由接待社开具遗失证明。

(2)失主持证明或遗失证明到公安局出入境管理处申请领取赴港、澳证件。

(3)经出入境管理部门核实后,给失主签发一次性有效的"中华人民共和国入出境通行证"。

(4)失主持该通行证回到港、澳后,填写"港澳居民来往内地通行证件遗失登记表"和申请表,凭本人的港、澳居民身份证向通行证受理机关补领新的通行证。

5. 补办台湾同胞旅行证

失主向遗失地的中国旅行社或户口管理部门或侨办报失,核实后,发给一次性有效的入出境通行证。

6. 补办中华人民共和国居民身份证

由接待社开具证明,失主到公安局报失,经核实后开具身份证证明,机场安检人员核准放行。回到其居住地(户口所在地),凭公安局报失证明和有关材料到当地派出所办理新身份证。

特别需要强调的是:在游客物品遗失的问题上,景点(区)导游应以导游讲解为主,同时,积极配合、协助旅行社导游做好这方面的预防和处理工作。

第四节 游客患病、死亡的预防和处理

由于长途旅游劳累、气候变化、生活习惯改变、水土不服,以及游客其他身体方面的原因,游客在旅游景点(区)旅游期间患病的情况时有发生。一旦患病,尤其是

患重病，不仅对游客造成痛苦，而且也可能影响到旅游活动的顺利进行。因此，导游人员应尽可能地采取各种措施，做好预防工作。

一、游客患病的预防

（一）了解游客的健康状况

导游人员应先了解本团游客的年龄构成；接到团队后可通过领队和其他游客交谈中了解本团游客的健康情况；游览过程中，察言观色进行了解。

（二）活动日程安排要得当

若旅游团中年老体弱游客较多，一天的活动项目安排不要太多、太紧，使之留有余地；体力消耗大的活动项目不要连续安排；游览中，活动节奏不要太快。总之，要做到劳逸结合。

（三）多做提醒预报工作

导游人员要做好天气预报工作，根据天气变化情况提醒游客增减衣服、携带雨具、穿戴适宜的鞋帽；在干燥炎热天气提醒游客多喝水、多吃水果；提醒游客不要在小摊上购买不洁的食物，不要喝生水，注意饮食卫生；在高海拔景区内游览，更要提醒游客携带氧气瓶（便携式），登高步伐要慢。

二、游客患病的处理

（一）游客患一般病症的处理

在旅游景点（区）游览期间，若游客患有感冒、发烧、晕车、中暑、腹泻等这类一般性疾病，导游人员应做到：

1. 劝游客及早就医并多休息

游客患这类疾病时，导游人员应劝其尽早去医院诊治，留在饭店休息，不要勉强随团活动。在大型旅游景点（区），若有必要，景点导游人员可陪同游客前往医院就医，说明费用自理，并提醒其保管好诊断证明和收据。

2. 关心游客病情

若患病游客留在景点（区）内的饭店休息，导游人员应主动前去探望，询问身体状况，以示关心；安排好患病游客的用餐，必要时通知餐厅为其提供送餐服务。

（二）游客患重病的处理

若游客在参观中患重病，导游人员应按以下方法来处理：

（1）游客病重时，导游人员应立即协同领队或患者亲友送病人去急救中心或医院抢救，或请医生前来抢救。患者若系某国际急救组织的投保者，导游人员还应提醒领队及时与该组织的代理机构联系。

（2）在抢救过程中须有旅游团领队或患者亲友在场，旅行社的有关领导最好也在场，详细记录患者患病前后的症状，动手术前须征得患者亲友或领队的同意并由他们签字。

(3)在抢救过程中,导游人员应随时向当地接待社反映情况;还应提醒领队及时通知患者亲属,若患者系外籍人士,导游人员应提醒领队通知患者所在国驻华使(领)馆;同时妥善安排好旅游团其他游客的活动,全陪应继续随团旅行。

(4)患者脱险后仍需住院治疗,不能随团旅行和出境,旅行社领导和导游人员要不时去医院探望以示关怀;地陪帮助患者办理分离签证、延期签证以及出院、出境手续及交通票证等善后事宜。

(5)患者住院及医疗费自理,患者亲属在华期间的一切费用自理。患者未享受的旅游综合服务费及有关费用由旅行社之间按规定结算再退还本人。

三、游客因病死亡的处理

在旅游过程中,若遇到游客不幸死亡的情况,导游人员要保持镇定的情绪和谨慎的作风,有条不紊地妥善处理。要在领导指示下做好有关工作,不要自行其是;同时,要稳定其他游客的情绪,继续搞好全团活动的安排。若游客因病死亡,导游人员应按以下方法处理:

(1)游客死亡时,应由参加抢救的医师向死者亲属、领队及死者的好友或代表详细报告抢救经过,并写出《抢救经过报告》及《死亡诊断证明书》,由主治医师签字盖章并复印四份,分别交给死者亲属(或领队)、接团社、组团社和当地保险公司。

(2)如果死者家属要求解剖尸体,应由领队或死者亲属提出书面申请,经医院同意才可进行。

(3)所在地接团社应向司法机关办理《公证书》,向公安部门注销该成员的签证。死者的遗物由其亲属、领队、好友或代表、全陪、当地接团社代表(或地陪)共同清点,列成清单,一式两份。清单由上述人员签字并分别保存。遗物交亲属或由领队带回国(或交使馆铅封托运回国)。若死者有重要遗嘱,应将遗嘱复制或拍照后交驻华使、领馆转交,防止转交过程中发生篡改。

(4)若需要,可由旅游团领队、死者亲友或全团向遗体告别。告别现场应拍照留存。若领队或死者亲属提出举行追悼仪式,全陪可以组团社、接团社名义致简单悼词、送花圈或花束。

(5)死者遗体由领队、死者亲属或代表护送至火葬场火化。火葬场将死者《火化证书》交领队或死者亲友带回国。若死者家属要求将遗体运回国,除应办理上述手续外,还应注意:尸体由医院作防腐处理,由殡仪馆成殓,装殓时应由当地公安部门到场,并出具证明。灵柩要用铅皮密封,外廓要包装结实。若死亡地点不是出境口岸,应由地方检疫机关发给中华人民共和国××检疫站“尸体(灵柩)出境许可证”。由死者所持护照国驻华使馆办理一张遗体灵柩经由国家的通行护照,此证随灵柩一起同行。

(6)其他注意事项:出现因病死亡事件,除领队、死者亲友和接团社代表负责处理外,其余团员仍按计划继续旅行。在处理死亡过程中,导游人员要随时注意死者亲属和团内有关人员的反应并及时汇报。

(7)死者抢救、医疗、火化(尸体运送)、交通等项费用,一律由死者亲属或该团或死者所属国驻华使、领馆支付。全陪以及旅行社参加有关处理工作的人员要将死者的死亡原因、抢救经过、旅游团的反应及处理过程书面报告组团社和其他有关部门。

(8)凡在国内保险公司投保的,按保险条款的规定,由有关保险公司作出赔偿;没有在我国境内参加投保的,由国内组团社按其与有关海外旅行社的协议办理。

若游客属非正常死亡,如交通事故、治安事故、自杀或其他意外事故而死亡等情形,导游人员应注意保护现场,及时报告旅行社领导和当地公安局,并协助组织抢救;查明死亡原因和责任后,其他各项处理原则同因病死亡一样处理。在处理死亡事宜过程中,死者所在旅游团的领队、亲属或代表、所属国驻华使领馆人员以及公安局、旅游局、保险公司等有关单位的代表应在场,导游人员和我方旅行社人员切忌单独行事。每个环节过程都应有文字根据,特别是处理的时间、地点、参加人员、有关说明等都应精确详细记录,口头协议或承诺均属无效。

第五节　旅游安全事故的预防和处理

《旅游安全管理暂行办法实施细则》规定:凡涉及游客人身、财物安全的事故均为旅游安全事故。旅游安全事故主要有交通事故、治安事故、火灾事故、食物中毒等。旅游安全事故分为四个等级,即:

(1)轻微事故:是指一次事故造成游客轻伤,或经济损失在1万元以下者。

(2)一般事故:是指一次事故造成游客重伤,或经济损失在1万(含1万)至10万元者。

(3)重大事故:是指一次事故造成游客死亡或游客重伤致残,或经济损失在10万元(含10万元)至100万元者。

(4)特大事故:是指一次事故造成游客死亡多名,或经济损失在100万元以上,或事故性质特别严重,产生重大影响者。

一、交通事故

交通事故是旅行活动中的常发事故,有海、陆、空三种,但最常见的是汽车事故。交通事故的发生,一般不是导游人员的责任,但是导游人员必须参与处理,在处理时要采取以下措施和步骤:

(1)组织人员抢救受伤者,特别是受重伤者。对轻伤者就地进行包扎或简单处理;对于重伤者应先采取应急措施,然后立即将其送往距出事地点最近的医院抢救。

(2)保护好现场,防止肇事者逃脱,以便交通警察和治安部门调查处理。如果有两个以上导游人员在场,可由一个指挥抢救,一个留下处理现场;如果只有一名导游人员,可请司机或其他熟悉情况的人协助处理。

(3)以最快的速度与交通、公安部门取得联系,要求派人到现场处理。

(4)将受伤者送往医院后,导游人员应做好全团游客的安定工作,尽可能使其他游客按原定日程继续活动;同时迅速报告旅行社,请求派人到医院照料受伤者,另派车辆和人员到出事现场接回未受伤或受轻伤的游客,并对他们进行安抚,稳定他们的情绪,消除心理上的不安。

(5)在抢救伤员的过程中一定要请受伤者的亲友和领队在场。对于抢救无效而死亡的,按有关规定处理。

(6)交通事故处理就绪或该团接待工作结束后,导游人员应尽快写出事故发生及处理经过和结果的书面报告,需要领队联署时请其签署。报告的具体内容应包括事故发生的时间、地点、性质、原因、处理经过、最后结论,司机的姓名、车型、车号、伤势情况、医生诊断结论、治疗情况,受伤游客本人、亲属、领队及团内其他游客的情况和对事故发生与处理的反映等内容。

二、治安事故

在旅游活动过程中,游客遇到坏人行凶、诈骗、抢劫、偷窃、骚扰等,致使游客的身心健康或财产遭到不同的损害,统称为治安事故。导游人员在遇到此类事故时应该毫不犹豫地挺身而出,与坏人坏事作坚决斗争,尽力保护游客的人身和财产安全,尽快将游客带到安全地点。若游客不幸受伤,应立即组织抢救。事故发生后,若罪犯逃脱,导游人员应立即向公安部门报案,并协助公安人员迅速侦破案件。在向公安部门报案的同时,及时向旅行社领导汇报,并请领导予以批示,事后要写出事故情况报告并积极协助办理受害人的安抚工作及补偿、索赔有关事宜。

三、火灾事故

如果宾馆、饭店失火,旅游景点发生火灾,游客的生命和财产安全就会受到严重威胁。此时,导游人员要处事不乱、镇定行事。导游人员要引导游客找到太平门、紧急出口、安全楼梯,告诫大家不要拥挤,要有秩序地疏散。如果被大火和浓烟围困,呼吸困难,应让客人靠近墙根或地面,用手支撑,顺墙根爬出去;如果出不去,应大声呼救,或打电话报火警,情况危急时可用床单结成绳索让游客顺窗户滑下,但要严防不法分子趁火打劫。

四、食物中毒

食物中毒是指细菌性、化学性、真菌性和有毒动植物等引发的爆发性中毒。它具有潜伏期短、发病快的特点，若抢救不及时，会有生命危险。由于旅游团人数较多，若食用变质食物，还会产生集体中毒的问题。对此，导游人员决不可掉以轻心。

（一）食物中毒的预防

（1）严格按规定在指定的餐厅用餐。

（2）用餐时，若发现食物变质、饮料不卫生等情况，导游人员应立即要求更换，并要求餐厅负责人出面道歉，必要时向旅游景点（区）管理处领导汇报。

（3）提醒游客不要在小摊子上购买不洁食物，不要喝生水。

（二）食物中毒的处理

（1）催吐法。若中毒游客仍然清醒，应设法让其呕吐或让其多喝水，以减缓病情。

（2）立即将患者送医院，请医生开具诊断证明。

（3）迅速报告旅游点（区）管理处，并追究供餐单位责任。

（4）写出书面报告。

五、自然灾害

自然灾害：是指因洪水、暴雨、地震、泥石流、海啸等不可控制因素而引发的事故。

（一）预防

（1）导游人员应注意掌握有关信息。导游人员应时常关注电台、电视台、报纸上的天气预报，做好预测工作，提醒游客，使游客对可能发生的事故有心理上的准备并采取相应的措施。

（2）导游人员应根据可靠的信息调整行程计划安排。

（二）处理

1. 泥石流

（1）迅速组织游客离开危险地段。躲避时应带领游客向山坡两边坚固的高地或连片的石头地跑，不要在山坡下的房屋、电线杆、河边等地停留。

（2）尽量沿着与泥石流流向垂直的方向逃离现场，切勿与泥石流同向奔跑。

（3）不要在土质松软、坡体不稳定的斜坡停留，实在来不及可上大树躲避。

（4）组织游客躲避、快跑前要提醒游客先扔掉一切影响速度的物品。

（5）到达安全地带后，要立即与组团社或当地有关部门取得联系，汇报情况，请求援助。

2. 台风

（1）如果所带的团正在野外旅游，听到气象台发出的台风预报后，若能离开台风经过地区,要尽早离开。

(2)在海边和低洼地区旅游时,应尽可能到远离海岸的坚固的饭店或台风庇护站躲避。

(3)如果台风发作时旅游团正在旅行车内,导游人员应马上提醒司机将车开到地下停车场或隐藏处。

(4)如果导游人员和游客正在帐篷里,应马上收起帐篷到坚固的房屋中避风;在坚固的房子里应关紧窗户,若在房间,应在玻璃上用胶布条粘成“米”字形以防玻璃破碎。

(5)台风期间,尽量不要外出行走。若要外出,要穿轻便防水的鞋子和颜色鲜艳、紧身合体的衣裤,用带子扎紧以减少阻力;要穿雨衣、戴雨帽或头盔。在外行走时应弯腰将身体重心尽量放低。

(6)台风过后不久,不要马上离开房间或藏身处,因台风的“风眼”在上空掠过后,往往平静不到一个小时,风又会从相反的方向再度横扫过来。

3. 龙卷风

(1)躲避龙卷风的最安全的地方是地下室、半地下室的掩藏处或坚固房屋的小房间。千万不可在临时搭建的野外木屋或帐篷里藏身。

(2)如果周围没有屏障,迅速平伏在地面,注意保护好自己的头部并防止水淹。

(3)若正在旅游车内,要立即停车,迅速组织游客躲到离旅游车较远的低洼处,因为龙卷风可能会把车掀上半空,而且由于车内外强烈的气压差,容易引发汽车爆炸。

(4)如果来不及跑出室外,要立即关紧面朝龙卷风刮来方向的所有门窗,而另一侧的门窗要全部打开,这样可以防止龙卷风刮进屋内,掀起屋顶,还可以使屋内外的气压得以平衡,防止房屋爆炸。

(5)关紧和打开窗户后,要迅速到门窗全部打开一侧的房间并采取面向墙壁抱头蹲下的姿势躲避。

第六节 游客越轨言行的处理

无论是外国游客还是中国游客在中国境内必须遵守中国的法律,若犯法,必然会受到法律的制裁。

游客的越轨言行属于游客的个人行为,但对其行为若处理不当,则会产生不良后果。因此,处理这类问题一定要慎重,做到实事求是、合情合理并注意把握这几项原则:第一,要正确判定越轨行为与非越轨行为的界限;第二,分清有意与无意的界限;第三,分清无故与有因的界限,即游客的越轨行为是有原因的还是无原因的,是否我方应负部分责任(若因我方服务不周、言语过激引起游客发火,造成了一定后果和影响,这种情况下,导游人员要先自我批评,然后妥善解决,不要针锋相对,使问题尖锐化);第四,分清“不当言论”与违法行为的界限。只有坚持以上原则,才能做到团结朋友、增进友谊,才能维护国家的主权和尊严。这就需要导游人员具有高度的政策观念和法律知识,要熟悉客源国(地区)的国情,并时时具有清醒的头脑,保持很高的警惕性。发现可疑现象时,导游人员要有针对性地给予必要的提醒和警告,并积极向游客介绍中国的有关法律和注意事项,防患于未然。对于游客越轨言行的处理,导游人员必须沉着冷静,在弄清情况的基础上向有关部门请示汇报,处理时必须不卑不亢、合情合理。

一、对攻击和诬蔑言论的处理

由于社会制度、政治信仰的差异,游客可能对我国的方针政策和国情缺乏了解,在一些问题上存在不同看法,甚至站在敌对立场上进行攻击和诬蔑,捏造事实,蓄意挑衅。我们一方面要正面友好地说明我国国情,阐明我方立场、观点,多做工作,求同存异;另一方面要理直气壮、观点鲜明、立场坚定地予以驳斥,做到有理、有利、有节,必要时报告有关部门。

二、对违法行为的处理

社会制度和传统习惯的差异导致各个国家和地区的法律不完全一样,对于因缺乏了解中国法律或误解中国法律而作出违法犯罪行为的海外游客,导游人员要讲清道理、指出错误,交由有关部门酌情处理;对于明知故犯者(如偷漏关税、境内外勾结窃取国家机密和经济情报、走私、偷盗文物、贩毒、倒卖金银、贩卖黄色书刊及录音录像制品、嫖娼、卖淫等行为者),导游人员应立即报告并配合司法部门查明罪责、依法处理。

三、对违规行为的处理

(一)一般性违规行为的处理

在旅游接待中,导游人员应事先向游客宣传、介绍、说明旅游活动中涉及的具体法规及有关规定,防止游客因不知而误犯。例如,在游览中某些地方禁止进入、禁止摄影等规定,都要事前讲清楚,并随时提醒。若在导游人员已讲清并已提醒的情况下游客还明知故犯,导游人员应将违规游客交有关部门处理。

(二)对异性越轨行为的处理

当发生游客对异性行为不轨时,导游人员应及时阻止,并告之中国人的道德观念和异性间的行为准则。对于游客中举止不端、行为猥亵的任何表现特别是对不听劝告者,应向其郑重指出其行为的严重性,令其立即改正,必要时采取断然措施。

女性导游人员遇到此类情况，为了自卫要采取断然措施；情节严重者应及时报告有关部门依法处理。

(三)对酗酒闹事的处理

游客酗酒，轻者举止失态，重者失去理智。因此导游人员应该：

(1)导游人员发现游客有酗酒倾向时，应先规劝，也可通过领队向其做工作，并严肃处理。

(2)对于已发生的酗酒行为，导游应尽力劝其停止饮酒，但不要说“您喝多了”等刺激性的话，要用“您用茶吧？请早些休息吧”等话劝其休息。

(3)在饭店内发现本团游客喝醉倒地不醒，导游人员要同饭店保安人员一起搀扶其进入房间或帮助其入寝。

(4)酗酒者摔坏弄脏饭店、餐厅的物品、设备，要按规定赔偿。如果酗酒者不听劝告、扰乱社会秩序、破坏或损害他人行为严重甚至侵犯他人，造成物质损失的，肇事者必须承担一切后果，甚至承担法律责任。

四、对散发宗教宣传品行为的处理

游客若在中国散发宗教宣传品，导游人员一定要加以劝阻，并向其宣传中国的宗教政策，指出不经我国宗教团体邀请和允许，不得在我国布道、主持宗教活动和在非宗教活动场合散发宗教宣传品。处理这类事件要注意政策界限和方式方法，但对不听劝告并有明显破坏活动者，应迅速报告，由司法、公安等有关部门处理。

例

××国际旅行社的导游员小李带一个境外团赴B城海滨旅游度假，下榻B城的某饭店。这天中午，当游客们兴致勃勃地从海滨浴场回来用餐时，一位游客发现餐厅所上菜肴中有一条虫子。顿时一桌游客食欲全无，有的还感到恶心。游客们当即找到导游员小李，气愤地向他投诉，要求换家餐馆用餐。面对愤怒的游客，导游员小李首先代表旅行社和饭店向全体游客表示歉意，然后很快找来该饭店餐饮部经理，向他反映了情况，并提出解决问题的建议。餐饮部经理代表饭店向游客作了诚恳道歉。同时，让服务员迅速撤走这盘菜，为了表示歉意，还给游客加了一道当地风味特色菜。面对导游员小李和餐饮部经理真诚、积极的态度，游客们谅解了饭店餐厅的失误，也不再提出换餐馆的要求。

本案例中的导游员小李及时得体地处理了游客的投诉，使得一场本来可能会给旅行社带来麻烦、给自己的合作伙伴——饭店带来经济损失的意外事故及时地化解了。可见，导游员对待投诉处理的态度正确与否，其意义非同小可。

(资料来源：《旅游案例分析与启示》)

本章小结

导游人员应掌握游客个别要求处理的原则，视具体情况予以处理。导游人员在景点导游服务中应多做预防、提醒工作，尽力避免事故(特别是责任事故)的发生。一旦发生问题和事故，不管责任是谁，导游人员都必须竭尽全力处理。

思考与练习

1. 什么是游客的个别要求？处理的原则有哪些？
2. 一外国游客在参观黄鹤楼时钱包丢了，导游人员该怎么办？
3. 一游客在游览颐和园时走失了，导游人员应如何处理？
4. 游客在游览中被抢劫，导游人员该怎么办？
5. 什么是越轨行为？怎么对待游客的越轨行为？
6. 案例分析：

导游员小薛带领一批游客到南方某地区进行五日游活动，在旅游途中有两位游客不同程度地出现了"拉肚子"和中暑的情况。这时导游员小薛立即对他们进行现场处理，把为自己准备的药给了拉肚子游客服用，用酒精替中暑游客擦身。过了一会，这两位游客觉得好多了。此刻，不少游客纷纷称赞导游员为游客想得很周到。两位患者也很感激小薛。但也有不少游客在背地里批评导游员。导游员小薛这样做到底是对还是错？

分析提示：

导游员小薛这样做是错误的。因为在国家制定的《导游服务质量》中规定："游客意外受伤或患病时，导游人员应及时探视，如有需要，导游人员应陪同患者前往医院就诊，严禁导游人员擅自给患者用药。"

（资料来源：《旅游案例分析与启示》）

主要参考文献

1. 国家旅游局人事劳动教育司．导游业务．北京:旅游教育出版社．1999 年 6 月第 2 版

2. 陶汉军,黄松山．导游服务学概论．北京:中国旅游出版社．2003 年 1 月第 1 版

3. 肖潜辉．特级导游．北京:中国旅游出版社．2002 年 1 月第 1 版

4. 张清明．导游业务与技巧．北京:高等教育出版社．2003 年 12 月第 1 版

5. 陈蔚德．导游讲解实务．北京:旅游教育出版社．2004 年 3 月第 1 版

6. 徐堃耿．导游概论．北京:旅游教育出版社．2004 年 9 月第 3 版

7. 王连义．导游技巧与艺术．北京:旅游教育出版社．2002 年 9 月第 1 版

8. 魏星．导游语言艺术．北京:中国旅游出版社．2002 年 8 月第 1 版

9. 刘振礼,王兵．新编中国旅游地理．天津:南开大学出版社．2001 年 5 月第 2 版

10. 国家旅游局．走遍中国——中国优秀导游词精选(综合篇)．北京:中国旅游出版社,1997 年 3 月第 1 版

11. 国家旅游局．走遍中国——中国优秀导游词精选(山水风光篇)、(爱国史迹篇)．北京:中国旅游出版社．2005 年 5 月第 1 版

12. 张力仁．导游业务．北京:高等教育出版社．2003 年 8 月第 1 版

13. 唐由庆．导游业务．北京:高等教育出版社．2002 年 7 月 1 版

14. 王柯平．旅游美学新编．北京:旅游教育出版社．2000 年 3 月第 1 版

15. 孙艳红．旅游礼宾原理与实务．郑州:郑州大学出版社．2004 年 8 月第 1 版

16. 陶汉军,黄松山．导游业务．北京:旅游教育出版社．2003 年 7 月第 1 版

17. 谢苏,王明强,汪瑞军．旅游心理概论．北京:旅游教育出版社．2001 年 1 月第 1 版

18. 陈吉瑞,陈刚平,王奉德．旅游职业道德．北京:旅游教育出版社．2003 年 1 月第 2 版

19. 王有路．导游艺术．广州:广东旅游出版社．2004 年第 1 版

20. 郭赤婴．导游员职业道德实证分析．北京:中国旅游出版社．2003 年 10

月第1版

21. 魏星．导游翻译语言修炼．北京：中国旅游出版社．2004年7月第1版

22. 韩荔华．实用导游语言技巧．北京：旅游教育出版社．2002年3月第1版

23. 吕军，庄小丽．旅游语言训练教程．北京：中国地质大学出版社．2000年9月第1版

24. 韩荔华．导游语言概论．北京：旅游教育出版社．2000年8月第1版

25. 贝思德教育机构．导游口才训练教程．西安：西北大学出版社．2002年2月第1版

26. 欧阳友权．口才学．长沙：中南工业大学出版社．1996年1月第1版

27. 毛福禄，樊志勇．导游概论．天津：南开大学出版社．1999年1月第1版

28. 湖北省旅游局人事教育处．导游业务．武汉：华中师范大学出版社．2002年7月第1版

29. 蒋炳辉．旅游案例分析与启示．北京：中国旅游出版社．2003年1月第1版

30. 厦门市旅游局．厦门导游词．北京：中国旅游出版社．2001年10月第2版

31. 毛福禄．模拟导游．大连：东北财经大学出版社．2002年7月第1版

32. 全国导游人员资格考试教材编写组．导游基础知识．北京：旅游教育出版社．2001年4月第1版

33. 湖北省旅游局人事教育处．全国导游基础知识．武汉：华中师范大学出版社．2002年7月第1版

34. 邓爱民，刘代泉．旅游资源开发与规划．北京：旅游教育出版社．2000年7月第1版

35. 湖北省旅游局人事教育处．现场导游资料汇编．武汉：华中师范大学出版社．2003年3月第1版

36. 全国导游人员资格考试（全国部分）教材编写组．导游实务．北京：旅游教育出版社．2001年4月第1版

37. 中国旅游网 http://www.cnta.gov.cn

后　记

本书由湖北大学旅游职业技术学院彭淑清(高级讲师)担任主编,负责统稿定稿。陈宇(讲师)担任副主编。编写分工为:第1章,陈吉瑞(硕士,讲师);第2章,卢丽蓉(讲师);第3章,彭淑清;第4章,周晓梅;第5、6章,陈宇。

本书在编写过程中得到了湖北大学旅游职业技术学院有关领导和老师的大力支持,还得到了中南财经政法大学工商学院旅游系邓爱民副教授的帮助,在此一并表示感谢!另外,本书在编写过程中参考并引用了相关文献和资料,在此对文献和资料作者表示感谢!

编　者

责任编辑:魏志国

图书在版编目(CIP)数据

景点导游/彭淑清主编. —北京:旅游教育出版社,2005.12(2023.2重印)
(全国旅游专业系列教材)
ISBN 978-7-5637-1337-0

Ⅰ.景… Ⅱ.彭… Ⅲ.导游—教材 Ⅳ.F590.63

中国版本图书馆 CIP 数据核字(2005)第 143757 号

全国旅游专业系列教材

景点导游

彭淑清 主 编

陈 宇 副主编

出版单位	旅游教育出版社
地 址	北京市朝阳区定福庄南里 1 号
邮 编	100024
发行电话	(010)65778403 65728372 65767462(传真)
本社网址	www.tepcb.com
E-mail	tepfx @ 163.com
印刷单位	北京虎彩文化传播有限公司
经销单位	新华书店
开 本	787毫米×960毫米 1/16
印 张	13
字 数	207 千字
版 次	2006 年 1 月第 1 版
印 次	2023 年 2 月第 6 次印刷
定 价	19.00 元

(图书如有装订差错请与发行部联系)